本书系北京市教育科学"十二五"规划2012年度重点课题（优先关注）"传统文化教育活动的内容及实施途径研究"（批准号：AAA12002）的研究成果

中华优秀传统文化教育丛书

中华优秀传统文化教育十五讲

徐 梓◎著

北京师范大学出版集团
BEIJING NORMAL UNIVERSITY PUBLISHING GROUP
北京师范大学出版社

图书在版编目(CIP)数据

中华优秀传统文化教育十五讲/徐梓著. —北京：北京师
范大学出版社，2018.12(2024.5重印)

(中华优秀传统文化教育丛书)

ISBN 978-7-303-24247-4

Ⅰ.①中… Ⅱ.①徐… Ⅲ.①中华文化－高等学校－教材
Ⅳ.①K203

中国版本图书馆 CIP 数据核字(2018)第 248660 号

ZHONGHUA YOUXIU CHUANTONG WENHUA
JIAOYU SHIWU JIANG

出版发行：北京师范大学出版社　www.bnupg.com
　　　　　北京市西城区新街口外大街 12-3 号
　　　　　邮政编码：100088
印　　刷：唐山玺诚印务有限公司
经　　销：全国新华书店
开　　本：710 mm×1000 mm　1/16
印　　张：18.5
字　　数：260 千字
版　　次：2018 年 12 月第 1 版
印　　次：2024 年 5 月第 3 次印刷
定　　价：56.00 元

策划编辑：刘　一　　　　　责任编辑：刘　一
美术编辑：姚昕彤　　　　　装帧设计：汉风唐韵
责任校对：段立超　陈　民　责任印制：李汝星

总　序

最新一轮的中华传统文化教育，从 20 世纪 90 年代中期发轫，至今已经有 20 多年了。在很长一个时期，主要是民间力量在推动，主要是广大家长、一线教师、社会上的一些有识之士在努力。党的十八大之后，政府开始系统规划，积极倡导，大力扶持。正因为在这个问题上，全社会有着较为一致的认同，所以传统文化教育目前在我国正蓬勃地开展，并呈现出方兴未艾之势。

不可否认，而且必须正视的是，传统文化教育持续的时间既久，参与的人数既众，也就难免鱼龙混杂，积弊甚多。比如，在教育目的上存在着功利化和狭隘化的问题，在教育内容上存在着庸俗化和碎片化的问题，在教学方法上存在着仪式化和复古化的问题，尤其是极为普遍的不遵守教育原则、背离教育逻辑、不按照教育规律办事的非教育化问题。这些问题的存在，极大地阻滞了传统文化教育的深入开展，严重影响了传统文化教育的成效，也给传统文化教育的进一步发展留下了很大的隐患。

这些问题的出现，原因是多方面的：

其一，相对于语文、历史、外语等有百年积累的学科来说，传统文化教育刚刚起步，起点低，基础差，很少有可供借鉴的经验，可以说是一穷二白，没有较为固定的教学模式，一切都处于探索之中。

其二，从事传统文化教育，既要有一定的传统文化素养，又要有必要的教育学意识，一个侧重古代中国，一个偏向现代西方，一个人的知识结构很难兼而有之。所以，现在从事传统文化教育的一些人，要么不了解传统文化，要么不了解教育学，甚至两者都不懂。

其三，对传统文化教育，学术界研究甚少。没有扎实的研究作基础，没有深厚的学术为依托，就不可能有清晰的教学目标、明确的教学内容、行之有效的教学方法。

针对这些问题，"中华优秀传统文化教育丛书"希望汇聚学术界有关传统文化教育的研究成果，同时吸纳一线教育工作者的有效做法，以指导传统文化教育的实践。丛书的收录范围，以学术研究成果为主，也包括教学一线的经验总结；以中国的传统文化教育为主，也注重借鉴国外的做法；既有专著、论文集，也有教案课例、资料汇编。总之，不拘体例和形式，我们的目的只有一个，即引领我国传统文化教育健康、持久、有效地开展。

是为序。

徐梓

2018 年 12 月

目　录

第 一 讲

传统文化教育总论

一、 为何学， 学什么， 怎么学

把握好传统文化教育或国学教育（以下简称"国学教育"）的尺度，注意各种说法的分寸，既是为了国学教育健康、持久、有效地开展，也是基于减少反对声音和各种阻力的策略。这里所说的尺度和分寸涉及多方面的内容，但综括而言，不外乎为什么学、学什么及怎么学的问题。当然，我们这里所说的国学教育，主要是指小学阶段的国学教育。

最新一轮的国学教育，从 20 世纪 90 年代中期持续至今，首先主要是民间自发的活动，是广大家长和一线教师们的努力，后来才逐渐有政府的介入。但无论如何，这一轮国学教育在现今出现，是传统文化在中国遭受重创近百年后一次富有意义的接续工作，是全球化时代一个具有悠远历史的民族期待对人类有所贡献的表示。中国梦，离不开中国魂；中华民族的伟大复兴，离不开中华文化的伟大复兴。重振国学，发挥中华民族最突出的历史文化优势，提升中华民族最深厚的文化软实力，建设具有中国特色、中国气派、中国风格的当代文化，是民族复兴事业的当务之急。所以，我们极为尊重国学教育倡导者的用心，高度肯定国学教育的意义和价值，也大力倡导这种以一当十、含金量极高的教育。可以说，国学教育就是通识教育，就是博雅教育，就是人文教育，就是真正的素质教育，而且是实施素质教育的有效途径和不二法门。这也就必然和那些视国学为垃圾和糟粕、认为国学对于现代中国只有负面价值、以偏激的虚无主义的态度对待我们的历史和文化、将我们现今社会的种种不如人意委诸古人、不遗余力地诋毁传统文化、认为国学教育只会误国的人迥然异趣。

但是，我们也不同意一些国学教育倡导者的主张，把国学仅仅当作一种"心性之学"来习得、固守、践履和证成，更不赞同把国学当作一种意识形态的工具来利用。我们主张把国学教育当作一种知识之学、文化之学来看待，也就是说，我们所提倡的国学教育，不是要使我们的儿童成为"道统"的载体，不是想在儿童的心灵上种下圣贤的种子，不是为了让他们怀抱"为天地立心，为生民立命，为往圣继绝学，为万世开太平"那样高远的理想。我们认为，这是学者们的工作，儿童稚嫩的肩膀承载不了这么深重的使命。我们提倡国学教育，也不完全是为着个人德性的美好和社会风气的改善，更不是为了学生听安排、守规矩，方便老师管理。我们懂得，道德有继承性的一面，也有时代性的一面。国学当然可以用作我们现今道德建设的资源，但绝不能原封不动地生搬硬套，而是有必要经过一番创造性的转化，才有可能成为我们现代文化建设的有效资源。对现今的公民道德有较为深入的了解，对人类文明成果有一个总体的把握，这是创造性转化的前提条件。企图借助国学教育研制一服治疗人心的良药，获得疗治社会乱象的秘方，那注定是徒劳的。

我们提倡国学教育，是出于对自己祖宗的尊重，是出于对民族历史和文化的"温情和敬意"，是基于这些国学经典对我们民族历史和社会生活产生过深远影响的认识，是我们对自己是过去的子孙、现在既不想也不能割断这种亲缘关系的承认。归根到底，是为了使学生掌握优雅、精致的祖国语言，成为一个既有知识又有文化的现代中国人；是为了能使学生走进中华民族共有的精神家园，亲近、认同这个家园，并有能力参与到这个家园的建设过程之中；是为了使我们的后代将自己生命的根须，扎植于传统文化的丰厚土壤，把自己从一个自然的、生物学意义上的人，变成一个自觉的、文化意义上的中国人。

从这个目标出发，我们所主张的国学教育学什么及怎么学，就和其他一些国学教育倡导者的认识不同，更与反对者的说法和做法大相径庭。

具体到儿童学习国学，我们认为还是应该最大限度地遵从现代教育学的基本规律：主张适应儿童的认知水平，强调要顺应儿童的天性；要充分利用儿童"乐嬉游而惮拘检"的特点，注意激发儿童的学习兴趣；保护儿童的学习积极性，以游戏、兴趣来代替"督"和"责"。

因此，我们应当根据儿童的爱好，选择那些能激起儿童阅读兴味的经典，把他们引导到国学学习的路上。比如唐诗、宋词、元曲、《声律启蒙》《幼学琼林》《千字文》之类的蒙书和诗词读本，其句子短小，形式整齐，或者是韵语，或者是偶句，和谐顺畅，铿锵动听，读起来上口，听起来悦耳，儿童喜闻乐道，容易学，也容易记，能赢得儿童的喜欢。正因为它们具备这样的一些特点，有使儿童"趋向鼓舞，中心喜悦，则其进自不能已"的意义，儿童在诵读时，仿佛就是在从事游戏一般，因而在传统的启蒙教育中，得以代代相传，保持着旺盛的、跨越一个又一个时代的生命力。

朱熹曾颇费心思地为儿童编写了《小学》，内容主要选自"四书五经"和前人文献，试图为做人确立一个标准，提供一个"样子"，并以铸就圣贤的"坯璞"相期许。尽管作者自己欣赏、历代士人推崇、统治者大力提倡，乃至到了无以复加的地步，但由于它文字古奥、义理浮廓、语句长短不齐、颇棘唇吻，既不便于读，更不适合诵，最终只是停留在学者的书斋里，而不能流行在启蒙的课堂上，不免"多废"的命运。历史的经验昭然可鉴，孩子不是全然被动接受的容器。在国学教育特别是在经典诵读上，向儿童提供一些佶屈聱牙、晦涩难懂、难以理解的内容，要求他们用死记硬背的方法去接受，并单纯地依靠强制和约束，或许能收一时之功，但绝对不可能有长期之效。更可怕的是，它会使儿童对国学经典产生畏惧，彻底败坏阅读的兴味，从而抱着敬而远之的态度，使他们在今后的成长过程中、即使在真正需要经典的时候，依然选择远离经典。

同时，我们也反对将一些伦理道德色彩极端厚重的传统启蒙读物，诸如《二十四孝》之类，应用于当今的国学教育。这类过去主要教孩子如何事亲敬长、洒扫应对以及日常仪则的读物有很强的时代性，在我们的社会发生了如此大变化的今日，旧时的很多道德已经不能适应现代社会的需要了。如《二十四孝》中"以不情为伦纪，诬蔑了古人，教坏了后人"（鲁迅语）的孝亲故事，在今天势必让人进退失据、左右为难。如果我们不顾变化了的情势，向是非分辨能力还很弱的儿童灌输这些孝道，要求他们在变化了的时代依然恪守这些过时的教条，不仅不能教化人心，淳化风俗，解救当今的社会乱象，甚至会导致人们对道德的轻慢和亵渎，造成道德的虚伪，结果是带来更深重的灾难。

当然，儒家的经典还是要读的，而且十分必要，但我们的主张与一些倡导者的意见恰恰相反，我们认为应该是在 13 岁甚至更大一些之后，而不是在这之前。等他们理解能力和自主能力相对强一些之后，待心智更加成熟的时候，再引导他们去诵读这些我们民族的经典，那时或许更加适时、更为恰当。需要指出的是，就连在经典具有至高无上的地位、全社会都读经的古代社会，也没有要求儿童在启蒙阶段就率尔读经。古人把启蒙教育和读经教育的界限分得很清楚，将它们分属于小学和大学的范畴，并分别称从事启蒙教育的老师为蒙师，而称教授儒家经典的老师为经师。很多有关启蒙教育的原则和方法的论著，都强调不要过早读经。古人在长期的教学实践活动中总结出的这条重要的经验，今天依然值得我们遵循。

的确，儿童最擅长的就是记忆，而最不擅长的就是理解。记忆是一切学习的基础，背诵是一种行之有效的学习方式。利用儿童记忆力强的时期，适量背诵一些"永恒性东西"，不仅可能，而且必要。那种认为背诵是对童年天性的扼杀、是对儿童生命的禁锢，从而主张把是否诵读经典的选择权交给儿童的做法，貌似以儿童为中心，好像是尊重儿童，实际上是对儿童的放任，是对他们未来的不负责任。儿童的国学教育需要提倡，需要引导，甚至是适度的约束，而不是想当然地让毫无自主能力的儿童去选择，因为"没有堤岸的河流，不过是一片沼泽"。

背诵先于理解有一定的合理性，但也不能绝对化。单纯地强调背诵而全然忽视理解，那就应验了批评者所说的食古不化，会有制约儿童想象力、使学习者的主体地位消失的危险。所以，除了如上所说要向孩子们提供合适的诵读材料之外，还应该尽可能辅之以引人入胜的故事、主旨切近的诗歌、一目了然的图画等，让孩子对诵读文本的意义有所了解。这里所谓的了解，不是指对所诵读的文本字字句句都理解得切实通透，而是对经典所传导的意蕴有一种默默的"懂"，一种哪怕朦胧的意会，这不仅是儿童保持诵读兴味的前提，而且是日后豁然开朗的基础。

原题《小学国学教育：为何学？学什么？怎么学？》，载《小学语文》2014 年第 1—2 期

二、 留住传统文化之根

(一)加强传统文化教育，看似"无用"，实则"大用"

在我看来，传统文化教育的功效是长期的而不是暂时的，是隐性的而不是显性的。它看不见、摸不着，不能带来直接的、现实的功利，对应试也没有多大的帮助，看似是一种"无用术"。但它的功效是根本性和决定性的，体现在道、体、本而不是器、用、末的层次，不表现为某一种具体的功用，而能支持所有的功用；不直接养成某种特定的技能，而是从更深刻、更高远的层面，做着夯实基础、调整结构、完善素质的工作。所以，我经常说，传统文化教育是一种源于根本、专注根本、为着根本的教育，"大音希声，大象无形"，说的就是这个意思。正如朱自清先生所说："经典训练的价值不在实用，而在文化。"将传统文化教育归结为任何具体的功用，即便列举得再多，也都不能把握其本质，而难免盲人摸象的偏失。

如果一定要说得具体一些，我们也只能说，传统文化教育是最有价值的教育，是最优质的教育，是实施素质教育的有效途径和不二法门。我们知道，美国在实施通识教育时，主要学习两门核心课程，一个是"人类文明"，包括各个地区和不同历史时期的历史，如中东史、地中海周边史、太平洋沿岸史以及上古史、唐朝史、中世纪史等；另一个就是"经典研读"，如亚里士多德的《尼各马可伦理学》、柏拉图的《理想国》、卢梭的《爱弥儿》、杜威的《民主主义与教育》等，每一种经典的研读就是一门课，要上一个学期乃至一个学年。我们实施素质教育，也应该学习我们的历史文化和国学经典。通过学习民族的历史文化，了解我们的民族和国家是怎样一步步走到今天的，在前行的过程当中，我们的先民遇到了什么样的挑战，他们是援据什么资源、根据什么原则、运用怎样的方法应对的，又取得了怎样的文明成果？从而清楚我们是从哪里来的，要到哪里去，现在的境况和挑战又是什么，我们怎样才能解决这些当前的问题。通过经典研读，和历史上最智慧的头脑对话，和最聪明的人交谈，接受文化的熏陶和浸润，从而优化自身的素质，开阔自己的眼界，提升自己的层次。

我们现在把传统文化教育称为寻根教育、铸魂工程，主要是因为"五四"运动以来，我们长时期激烈地反传统，导致了传统文化的断裂，使得传统文化的面貌被抹黑，甚至一提及传统文化，就认为是"保守落后"的代名词。许嘉璐先生曾形象地打过一个比喻：这种极端反传统，是用我们自己的双手挖出了自己的心，用自己的双手扯断了自己的脐带。我们现在倡导传统文化教育，这对于弥合传统文化和现代文明的对立，消弭百年来激烈反传统造成的文化断裂和巨大鸿沟，解决传统文化的传承后继无人的问题，廓清人们对于传统文化的混乱态度，打消人们在弘扬传统文化时的疑虑，扫除传统文化传播过程中的各种障碍，都具有积极的意义和建设性的作用。

而且，文化从本质上讲，都是在应对自然、社会环境挑战时，一个群体或民族独特性、创造性智慧的体现，都有存在的理由和独特的价值，都应该受到尊重和宽容。正因为如此，越是民族的，也就越是世界的；世界的一体化，恰恰在于各个民族的多样化。如果文化趋同，那就意味着所有人长着同样的面孔，即便这是一副英俊或美丽的面孔，也是非常可怕的事情。所以，我们要有文化的宽容和文化的自尊，即对待异文化要有宽容的心理，对本民族文化要有文化自信和自尊。而要获得这种自信和自尊，认识和了解本民族文化的根基和内涵，就是最初始、最基本的工作。

经过多年的改革开放，现今中国社会转型的速度、广度、深度、难度都前所未有。快速的社会分化与社会流动使社会结构趋于复杂化、多元化。社会结构深层次的变化，派生出社会价值取向的多元化。旧的价值观不被很多人认同，新的价值观也没有为大众所接受。我们这么大的一个国家，这么众多的不同职业的男男女女，如果没有一个共同的文化基础，没有共同的价值和规范，没有共同的愿景和追求，国民缺乏黏合剂，这将是非常可怕的事情。从理想和目标上，我

们可以说中国梦是中华民族团结奋斗的最大公约数，实际上，如果从
起点和现实基础上说，传统文化也是全国人民共同奋斗的最大公约
数。或者说，试图解决当今社会乱象、增强社会凝聚力的方案形形色
色，多种多样，但最能为最大多数中国人所接受的，还是我们的传统
文化。

(二)让更多带有传统文化"DNA"的孩子，成为文化的种子

　　启蒙教育是为人的一生奠基的工作，是一个人终身事业的根本，对
于一个民族影响巨大。台湾学者王尔敏先生说，近代中国传统文化的
"花果飘零"，不在于圣人不出、硕学鸿儒之稀见，而在于塾师没有了。
塾师作为一个社会阶层，在近代中国社会中整体消失了，这意味着传统
文化播种机的失去。正如"去中国化"是从小学阶段废止读经开始的，
"中国化"的强固，也有必要从小学阶段就开始进行传统文化教育。

　　让孩子早期接受传统文化教育，可以使他们逐渐认识传统文化的价
值，增进对传统文化的兴趣，提升传统文化的素养，在日就月将、日长
月化中，使他们对中华民族的共有精神家园产生依恋，让他们自觉主动
并有能力参与到这个家园的建设过程之中，成为一个既有知识、又有文
化的现代中国人。所以，对于中小学生来说，加强传统文化教育是非常
必要和迫切的，很多人形象地把它比作是植根、筑魂、固本或打底色的
工程。说到底，传统文化教育是要在我们和自己传统之间搭建一座桥
梁，让我们和悠远历史之间系起一条纽带。如果缺乏传统文化教育，我
们就无法找到回归自己精神家园的路，只能是一个文化上无家可归的流
浪儿。我们只有给这一代孩子的"DNA"铸上传统文化的烙印，他们才
能变成一个自觉的、文化意义上的中国人。

　　虽然现在很多学校都在开展传统文化教育，但由于很多理论问题没
有解决，比如为什么要教或学传统文化、教或学什么样的内容、怎么教
或学等，这使得当前传统文化的教学有很大的盲目性，存在诸多迷茫和
误区。有些学校之所以开展传统文化教学，是出于"别人有，我也有"的
攀比，而有些是出于"别人这么做，我也这么做"的跟风，对传统文化教

育缺乏清晰、理性的认识。已有的传统文化课程、教材的质量也是参差不齐，存在内容选取不适当、教学时机不恰当、教学效果差、教学不能持续开展等问题。

当前的传统文化教育中，存在着庸俗化、功利化、碎片化、仪式化、复古化等问题，但最普遍、最严重也最值得关注的，莫过于非教育化的问题。我常说，无论是国学教育，还是传统文化教育，都是一个偏正词组，前者为"偏"，后者为"正"，"国学"和"传统文化"都是用来修饰"教育"的，所以，传统文化教育归根到底是一个教育的问题。既然是一个教育的问题，就要按照教育的规律办事，遵循教育的逻辑，遵从教育的原则，而不能以传统文化教育的特殊等理由来规避教育的原则、逻辑和规律。我所说的传统文化教育中非教育化的问题，是指不遵从教育的基本逻辑，违背教育的基本规律，排斥教育的基本原则。比如，不遵循循序渐进的原则，让孩子从童年开始，就诵读佶屈聱牙、晦涩难懂的经典，大力倡导幼儿阶段就开始读经，而且是狭义的儒家经典。这既背离了循序渐进的优良传统，也不合乎儿童的认知规律，不仅会导致当下没有把经典学好，只是鹦鹉学舌，不能入脑入心，而且更可怕的是，会造成学生对经典的恐惧和远离。在他们今后需要经典的时候，在他们能够理解经典的时候，也依然保持对经典的距离，不到民族文化的经典中去寻求启发和智慧。

(三)把懂得传统文化的人变成懂得"教传统文化"的人

师资是开展传统文化教育的关键，也是现在制约传统文化教育顺利开展的一大瓶颈。从事传统文化教育，不仅要有传统文化的基本素养，而且要有教育学的起码训练。一方面，无论是教育学，还是传统文化，内容都丰博浩瀚，一个人即便穷毕生的精力，也难以掌握；另一方面，这两个学科的知识，一个属于中国古代，一个则主要属于现代西方，缺少内在的逻辑关联。这就决定了一个人的知识结构，很难兼而有之。所以，现在从事传统文化教育的人，往往要么缺少传统文化的基本素养，要么缺少教育学的起码训练，更有甚者，两者都不懂。

很多的问题，都是缺少这两翼的一面造成的。比如，一些国学研究专家，自己喜爱《周易》，就让孩子读《周易》；自己研究《尚书》，就让孩子也读《尚书》；自己认为《论语》重要，就让幼儿园甚至襁褓中的孩子也学《论语》。打一个比方来说，自己认为牛排有营养，就让刚出生的婴儿也吃牛排。而一些缺少国学素养的人，把传统文化教育狭隘地理解为道德教育，而且把这种教育的功能功利化和泛化，认为学习了国学，孩子听话，学生好管理，或者就能够疗治当今社会的种种乱象。

正因为如此，我们现在传统文化教育的效果不是很好。有的孩子读经多年，不仅缺少了现代教育所必要的知识结构，甚至缺乏起码的生活常识，而且自我封闭，学习能力、交往能力、应变能力都比较弱，没有能力应对当今社会的种种问题。既融入不了体制内的教育，又不能别开生面、自强自立。很多人在多年读经之后，进退维谷，困惑迷茫，看不到前途乃至绝望。这不仅耽误了孩子，而且给了反对传统文化教育的人以口实。

为了改变这种状况，使传统文化教育健康、持久、有效地开展，当务之急就是要把懂得传统文化的人，变成懂得"教传统文化"的人。

现在传统文化教育中的很多问题，都源于没有将传统文化纳入中小学的必修课。目前的情况是，把传统文化作为地方课程和校本课程开设的学校，不少教师是由语文和历史教师兼任的。他们耕自己语文、历史的"地"，难免荒传统文化的"田"。有了专门的课程，才会有专职的教师，所以我们现在有必要建立一支专业化的教师队伍，心无旁骛地去教传统文化。

语文、数学等学科，都有几十年乃至上百年的积累，都有相对成熟的做法，教学内容、教学方法都有较为固定的模式，而传统文化则是一门新学科，很少有可供借鉴的经验，可以说是一穷二白。所以，有必要大力开展传统文化教育的师资培训工作，具体措施包括：在全国高等师范院校，仿效那些已经纳入国家课程的科目，设置传统文化系或专业；将培训传统文化师资的工作，纳入国培计划，开展专项、集中培训；实施传统文化教育专业硕士培养计划；在一些基础好的高校，设置传统文化教育的硕士、博士专业或研究方向；设置直属教育部的传统文化教育研究基地，开展传统文化教育的研究工作。

本文据访谈改写，原载《中国教师报》2017 年 3 月 29 日，记者吴绍芬

 延伸阅读

我们需要怎样的国学教育？

——访北京师范大学国学经典教育研究中心主任徐梓教授

编者按：2015 年 7 月下旬举行的中国传统文化教育论坛上，北京师范大学国学经典教育研究中心主任徐梓教授表示，在中小学实施传统文化教育的过程中，当务之急是把懂得传统文化的人变成懂得"教传统文化"的人。传统文化教育或国学教育是一个教育学的问题。徐梓说："我们现在缺少的不只是一线的师资，更是缺少发现和培训师资的具体制度和人才，也就是缺少培训师资的师资，缺少传统文化课程理论和教学理论的研究。"他指出，不是所有的传统文化都适合教育、适合课堂教学、适合中小学的课堂教学，现在研究工作的当务之急是建立传统文化教育资源库，这是一项将传统文化转变成传统文化教育的研究。

徐梓的真知灼见在当下全社会追捧国学教育的今天，立刻引起了业界的广泛关注，无疑是切中时弊的一击。那么，我们究竟需要怎样的国学教育？我们今天经常提及的家风、家规、家训和家教又如何理解？就这些问题，本报记者采访了北京师范大学国学经典教育研究中心主任徐梓教授。

记者：如何理解现在社会上经常提及的国学教育这个概念？在您看来，如何在中小学开展传统文化教育？

徐梓：当前有三个常用的概念：传统文化、国学经典和读经。

　　在我看来，用"传统文化教育"一词比用"国学教育"更好一些，它的范围更广。我将传统文化分为三个方面，一是国学经典，二是文化常识，三是技能技艺。

　　我认为，每个学科有自己特有的功能，都应明确自身的定位，不能漫无边界地去侵占别的学科的疆界。语文教育不守自己的边界，肆意扩张自己的园地，无限增加自己的功能，是现在语文教育没有搞好的主要原因。在学科混沌不分的传统社会，强调"文以载道"有它的合理性。但在学科高度分化、高度专业化的今天，依然过于强调语文的德育功能，这就必然使这一学科的目的不明确，不能聚焦于某一点上，没有在自己应该着力处用力，而是多头应付，到处撒胡椒面，结果就连自己应该解决的问题也都没有解决好。在我看来，让学生掌握优雅、精致的祖国语言，并且能够准确、灵活、有效地运用，这才是语文教育应有的功能和定位。

　　在当今知识爆炸性的时代，要教的东西实在太多了。什么知识是最有价值的知识，或者说，学校应该教什么，是教育面临的首要问题。对此，不同的人显然会有不同的说法。我以为，中华传统文化尤其是其中的经典文本，无疑是我们学校特别是中小学教育应该首选的内容。因为中华传统文化中的那些基本的价值、永恒的观念，不仅决定了一代又一代中国人的性格气质和精神风貌，而且是我们在当今纷繁复杂的世界进行种种选择的依据，是民族精神的源泉。只有我们的传统文化，才有可能解决"我是谁"的身份认同问题，解决我们来自哪里、又将走向何方这个根本性的问题。只有了解了自己的传统文化，才有可能了解我们身上的文化基因，了解我们为什么会成为现在这个样子。

　　实际上，我们现在很多的学校都以校本课程的形式开设了传统文化课程，社会上，各式各样的私塾、书院开设相关课程也非常普遍。但由于缺乏科学的设计和规划，导致课程各式各样，五花八门，随意性很大。因此，我们有必要集中专家进行顶层设计，对传统文化教育进行科学的组织，从根本上解决为什么教学、教学什么以及怎么教学的问题，这样才能科学、有效、持久地把传统文化教育开展下去。否则，既占用学生的时间，又学不到传统文化的精髓，甚至导致对传统文化的误解，败坏学习传统文化的兴趣，当他们需要传统文化的时候，依然保持对传统文化的距离，不能自觉主动地到传统文化中去寻求启发和智慧，这是很可怕的。

我受北京师范大学出版社的约请，正在主编一套《中华传统文化》教材。这套教材从小学到高中共 12 个年级，每个年级分上下册，一共 24 册。我参与了教育部印发的《完善中华优秀传统文化教育指导纲要》的制定工作，这个《纲要》对我国今后很长一段时期的传统文化教育具有示以准绳、匡其趋向的意义。因此，在教材编写过程中，我时时提醒编写者们要立足传统文化教育的定位，紧贴《纲要》的精神，在《纲要》确定的框架下进行合理设计，分学段有序地推进中华优秀传统文化教育。

现有的传统文化教材有两种取向：一种是诵读的取向，往往称之为"国学"；另一种是知识的取向，一般称之为"传统文化"。我们正在编写的《中华传统文化》教材，除了兼具二者即既有经典文本的诵读、又有文化知识的介绍之外，还新增了游戏游艺、技能技艺模块，这是与众不同的地方。初步的设想是：在小学阶段的每一课中，都设立传统游艺模块，介绍一种中国传统的游戏游艺；而初、高中则根据每节课的文本和知识内容，适时加入相应的传统技能技艺模块。

这套教材在内容的选择和文字的表达方面，我们也下了一些功夫。我们相信，真正的学习，只有在帮助学生建构与其实际需要、兴趣、能力相适应并具关联的知识时才会发生；一切知识只有和学习者之间建立起关联，它对于学习者来说才有意义。传统文化的很多因素，比如中国、华夏、九州、炎黄子孙等概念，比如属相、六十甲子、二十四节气等知识，比如家庭制度、封建制度、科举制度等制度，比如唐诗、宋词的文学元素和音乐因子等，都普遍存在于我们现代社会生活中，这些和儿童现代生活关联度密切的内容，是我们首先要选择的。

记者：今年以来，家风、家规、家训和家教成为一系列热门词汇，不少媒体都以专题的形式展开了讨论。到底什么是家风，与家教、家训又有哪些不同，重拾家风的意义和价值在哪里？

徐梓：在我看来，家风就是一个家庭的风气，我们也可以将它看作是一个家庭的传统，一个家庭的文化。就像一个人有气质、一个国家有性格一样，一个家庭在长期的发展过程中，也会形成自己独特的风貌和习性。这样一种看不见的精神风貌，摸不着的风尚习气，以一种隐性的形态，存在于特定家庭的日常生活之中。家庭成员的一举手、一投足，无不体现出一种特定的习性，这就是家风。

正如"文化"是使民族之间表现出差异性的东西，表现着一个民族的自我和特色一样，家风作为家庭的文化和传统，表现的也是一个家庭的气质和风习，反映出一个家庭有别于其他家庭的独特之处。这种不同、这种独特并不必然正面，并不一定都好。所以，它是一个中性的概念，并不必然具有正面的意义，用现在的话说，并不都具有正能量。家风也有不良的，并不都是传家宝。

家风是一种文化，一种传统，一种风习，它不同于家规家训。家规家训是家庭或家族中的规矩，是家人所必须遵守的规范或法度。它的主要内容可以归纳为两点，一是如何立身处世，一是怎样居家治生。它是借助尊长的权威，加之于子孙族众的又一重道德约束，有的甚至具有强制效力，目的是为了家族的延续和光大，即所谓的"保家兴宗"。

相对于家风而言，家规家训一个总的特点是有形的，是形诸口头、见诸文字的，是可视可见的。家风有别于这样一个家庭或家族中世代相传的道德准则和处世方法，它是一个家庭的性格特征。但它一旦形成，也就成为了教化的资源，对家族子弟具有熏染影响、沾溉浸濡的意义。家风的教育途径与家教也不同，它是一种不必刻意传授，仅仅通过耳濡目染就能获得的精神气质，具有"润物细无声"的意义，过去则有"渐渍家风"的说法。通俗地说，我们可以把家规家训看作是教化家人的活动或教科书，而家风则是经由长期教化后的结果。

现在重提家风，热议家风，对于引导人们自觉省思、培植良好的家风，以构建和谐的家庭关系，是有意义的。比如，当央视记者在采访中询问"你的家风是什么"的时候，很多观众都在思考，是呀，我的家风又是什么呢？做长辈的在想，我们给后辈传导的是什么呢？做晚辈的在思考，我们从前辈那里继承的又是什么呢？整个社会重拾家风，培植和践行家风，能让我们从自发走向自觉。齐家是从修身通向治国、平天下的关键一环，夯实了家庭这一社会的堡垒，就有可能培养全社会的良风美俗，一定程度地治疗现今社会的种种乱象。

原载《当代家庭教育报》2015 年 12 月 8 日，记者吴蔚

第二讲

传统文化教育中的读经问题

最新一轮的读经活动，1994 年由王财贵在台湾发轫并逐渐在大陆倡导推广以来，对它的评论，人们一直保持低调，社会上的反响其实一直是褒贬不一，但即使完全不赞同，人们的非难也颇为克制，除了网络论坛上偶尔出现的一些调侃之外，很少有学者撰文驳难。然而，随着 2004 年蒋庆编辑的一套《中华文化经典基础教育诵本》的出版面世，关于读经问题的争议骤然升级。旅美学人、时为耶鲁大学历史系博士候选人薛涌率先提出了强烈的批评，在《走向蒙昧的文化保守主义——评蒋庆的读经运动》一文中，他形容蒋庆的努力是"一场以'文化保守主义'为旗帜的愚民运动"的开始，读经的提倡被他径直称之为一种"文化蒙昧主义"。他坦言："以蒋先生代表的文化保守主义如果得势，我们就会有回到蒙昧之虞。"很快，秋风在《南方都市报》上对薛涌提出反批评。随后，《南方周末》以专题的方式刊发了四篇文章，即《什么是蒙昧？——再论读经，兼答秋风》（薛涌）、《为什么不能读经？》（秋风）、《蒙昧的教育理念与传统观——评薛涌先生的反读经观点》（刘海波）、《背诵、经典与保守主义》（朱国华），将争论推向了一个高潮。此后，争论的主战场由平面媒体转移到网络媒体，一时间，著文发帖响应者如云，批评者很多，支持者也甚众。

由于网络论坛发表意见的便利，在这个全新的平台上，参与论争的人数之多、讨论的话题之集中、观点交锋之犀利，是民国初年和 20 世纪 30 年代两次颇为集中的读经争论不能比拟的。迄今争论仍没有彻底结束，各种媒体上关于这一问题的意见时有所见，要想对发表的论文数目或各种意见做一个统计显得虚妄：今天的统计结果，第二天一早起来就成了过时的明日黄花。但有关读经问题的争论，已经成为 2004 年中国学术、思想、文化界最引人注目的现象，则是确定的事实。当人们对这一年的人文进行盘点时，这一事件无一例外地处于核心位置，成为人们把 2004 年称为"文化保守主义年"的标志性事件。即便是在综合性的盘点中，如在《新周刊》2004 年年终盘点十大系列之"十大网争"中，"少儿要不要读经"就与"京沪高铁磁悬浮还是轮轨""安大线还是安纳线""撞了白撞还是机动车负全责"等成为 2004 年网络上争议最为集中的话题。

当今关于读经问题的争论话题虽广，但归纳起来，不外乎读什么经、怎样读经、为何读经三个方面。

一、 读什么经

自 90 年代中期以来的读经活动（有人称之为"读经运动"），虽然有政府部门的号召、社会贤达的推动、专家学者的倡导，但主要是家长和民间自发的活动。由于没有统一的擘画，倡导者和实践者在这里表现出极大的分殊。单就名称而论，就有"儿童读经教育""传统文化素质教育""国学育德工程""中国古典文化教育""儿童国学经典导读""儿童经典育读工程""中华文化经典基础教育""中华古诗文经典诵读工程""儿童中国文化导读"等的不同。这些名目不同的倡导和实践，往往被人们笼统地称之为读经。

读经的倡导者和实践者都认为，经就是经典，是具有典范性、权威性的著作，是经过历史选择出来的"最有价值的书""永恒之书"，是应该让儿童从小就接触的读物。但什么是"最有价值的书""永恒之书"，什么是应该让儿童从小就接触的读物，在读经的倡导者和实践者那里，理解也有很大的不同。约而言之，可以分为四类。

一是中国古典诗文，尤其是古代诗词，特别是脍炙人口的唐诗宋词。在主张诵读这类经典的人当中，历史上流传广、影响大的《唐诗三百首》《千家诗》，成为人们最为力荐的读本。一些出版机构如中华书局，组织人力编绘了《新编千家诗》以适应新时代的需要。一些组织如中国青少年发展基金会社区与文化委员会，选编了 300 篇古诗文经典之作，出版了 12 册《中华古诗文读本》，作为"中华古诗文经典诵读工程"制作和推荐的核心书籍。而从事教学工作的教师，在应试的压力之下，更重视的则是教育部《全日制义务教育语文课程标准》指定的书目，如《小学古诗词必背》《初中古诗文必背》等。

二是传统的启蒙读本，也就是《弟子规》《三字经》《百家姓》《千字文》之类。在实际的读经活动中，人们主要使用的正是这些读本。在这类读本中，一些人十分看重《三字经》和《弟子规》，如净空法师就极力主张儿童诵读《弟子规》。在他看来，《弟子规》是圣学的根基，圣学的骨干，儒家所讲的大道理都深藏其中。不仅要会念会背，而且每一句、每一个字都要落实，一生都不能违背。他形象地说："像我们盖一栋大楼，这是楼的架构、钢架！一切经论是房屋里面的装饰陈设啊！《弟子规》是结构的架子，非常重要，要真正相信，理解，肯做，不能只做表面。"有不少人赞同净空法师的观点，认为作为童蒙养正的基础，最好的莫过于《弟子规》。如能将其中的每一句都落实在日常生活中，就打好了圣学做人的根基。一些注重传统文化知识的人，则比较注重知识性强而较少道德说教的《声律启蒙》《幼学琼林》之类的读物。

三是儒家经典。在这类读本中，人们提到最多的是儒家的"四书五经"。可以说，当代提倡读经的，几乎没有排斥这几部经书的。除了"四书五经"之外，还有与此相关的历代大儒的著作，如《荀子》《春秋繁露》《中说》《通书》《近思录》《朱子语类》《朱子大全集》《传习录》《阳明全集》等，这也是蒋庆所编《诵本》的主要内容。由于提倡最力、影响最广，加上这类读物文辞古奥，晦涩难懂，理解起来尤其困难，这类读物招致的非议和反对声也最大。

四是其他经典。举凡自己认为重要的读物、旧时只要有"经"的名义的读物，就掺杂其中。如佛教的《金刚经》《心经》，医家的《黄帝内经》，甚至道家的《黄帝阴符经》等。当然，提及最多的还是道家的《老子》，即《道德经》。除此之外，一些有经典之实而无经典之名的文献，如《孙子兵法》《庄子》《离骚》《史记》《古文观止》等书，也被一些倡导读经的人士认为应该熟读，甚至背诵。传统的劝善书如《太上感应篇》《文昌帝君阴骘文》《关帝觉世真经》，被提及的也不在少数。

很多对读经持异议的人，从根本上反对读经，而不论读什么经。因而在读什么经的问题上发生争议或分歧，主要出现在主张读经的人士中间。比如，被看作道之源的《老子》，在王财贵那里非常重要，被排在仅次于《论语》的第二位。他认为《论语》和《老子》在漫长的历史过程中，早就深植于中国人的精神家园里，流淌在每个炎黄子孙的血脉中，成为中华民族不死的生命之魂，并且是世界文明重建的智慧之源。但蒋庆认为，《老子》贬斥仁义，消极无为，全身远害，不去积极实践善的价值，不能培养出儿童为善去恶的道德心；《老子》尚权谋，重机心，凡事要观察到利害究极处与对方无能为力处方出手，不能培养出儿童的诚心与直道而行的品格，因而将《老子》排除在《中华文化经典基础教育诵本》之外。在蒋庆看来，中华文化经典最初是由孔子整理编定的、继而由诸大儒阐发撰述的、在中国历史文化中逐渐形成的、体现"常理""常道"的、被历代中国人公认享有神圣性与权威性的、具有人生理想教育功能并在中国历史上长期作为课本教材的儒家文献。他认为，在两千多年的历史长河中，中国的私学与官学在经典教育上所选教材的标准都是儒家经典，因为只有儒家经典把道德放在首位，具有培养理想人格与引导积极人生的正面功能，儒家经典在中国的教育史上具有正统性。他的诵本首先强调的是"圣贤义理之学"，突出的是"正统性"。为此，他将道家、兵家等同样是传统文化主体构成的典籍全部排除在外，甚至反对将羽翼儒家经典的传统蒙学用书、人们喜闻乐道的唐诗宋词列入少儿读经的基本教材之中。在他看来，按照孔子之意，读经是"志于道""依于仁"，而文学则是"游于艺"，古诗文应放在读经之余诵习，不能喧宾夺主。

由于特别强调正统性，即使许多赞同或不那么反对读经的人，也感到不能接受蒋庆的观点。如王晓华对此就颇不以为然，他表现出这样的忧虑：名为《中华文化经典基础教育诵本》却只收儒家经典，本身就表现出狭隘的排他性，这与所谓的"圣贤义理之学"是背道而驰的。如此不宽容的儒家中心主义立场，也难以真正引领中国文化走上复兴之路。如果所有中国的儿童从小就形成了以一家学说为尊的立场，那么，未来的中国会是怎样呢？

主张读经的人认为，现行的语文教育是一种有知识、没文化的教育，读经则是对这种缺憾最有效的弥补。所以，与其读语文课本，不如读蒙学课本；与其读蒙学课本，不如读唐诗宋词；与其读唐诗宋词，不如读古文；与其读古文，不如读诸子百家；与其读诸子百家，不如读"四书五经"。持这种意见的王财贵的逻辑是这样的：读了后一种，前一种就没有不可理解的，学会了高度的表达，低度的表达就不必要学了。这时，你已经处在和前一种文献的作者平起平坐的位置了，你可以欣赏欣赏，附带地看一下就好了，不要那么努力去学了，因为他不值得你努力。那些"太小儿科了"的东西，没有必要认真教，更没有必要努力学，这样的学习不过是浪费时间。

很多读经的倡导者虽然没有像王财贵这样说明，但要求孩童直接接触古代经典则如出一辙。可见，读什么经的问题，决定了如何读经的方法。读经的人们是要让儿童跨越一些中介环节，直探潜藏中华文化最深底蕴的经典，直达民族文化根本命脉之所在。为了达到这一目的，对读经的儿童来说，可以不做认字的要求，可以忽略理解的要求。正是这样与传统的学不躐等、循序渐进的读经方法完全背离的读经倡导，让我对这样的读经能否达到读经倡导者的目的、是否能持续地进行下去持怀疑态度。

二、 如何读经

在如何读经问题上，读经的倡导者遭遇到强人所难、死记硬背、食古不化几个方面的非议，争论的焦点在于，读经是否应该顺应儿童的兴趣，是否应该合乎现代教育的理念。

读经的倡导者将对象瞄准的是儿童，是 13 岁之前的儿童、幼儿、婴儿乃至胎儿。读经的倡导者显然认同"当教育如果从孩子降生的那天开始，那么教育已经实施得晚了一天"的理念，王财贵主张读经要从胎教开始，或者说胎教就要有读经的内容。蒋庆的读经设计，则始于儿童出生的那一天：对于还不会说话的婴儿，父母、长辈或保姆有必要每天定时将本《诵本》读给他听，或定时播放《诵本》CD，"使婴儿从出生之日起，就得到儒家经典的熏习与护持"。对于开始学习说话的幼儿，父母、长辈或保姆也有必要定时逐字逐句教幼儿看着《诵本》诵读。"让儿童一开始说话时说的就是儒家经典的语言，一开始接触到文字时看到的就是儒家圣贤的文字。"对于读经的年龄下限，虽然倡导者偶尔也说及成人，但针对的主要是不超过 13 岁的儿童，这正是"儿童读经"的由来。

主张读经的人士注意到，孩子 12 岁以前背诵能力强，称为"语言模仿期"，12 岁以后接受能力强，是"理性理解期"。他们根据生理和心理学家的观点，强调 0 至 13 岁是教育孩子最重要的阶段。按照王财贵的说法："假如不能把握这个时期，年龄越大，启发、培养的功夫就会越费力，效果就越差！语言的学习是愈早愈好，文化的熏陶也愈早愈有其潜移默化之功。所以及早让儿童接触含义丰富的'经典'之作，对其一生的文学素养的酝酿，及人格智能的陶育，是具备重大而深远的意义的。经典诵读是儿童文化遗传最经济、最科学的渠道之一。诵读经典是一种科学、经济的文化遗传方式。"他们引用牟宗三的话说："少儿读经是中华文化的储蓄银行，中华文化最好的货币就是经典。"背诵经典就是在儿童记忆力强时记住经典，这如同在银行储蓄一样，长大后就逐渐会理解经典的义理并运用，提取并花费早年存款的本息。提倡儿童读经的意义，正在于利用儿童期的记忆力，记下一些永恒的东西。

反对者认为，主张儿童读经是典型的成人本位的教育观念，是以成人社会的价值观念来评判和规划儿童生活的典型表现。自己认为经典对孩子有用，或者在十年数十年之后有用，现阶段儿童尽管不喜欢，不能理解，也要求他熟读背诵。这种　味地提倡"以备未来人生的需要"的教育——先为儿童设计一个很远的目标，以为现在所学能为将来进入社会后所用，虽然与现实的生活没有关系，将来总有一天用得着——是杜威早就批评过的"学校最大的坏处"，而今被读经的倡导者所继承。施行这种预悬将来目的的教育内容，是一件最不合自然、最反常理的事，它只会造成对儿童的伤害以及教育的浪费。因此主张"把经书从儿童面前移开。我们应耐心等一等，等到孩子大一些后再让他们读经"。一些人并不反对读经，但反对儿童读经："经是应该读的，而且等到孩子长大，觉得应该读经，需要读经的时候，他会潜下心来去读的。成年以后再读经，怎么说也不迟的。"

出版《蒙蔽与拯救：评儿童读经》、对儿童读经不遗余力予以反对的南京师范大学教科院的刘晓东比喻说："这很像我们认为猪大排很有营养，于是我们就让吃奶的小孩子改吃大排。吃不动，没关系，先塞进去，等小孩子长大了他会慢慢消化的。这岂不荒唐？"儿童本来有一个生机勃勃的成长的世界，有一个自发自动、积极成长的"吸收性的心智"。但读经的要求，把儿童从那个生机勃勃的不断生长的世界里赶了出来，剥夺了儿童自发主动成长的好机会。这时，成人是儿童世界、儿童生活里粗暴的侵略者。儿童教育的基本原则是尊重儿童，以儿童为中心。读经的倡导者不尊重儿童的天性，把自己的文化使命要儿童去背负，生硬地向儿童灌输文化知识，这只会禁锢儿童的世界，戕害儿童的灵性，使儿童成为读经倡导者的传声筒，失去自身成长的根基。

倡导者针锋相对地指出，这种把是否读经的选择权交给儿童的做法，貌似给予儿童自主，实际上是没有什么坚实基础的。儿童都有"乐嬉游而惮拘检"的天性，如果放纵儿童、顺应儿童的自然本性任其自由发展，儿童只能是整天去打游戏机，整天看"猫和老鼠"之类的电视节目。因为儿童毕竟是儿童，缺乏理性的自觉与自我控制能力。如果不对儿童进行某种约束，儿童是绝不会自觉主动地去学习的。教育总是有预定目的的。教育者为实现预定的目的，引导、约束乃至强制受教育者就范，符合教育规律，也是天经地义的事情。刘海波满怀激情地指出："经验和历史却告诉我们，道德习惯和修养，不是自然而然形成的，而是教化的结果。正确的是非观念，良好的习惯，不是儿童的天性，而是日积月累的灌输甚至适度惩戒的结果。要培养孩子成为有用的、品行良好的社会成员，不是使他从小就怀疑一切，以自己为中心成为裁量一切的尺度，而是不加怀疑地学习和继承一个源远流长的伟大传统。只有在传统中，才有进行边际批评的资格和可能。知识的获得不是起始于怀疑，而是相信。不一定是理解了才相信，也是相信了才有可能理解。教育儿童是父母的责任。'子不教，父之过'是我国先贤的古训。在教育中，儿童没有完全自主的能力和资格，服从和权威、规训和惩罚（反用福柯的术语）是必要的，是良好的教育所不可缺少的。"放纵儿童的结果，只能是以放纵开始，以浅薄甚至野蛮告终。也就是说，儿童读经需要引导，需要提倡，需要家长和全社会去设计，而不是想当然地让毫无自主能力的儿童去选择。

读经的倡导者不否认，对于儿童来说，读经是一种简单机械的记忆，主要方法是背诵，或者按照反对者的话来说是死记硬背。蒋庆就明确指出："蒙学教育就是背诵教育。"王财贵也说："记忆是一切学习的基础，唯有趁现在死背多了，将来才能活用。"针对对这种传统教学方法的非难，王财贵指出："死背犹如计算机之输入资料，地下之积存水量，不用时当然是死的，但只要人是活的，犹如计算机之有程序，抽水之有马达，则水之流泻，不可遏抑，计算之运作，方便轻巧。语云：'书到用时方恨少。'一个成人，可恨的往往不是不会思考，而是佳景当前，枯肠搜索不出半点墨水来！我们的头脑是神奇的，记忆下的东西，它自动会编码储存，同类互较，融会贯通，死背的东西多了，到时它活用得比计算机还灵光。"儿童最擅长的就是记忆，而最不擅长的就是理解，提倡儿童读经，恰恰是对儿童这一特质的尊重。所以，读经的倡导者理直气壮地宣称，该"死背"的时候，就必须"死背"，人类原始的教育方法只有一个，那就是背诵。记忆和背诵，也是被历史证明了的、行之有效的学习方法。

在批评者看来，单纯记忆、死记硬背的学习，最大的问题在于：在这样的教学中，学习者的主体地位消失了，人被书本控制了，学生成了接受的容器。让儿童通过反复地机械记忆去熟记什么东西，它的弊害不仅是会造成学生的书呆子气，不仅这样得来的"知识"是脱离生活实际的，刘晓东认为更严重的是，"在这样的记忆中，人的天性、个性、自由全被阉割了。在这样的记忆中，人的思想给禁锢了，人的生命给捆缚了，人的创新火花给浇灭了。终于，在死记硬背里，人成了留声机，变为传声筒，在古书面前，在古人面前，新生的一代又一代做了泥古的奴隶"。这恰恰是传统中国士大夫读经的恶果，是中国近代遭受列强欺凌、国运不昌的根源所在，也是读经最招人反对的地方。

王财贵把儿童读经的理念归结为两点：从教材方面说，是让儿童从小接触"最有价值的书""永恒的书"，只要是有价值的经典，不管艰深不艰深，都有必要诵读。从教法方面说，就是要让儿童多念、多反复乃至于会背诵，只要能背，不管懂不懂。这一方法不仅适合儿童，而且适合成人。在他看来，语言学习最有效的方法就是尽可能多地接触，文化教养最有效的办法只是多熏陶而已。所以选定一本有价值的书之后，不要管它深不深、难不难、懂不懂，打开第一页，就开始读下去："如问：遇到不认识的字怎么办？则答：含糊过去！又问：遇到不懂的文句怎么办？则又答：含糊过去！又问：连续几页都不懂怎么办？则又答：一一含糊过去！又问：这样一直含糊过去，有何功效？说是读经，岂不自欺欺人？则又答：不仅不是自欺欺人，而且是大有功效！"王财贵认为这种读经方法之所以能够进行下去并有效，就在于阅读经典和阅读一般知识性的书不一样。"知识性的书是有机械结构的，前面懂，后面才能懂，整本书是连贯的。而经典，是智慧的发露，灵光遍洒在任一角落，不一定有连续性。前句不懂，后句不见得不懂。无论从前面懂起，或从中间懂起，甚至从后面懂回来，均无妨害。一本书读上一遍，只要懂得其中十句二十句，乃至两句一句，有所会心，便不枉费，此便是文化之根苗，教养之开端，或许此一句二句便可终身用之而不穷。"在读经的倡导者看来，恰恰是反对读经的人过分迷信懂不懂的理论，不正视儿童学习能力的特性，不把儿童当人看，只把儿童当作理智的"工具"，向儿童灌输一些现在只陪儿童长大、长大后毫无用处的内容，只向儿童传播实用的知识，而不引导儿童进行永恒的文化学习，结果造成了儿童文化血脉的贫弱，未来发展缺乏丰厚的文化底蕴，成为真正发育不良的"豆芽菜"。

读经的倡导者强调积累的重要，认为对一些"永恒性东西"的理解或懂得，需要积累到一定的程度才有可能。比如，懂音乐和懂数学就有很大的区别。如果我们用知识性学习的考试方式，去考察一个学习音乐多年的学生，那他可能一点也"不懂"。但王财贵认为，如果我们的思想不那么僵化，见识不那么短浅，着眼于一个人一生的长远发展来看，"他当时表面上好像不懂，但其实他有某种默默的'懂'，而且可能'懂'得很深，'懂'到他整个生命里去，或许这才是'懂'的真意！毕竟生命是一大神奇，你以为儿童不懂，甚至连儿童自己也不知道自己懂不懂，但小时有了默默的酝酿，到了适当时候就会'豁然开朗'。我们应给教育保留这一扇人生的可贵之门才好"。

这其中有很多科学难以解释的内容，读经的倡导者显然没有一切以科学为依归，什么都以科学为尺度来裁量。相反，他们认为如果将科学泛化，就会扼杀人性和生活中的许多面向，走向科学的反面。他们并不讳言，读经教育的核心理论，与当今教育心理学的理论不完全吻合，有的甚至截然相反。"如果拿着今天教育循序渐进的理论去理解读经理论，那么一定是错误的。"但读经理论符合人性，符合人的成长过程，也为历史和传统所证实。读经倡导者就是这样回应了批评者提出的问题，并且巧妙地反戈一击：是坚持在中外都没有获得成功的教育心理学的认知理论呢？还是顺应人的自然本性，顺应心灵发展和记忆力发展的规律呢？

与读经倡导者背诵先于理解、现在背诵了以后慢慢再理解的主张正好相反，读经的反对者认为，凡是可以理解的知识、凡是经过理解了的知识，才能成为我们自己的知识，内化为自己的精神血脉。任何成为我们精神的一部分、成为我们生命有机体的知识，都不是像货物转让、商品买卖那样得来的知识，都难以通过死记硬背来获得，而必须首先有自我认识和理解。没有惊奇，没有感动，没有心灵的震颤，没有灵魂的觉醒，所获得的不过是平庸的知识和俗人的陋见，即使一时记住了，也是脆弱的、易忘的。只有被心智所接受、理解和消化的知识，才能成为我们真正拥有的知识。所以，理解才是记忆的前提，而且是不二法门。不错，传统的记忆和背诵方法，曾有一定的效果，但这并不意味着可以让儿童一头扎进背诵的海洋中，连换口气都不让。刘晓东说得很决绝："对记忆的过度崇拜，是对童年天性的扼杀，是对儿童生活的扼杀，是对儿童生命的禁锢。"

针对儿童"现在不理解，但是可以储备在心里，将来长大了再慢慢消化，像牛那样反刍"的说法，对读经持保留和反对意见的人士认为，这是典型的食古不化。即便是有反刍功能的牛，也只是咀嚼它喜欢吃的食粮，而且是当日吃了，在休息的时候也就反刍消化了，不至于要等到几年乃至十几年之后才来反刍。在儿童不理解、不明白的时候，就强迫他去记忆，这本身就是不民主的，是蒙昧主义的做法。在任何人不理解之前，专横地告诉他这些东西是经典，是前人智慧的结晶，具有不容置疑的正确性，具有记忆和背诵的必要性，这显然是错误的。正确的做法应当是，告诉儿童真相，让儿童理解，让儿童自己决定拒绝还是接受，这才是合乎人性的学习法则。很多的反对者甚至认为，传统的灌输与记诵式的教学方法，正是专制传统得以形成并长期延续的温床。

三、 为何读经

读经的倡导者一再要求人们撇开现实的功利目的，在读经之前，不要考虑读经有什么用的问题，不要考虑所读的经用不用得上的问题，认为这种考量是风马牛不相及的文不对题。但这并不意味读经的提倡没有目的，没有针对性，没有任何意义。实际上，在推广活动中，读经的倡导者也经常援用已有的读经成效来加强自己推广读经的说服力。如列举经过读经训练的孩子专注力和记忆力提高、识字量增大、语文能力增强、阅读兴趣和阅读能力提高、学习才艺和体育运动以及劳动技能进步，等等。可见，读经的倡导者也是有功利性的，而且是超越这些具体成效之上的"大功利"。在读经的倡导者那里，读经具有多方面的意义。具体而言，有两种不同的取向：一是希望通过读经了解中国古代经典、学习中国传统文化知识，把经当作古籍文献、人文论著来读；一是希望通过阅读经典，使儿童成为圣贤义理的载体，成为传统文化的守望者，把经典当作一种思想规范、意识形态指导来读。

无论怀抱怎样的目的，读经的倡导者都注意到了"五四"运动以来传统文化的可怕断裂，所谓"近世以降，斯文见黜；经书之厄，甚于秦火"；都面临着令人痛心疾首的道德沦丧和社会问题。王财贵指斥"五四"运动以一贯偏狭的文化心态，"凡不合己见者，一律打倒，完全失去了理性的涵容性和开展性。于是喊着要现代，就必须打倒传统；喊着要西化，就必须打倒中国；喊着要科学，就必须打倒玄学。这些都和喊着要白话，就必须打倒文言同样一个心态下的不正常心理"。这种霸道而不容物的心态，成为中国现代社会的根本乱源，成为传统文化被摧残殆尽的根源所在。蒋庆也慨叹 20 世纪百年间，中国文化遭到了毁灭性的破坏：先是科举制度被废除，从此读书人不再读经，经学从此式微；接着首任教育总长蔡元培颁布了一部教育法，规定"小学读经科，一律废止"，从此小学读经制度被废除，儿童不再读经，经典教育从此断绝；"五四"新文化运动，经典被打倒在地；"文化大革命"破四旧、烧古书、批孔子，经典更是遭受了灭顶之灾。持续地、极端地、无条件地反传统，使中华民族成了一个世界上最独特的没有经典的民族。"一个民族没有了经典，就没有了文化、没有了历史、没有了根基、没有了灵魂、没有了常理常道，因而也就没有了未来与希望。因为一个民族的文化、历史、根基、灵魂、常理常道、未来与希望都存在于这个民族的经典中。"

经典的沦丧，不仅引起了人们对我们民族未来和希望的忧虑，而且造成了现实的道德和文化危机。在全球化和功利主义的社会环境中，青少年一代作为中国人的文化特质正在迅速丧失，对传统文化可以一无所知，对书法艺术、民族音乐可以一窍不通，而剑桥英语却不可一日不读，麦当劳、肯德基、网上游戏成为至爱。各地在经济开发中严重破坏历史文物和自然环境，一些地方甚至连赡养老人的道德底线也被洞穿。所谓受过教育的知识分子，无论拥护还是反对读经的人，也没有多少国学素养可言，许多人甚至缺乏对传统尊重的情感和了解的态度，缺少起码的"温情和敬意"。

读经的倡导，作为民间力量复兴传统文化的自发努力，既然产生于丧失了道德感和文化意义的社会生活，是基于民族性的觉醒和现实社会问题的焦虑，他们也就寄希望于儿童，希望儿童接触的第一件人类的精神产品，就是古代经典和儒家文化。"教妇初来，教子婴孩"所以必要，就是因为在人类的认知过程中，先入为主往往具有决定性的意义。"当儒家思想先于其他人类精神产品与儿童相遇的时候，儒家思想对每一个接触到它的个体就可能产生巨大的影响。儒家思想对儿童的先入使它能够更有效地影响人，其他人类精神产品就会受到它的排挤。"儿童读经，可以让一个人从小就负载传统文化的信息，即使不理解经书的内容，但只要能背熟，经典所负载的一些文化信息，就会慢慢地沉淀到儿童的心灵深处。这样，他就"先天"地具有了作为一个中国人的"文化身份"。这里，读经的倡导者显然有着反对者所揭露的那种用心："一个人如果能经常地学习儒家思想，即从儿童学到成年，那么这个人就可能会成为儒家信徒。如果国家的统治集团参与到儒家教育中，并使优秀的儒家信徒有机会成为官员序列中的一员，那么社会上就会出现这样一批人，他们会以儒学原则作为自己日常生活中的行为准则，同时，他们还把维护儒学准则当成一种谋生的手段。"

从另一个层次来看，经典的内容，具有普遍的、永恒的意义。熟读一些有高度价值的书，可以直探人性本源，较为便捷地吸取到人生的智慧，较为迅速地启迪自己的理性。随后对那些较为浅显性、应用性的学问，就可以事半功倍地吸收，并可以对人生的各项活动，作一个较为全面和合理的规划与安排。这就是人们经常所说的"见识"，或者称之为良好的"文化教养"。所以，要启发理性，开拓见识，教养文化，读经是最直接、最有效的途径。换一种说法，经典是文化的根源所在，有了根源性的文化教养，很容易开发一个人的理性，而涵养出广阔的心胸和互敬互重的美德。让一个儿童接受经典教育，接受传统文化的熏陶，是要他长远地默默地变化其气质，使他的生命涵养出某种深度，以维护人性光辉，提升人格品质，造就人才，陶铸大器。当今社会上、校园中问题青年和问题学生越来越多，原因不是由于经济落后和物质匮乏，也不是因为天分不高、人不聪明，根源出在文化教养上。如王财贵说："文化教养之出问题，其来已久，病怎么来就要怎么去，我们社会必须重植文化之根！而植文化之根的最简易可行之策即是教儿童读经，使他及早有文化的浸润。"经历过读经的儿童，心中深置圣贤之道，自然容易在成人讲道理时回应、共振和共鸣。再加上长期经过经典音乐、美术等审美教育的熏陶，孩子的品位、内涵自然提升，身心自然健康。在读经的倡导者看来，人格教化是经典教育的最大收获。

批评者自然不同意这种从小灌输中国文化特别是儒学精神就可以提高国民的教养和素质的说法，并斥为这其实是一种虚妄的想法。反对者所举的例子是全社会读经的旧时代：清朝的人们读了300年的经，人人是从启蒙那天给孔夫子牌位磕头起就开始读经的，最后还不是一个"一盘散沙""东亚病夫"的结果吗？可见读经并没有什么用，它过去不能挽救大清王朝的衰亡，现在也疗治不了现代社会的乱象。希图通过读经来提高国民素质，来解救当今社会的乱象，不过是一些人不切实际的一厢情愿。他们认为，儿童读经运动对于建立科学和民主的中国，实际上有百害而无一利；对于改革开放，重建中国文化，具有极大的阻碍作用。

说到底，读经不能救国，而且只会误国。

四、 我的意见

最新一轮的读经活动，是传统文化在近代中国遭受重创百年来一次富有意义的接续工作，是全球化时代一个具有悠远历史的民族期待对人类有所贡献的表示，是实现中华民族伟大复兴宏大工程的有机组成部分。所以，我们尊重读经的倡导，理解读经的用心。

但是，我们不同意一些主要读经倡导者的主张，把读经当作一种"心性之学"来习得、固守、践履和证成，而主张把读经当作一种"知识之学"来看待。也就是说，我们的读经，不是要使我们的儿童成为道统的载体，不是想在儿童身上或心中种下成圣成贤的种子，不是怀抱"为天地立心，为生民立命，为往圣继绝学，为万世开太平"那样高远的理想。我们认为，这是学者们的工作，儿童稚嫩的肩膀，背负不了这么深重的使命。我们提倡读经，也不是为着读经者德性的美好和社会风尚的改善。我们懂得，道德有继承性的一面，也有时代性的一面，经过时代的汰选，该继承的要素，都保存在我们日常生活的基本行为规则之中了。企图借读经研制一服治疗人心的良药、获得挽救社会危机的秘方，那注定是徒劳的。

在漫长的历史过程中，经典已经深植于中国人的精神家园里，流淌在每个炎黄子孙的血脉中，它是连接我们和历史传统之间的一座桥梁。缺乏经典教育，我们就无法踏上回到自己精神家园的道路，只能成为文化上无家可归的流浪者，成为精神上四处流浪的丧家狗。读经实质上就是走向中华民族共有的精神家园，感受这个家园的温馨，并有能力参与到这个家园的建设过程之中。我们倡导经典教育，是出于对自己传统的尊重，是基于这些经典对我们民族历史和社会生活产生了深远影响的认识，是我们对自己是过去的子孙并且现在既不想也不能割断这种亲缘关系的承认；是为了将我们自己生命的根须，扎植于传统文化丰厚土壤，把自己从一个自然的、生物学意义上的人，变成一个自觉的、文化意义上的中国人；最直接目的，是要使我们成为既有知识、又有文化的现代中国人。

从这个目标出发，我们所主张的读什么经、如何读经，就和读经倡导者的认识不同，更与反对读经者的做法大相径庭。

具体到儿童读经，我们认为还是应该最大限度地遵从教育学的基本规律，顺应儿童的天性。实际上，古人在从事启蒙教育时，就充分注意到了儿童"乐嬉游而惮拘检"的特点，注意到了对于儿童教育"如草木之始萌芽，舒畅之则条达，摧挠之则衰痿"的规律，强调一定要注意激发儿童的学习兴趣，保护儿童的学习积极性，注意顺应儿童的性情，激发儿童的兴趣，以诱导、启发来代替"督""责"。在读经问题上，向儿童提供一些难以接受的内容，要求他们用死记硬背的方法去接受，并单纯地依靠强制和约束，或许能收一时之功，但绝对不可能有长期之效。更重要的是，它可能造成儿童对经典的畏惧和憎恨，彻底败坏儿童读经的兴趣，使儿童在今后的成长过程中，即使在需要经典也能理解经典的时候，依然选择远离经典。

所以，我们应当根据儿童的认知规律，选择那些能激起儿童兴味的经典，把他们引导到读经的路上。比如唐诗、宋词、元曲、《三字经》《千字文》《声律启蒙》《幼学琼林》之类。这些读本，句子短小，形式整齐，或者是韵语，或者是偶句，和谐顺畅，铿锵动听，读起来上口，听起来悦耳，儿童喜闻乐道，既容易学，也容易记，它们能贴近儿童，能赢得儿童的喜欢。正因为具备这样的一些特点，因而在传统的启蒙教育中，代代相传，保持着旺盛的生命力。相反，一些读物如朱熹为儿童编写的《小学》，尽管朱熹自己欣赏、历代士人推崇、统治者大力提倡，乃至到了无以复加的地步，但由于它文字古奥，语句长短不齐，颇棘唇吻，既不便于读，更不适合诵，总之不适合儿童，到底也不能和"三百千"相媲美，只是停留在学者的书斋里，而不能流行在传统的启蒙课堂上，不免"多废"的命运。传统启蒙教育中正反两个方面的事例说明，只有顺应儿童的兴趣，才能如王阳明所说的那样，"使其趋向鼓舞，中心喜悦，则其进自不能已"。相反，就会成为儿童的敌人而为儿童所唾弃。

同时，我们也反对将一些伦理道德色彩极端厚重的传统的启蒙读物，应用于当今的读经实践，比如《二十四孝》之类。这类过去主要教孩子如何做人的读物，有很强的时代性。在我们的社会发生了如此大变化的时代，旧时的道德很多已经不能适应现代社会的需要。如果我们不顾变化了的情势，向是非分辨能力还很弱的儿童灌输这些内容，要求他们在变化了的时代，依然恪守这些过时的教条，不仅不能淳俗，解救当今的社会危机，而且会导致人们对道德的轻慢和亵渎，造成道德的虚伪，带来更深重的灾难。

当然，儒家的经典也还是要读的，而且十分必要，但我们的主张与读经的倡导者恰恰相反，我们认为读这些经典应该是在13岁之后，而不是13岁之前。在此之前，则可以适当地诵读蒙书和唐诗宋词。背诵先于理解有一定的合理性，但也不能绝对化。单纯地强调背诵而全然忽视理解，那就应验了批评者所说的食古不化。"让儿童读经就是在思想上给儿童注射疫苗，儿童接受了儒家思想的教育，以后别的学问就不容易对那些受了儒学教育的儿童产生影响了。"我们认为等儿童过了儿童期、理解能力和自主能力相对强一些之后，等他们的心智更加成熟的时候，再引导和教育他们去诵读这些我们民族的经典，那时或许更加适时、适当。

传统的儒家经典，产生于我们民族文化奠基的"轴心时代"，离我们现今已经有约2500年的距离。时过境迁之后，其中佶屈聱牙的文字、晦涩艰深的义理，即便是专门的研究者也很难理解，更不必说年幼的儿童。所以，就连在经典具有至高无上地位、全社会读经的旧时，也没有要求儿童读经。古人把启蒙教育和读经教育的界限分得很清楚，将它们分属于小学和大学的范畴，而从事启蒙教育的老师被称为蒙师，教授儒家经典的老师则被称之为经师。古人在长期的教学实践活动中总结出的一条重要的经验，就是不要过早读经。这同样是一个悠远而值得我们珍视的传统，如同经典本身一样值得我们珍视。

原题《当今读经问题争论述评》，系2011年4月在"2011年东亚教育史研讨会"上的演讲

第 三 讲

传统文化教育的社会意义

一、 传统文化教育： 为什么是现在?

最新一轮的传统文化教育，自 20 世纪 90 年代中期开始，迄今已经有 20 多年。在过去很长一段时间，主要是民间力量在努力，是广大家长、一线教师和社会上的有识之士在推动。现在，国家把对中华优秀传统文化的重视，推向了前所未有的历史新阶段。

为什么会是现在? 为什么全国上上下下这么重视中华传统文化教育? 这么做的意义和价值何在? 这是我试图阐释的问题。

(一)弥合百年来激烈反传统造成的文化断裂

近一百年来，主流的意识形态对于我们的传统文化，一直是抱着一种鄙薄、仇视和批判的态度。传统文化成了我们经济落后的替罪羊。尽管我们在近代经济落后、遭受屈辱和灾难的原因很多，非常复杂，但这造成了很多人的民族自卑，他们只是简单地归罪于我们的祖宗，诿过于我们的传统。无论是民国时期的"打倒孔家店"，还是"文化大革命"时期的"破四旧"，都以一种决绝的态度，极端的做法，对传统文化进行彻底的否定。

如陈独秀说："全部十三经，不容于民主国家者盖十之九九，此物不遭焚禁，孔庙不毁，共和招牌，当然持不长久。"正是由于这种偏狭的认识，这样一种不容物的心态，使我们的传统文化遭受了灭顶之灾。用许嘉璐先生的话来说就是，我们狠心地用自己的双手割断自己的"脐带"，用自己的双手挖掉了自己的"心"。

持续地、极端地、无条件地反传统，在很多人的心中种植下了这样一种意识，这就是传统文化是愚昧落后的代名词，是现代文明的绊脚石。要走向现代化，就必须打倒传统；要进步，就必须抛弃历史；要有明天的美好生活，就必须放下昨天的包袱。在这样非此即彼的思维定式下，很多人不加思考地反对传统文化。这样，传统文化的价值被完全否定，传统文化的地位被彻底贬斥，传统文化的面貌被全盘抹黑。这种认识和思维造成的精神创伤和文化裂痕深刻久远，直到现在仍然有很多人无条件反对传统文化。

另一方面，长达一个世纪之久的激烈反传统，也造成了传统文化的花果飘零。民国始建不到 20 天，就废止了学校里的经典教育，制度化的经典教育从此断绝。"五四"新文化运动和"文化大革命"，更是使得我们民族的经典遭受灭顶之灾，使得我们的传统文化濒临失传的境地。正如蒋庆先生所说："近世以降，斯文见黜；经书之厄，甚于秦火。学堂废读经，杏坛禁祀孔。于是弦歌声绝，《诗》《书》扫地，国人已不知经典为何物矣！"经典的沦丧和经典教育的阙如，不仅造成了我们民族深重的文化危机，也引发了价值紊乱和道德失序，成为中国现代社会的根本乱源。

实际上，中华传统文化不仅是 5000 多年中华民族生生不息、日新又新的源头活水，而且今天依然是我们推进现代化进程的强大精神力量，进行文化建设的有效资源。传统和现代之间，不是此是彼非、彼此对立、相互不容的关系，而是相互滋养、相辅相成的关系。开展传统文化教育，这对于弥合传统文化和现代文明的对立，消弭百年来激烈反传统造成的文化断裂和巨大鸿沟，解决传统文化的传承后继无人的问题，廓清人们对于传统文化的混乱态度，打消人们在弘扬传统文化时的疑虑，扫除传统文化传播过程中的各种障碍，都具有积极的意义和建设性的作用。

(二)增强和焕发民族文化在全球化时代的信心和活力

谁也不能否认，一种非常新的现象正在这个地球上出现，而且势不可挡，这就是全球化。

所谓"全球化"，首先是由科技发展引发的全球范围的通信革命，互联网则是其中最意味深长的内容；第二个变化则是人们所说的"无重量经济"或者说是知识经济的到来，这样的一种经济与以往的工业经济是按照完全不同的原则和方式运行的。全球化带来的绝对不只是信息技术、经济的变化，更有我们日常生活的变化，或者说"文化的全球化"。全球文化和它的碎片扫荡过的地方，使得那些生于斯、长于斯的民族传统文化被摧毁，被破坏，很多都"迪斯尼化"了，各民族文化出现了不同程度的同质化倾向。

在 21 世纪的今天，各个国家的开放、各种民族文化的交流，已经成为不可逆转之势。另一方面，全球化与民族文化多元化之间，并不必然是对立的关系。相反，越是民族的，也就越是世界的；世界的一体化，正在于民族的多样化。如果全球化的终极指向是各民族文化的完全一致，那将是可怕的。对一些地区而言，全球化在一定程度上表现为西化。但是，如果认为这是一种放诸四海而皆准的普遍东西，可以既不顾历史文化传统，也不顾现实环境而推广到全世界的每个角落，是一种其他文明都必须降服的主流文明，中国靠上去、贴近它、融入其中就行了，这种看法不仅是对民族文化独特价值的放弃，更是对这种独特价值内在的普遍性因素和普遍性价值的放弃。因为每一种文化都是在应对自然、社会环境挑战时，人类独特性、创造性智慧的体现，都有存在的理由和独特的价值，都应该受到尊重和宽容。在全球化时代，认识和了解本民族文化根基和内涵的"文化自尊"，与了解文化之间的差异性、尊重其他文化多样性的"文化尊重"同样重要，二者缺一不可。

相互交流是文化发展的精髓，是文化成长源源不竭的动力。一个文化体系之所以具有活力，就在于它能不断地把异质文化的因素吸纳进来，让这些因素在为自己的生长提供养分的同时，也不断地挑战自己，并在迎接挑战、应对挑战中，激活自己的潜能，把自己潜能中那些永恒的东西释放出来。中华传统文化五千多年一路走过来，就是在这种挑战和应战中获得生机和发展的，在聚合传统的力量解决现实的问题中走向未来的。中华传统文化在面对异质文化的挑战时，将延续自身的传统与应对外来的危机结合起来，看作是同一件事情的两个方面，不但一再成功地化解了这种危机，并且将这种危机转化为了自身发展的资源和机缘。中华传统文化一以贯之、不曾中断的连续性，尤其是这种连续性的独特性，在现今也具有极为珍贵的价值。这一事实本身，对于全球化时代其他文化的存在和发展也具有借鉴意义。

　　还有必要强调的是，我们国家有 5000 多年的悠久历史和丰富遗存，是一个拥有 13 亿多人口的大国，有着 960 多万平方公里的广袤幅员，在全球化的进程中，如果我们只是向外国学习，从国外引进，如果没有我们的文化传播，没有中华民族的文化贡献，两手空空地参与到全球化的进程中，那与我们的悠久历史、丰富遗存和大国地位是极不相称的。这既是对我们民族文化的轻视，也是对人类文明的不负责任。在全球化时代，激活中华传统文化的生命力，弘扬那些"跨越时空、超越国度、富有永恒魅力、具有当代价值的文化精神"，不仅能够使"中华文明同世界各国人民创造的丰富多彩的文明一道，为人类提供正确的精神指引和强大的精神动力"，而且能提高我们国家文化软实力，展示中华文化的独特魅力，增强在全球一体化时代我们民族的影响力。

(三)寻求社会转型时期各种社会阶层团结奋斗的最大公约数

　　十届二中全会开始并逐渐深入的改革开放，使中国社会进入了转型时期。经过 30 多年的改革开放，现今中国社会转型的速度、广度、深度、难度都前所未有。在更加剧烈的社会转型过程中，快速的社会分化与社会流动，使社会结构趋于复杂化、多元化。社会结构深层处的变化，派生出社会价值取向的多元化。一方面，旧有的社会规范对很多人已经失去控制力，但还没有完全退出历史舞台；另一方面，新的社会规范正在建立，但尚未得到普遍认可，暂时还只能作为我们的一个努力方向。在这种情势下，官民之间、贫富之间、城乡之间乃至医患之间的各种社会冲突经常发生，政治上的行贿受贿、贪污腐败、滥用职权，经济上的制假造假、弄虚作假、欺瞒诈骗，道德上的不孝父母、见义不为、见死不救等社会失范现象频发。

　　如何解决这些问题，这当然要坚持依法治国的方针，在法律的框架内、在法律的轨道上分配利益，化解矛盾，解决问题。但是，法律毕竟是社会秩序的最后一道屏障，仅仅依靠法律不仅解决不了全部社会的问题，而且成本过高。社会的失范是人们对现存的社会规范缺乏广泛的认同，从而使社会规范丧失了控制人们行为的权威、丧失了约束人们行为的效力造成的。由于价值的缺席，人们的行为失去了标准，没有了依从，单纯受眼前利益的驱动，这样使得社会失去了控制，呈现出无序化局面。

在由传统社会走向现代社会之后，与之相随而来的另外一个问题就是社会的专业化和高度分化。在高度分化的现代社会，不同职业、不同年龄、不同阶层的男男女女，在走向日益专深的专业化领域时，就会且行且远，越来越缺乏共同的语言，很难形成全社会的共识。这就是说，现代化及其与之俱来的专业化，造成了极大的社会离心力，而这种离心力也加剧了社会失范。

无论是要解决当今社会的乱象，还是增强社会的凝聚力，都有必要为各行各业的人们奠定一个共同的文化基础。只有立足在一个共同的基础上，人们才有共同的价值和规范，有共同的愿景和追求。

试图为当代中国夯实文化基础的方案形形色色、多种多样，但最能为最大多数中国人所接受的，还是我们的传统文化，或者说，传统文化是"中华民族团结奋斗的最大公约数"。

我们说中华传统文化是"中华民族团结奋斗的最大公约数"，我们之所以对它满怀"温情和敬意"，一个简单的理由就已足够，这就是我们都是中国人。而对中国人身份的认同，则是因为我们认同中华传统文化中的那些基本的价值、永恒的观念。中国人的特质，不仅体现在人种体貌、生物基因上，而且反映在思想观念、性格气质、文化风貌上。

传统文化不仅是我们在当今纷繁复杂的世界进行种种选择的依据，而且是对我们身份进行确证的依据。通俗地说，只有我们的传统文化，才有可能解决"我是谁"的身份认同问题，解决我们来自哪里、又将走向何方这个根本性的问题。只有了解了自己的传统文化，才有可能了解我们身上的文化基因，了解我们为什么会成为现在这个样子。

我们之所以拥有"中国人"这么一个共同的身份，就是因为我们有着同一个祖先，作为它的子孙，我们都承继着它的遗产，继承了它优秀的甚至是一些不太完美的品质。我们现在之所以生活在中华民族共有的精神家园这么一个共同体中，就是因为我们拥有一个共同的过去，是这个共同的过去支撑起了我们共同的现在，并使我们走向同一个未来。如果说，"中国梦"从目标追求上构成了"中华民族团结奋斗的最大公约数"的话，那么，传统文化则从现实基础、奋进起点上构成了"中华民族团结奋斗的最大公约数"。

归纳说来，这一轮传统文化教育在现今出现，是传统文化在中国遭受重创百年后一次富有意义的接续工作，是全球化时代一个具有悠远历史的民族期待对人类有所贡献的表示。中国梦，离不开中国魂；中华民族的伟大复兴，离不开中华文化的伟大复兴。亲近国学，重振国学，发挥中华民族最突出的历史文化优势，提升中华民族最深厚的文化软实力，建设具有中国特色、中国气派、中国风格的当代文化，是民族复兴事业的当务之急。

原系 2014 年 12 月在"中国教育学会传统文化教育中心成立大会暨第一届学术年会"上的演讲

二、　儿童读经与道德建设

从 20 世纪 90 年代中期持续至今的儿童读经，很长一个时期主要是民间自发的活动。由于没有统一的擘画，因而众说纷纭。单就名称而论，就有"儿童读经教育""传统文化素质教育""国学育德工程""中国古典文化教育""儿童国学经典导读""儿童经典育读工程""中华文化经典基础教育""中华古诗文经典诵读工程""儿童中国文化导读"等的不同。至于儿童读经的目的是什么，有什么样的意义和价值，倡导和参与这一活动的人们，对这个问题的看法更是各不相同，甚至大相径庭。但在读经有助于道德建设、有益于儿童的为人处世这一点上，则几乎是众口一词。

读经活动的许多倡导者，虽然强调经典的价值不在实用，而在文化，虽然一再要求人们撇开现实的功利目的，要着眼长远而不是汲汲于当下，要注重隐性而非显性的功效，但在论及读经具有超越具体效用之上的"大功利"时，往往与道德建设关联。如蒋庆说："儿童背诵中华文化经典，从小在心中埋下中国圣贤义理之学的种子，长大成人后自然会明白中国历代圣贤教人做人做事的道理，即懂得内圣外王、成己成物、知性知天的道理，从而固守之、践履之、证成之，将圣贤的教诲融入自己生命成长的历程。"在王财贵看来，人格教化是经典教育的最大收获。很多人认为读经不仅能增进道德信念，升华道德情操，优化道德行为，而且还能从整体上改良社会风气，阻止社会道德的滑坡，疗治社会的乱象。

中小学教师之所以热衷于推广读经，则主要是因为相信并希望通过读经，能使学生变化性格和气质，守纪律，懂礼貌，温良恭俭，凡事谦让，驯服野性，变得文明。"不少老师反映，原来学生中不乏自私、任性、不懂礼貌等现象，孩子们在接受国学教育之后，渐渐学会谦让、团结同学、尊敬师长了。"不少家长也以孩子在读经之后，能主动承担一些家务、体贴关爱父母，以诸如给老人洗脚、端茶的事例来说明读经的意义和效果："开展国学经典诵读之后，孩子们的变化可大了，懂得为下班的父母端上一杯茶，吃完饭后主动收拾碗筷、扫地，对长辈也礼貌多了。"

可见，把读经和当今的道德建设联系，认为读经有助于世道人心的改善，有助于和谐社会的建构，进而将读经的目的归结为道德建设，是现今很多倡导和参与读经活动人们的主要目的和用心。正因为如此，有人干脆将时下的读经活动，称之为"国学育德工程"。对此，我有一些不同的意见。

的确，中国传统文化具有极为厚重的伦理色彩。最为典型的表现形式就是，作为这一文化重要载体的历史文献，都有着程度不同的道德说教。关系世道人心，着眼教育感化，从来都是传统士人著书时，必须首先予以考虑的一项必要条件。学者们视为名山事业的"不朽之作"，固然是"千秋法鉴"，即便文人们"识小"的游艺之作，也要归结为"养心之一助"。就连大家熟知的《金瓶梅》，开宗明义，就宣示了酒色财气尤其是女色的危害，全书都围绕这一主旨展开。作者是以潘金莲、西门庆为例，警示世人戒色的必要。

　　阅读这样的典籍，体味其中的道理意蕴，就会对一个人的思想和行为产生潜移默化的影响。特别是古人提倡读书学习，不能书自是书，人自是人，不能读书与做人隔离，而是要学、思、行结合，注重知行合一，强调读书要引归身受，学习要见诸行事，这就势必会使书中的义理浸润自身，从而改换气质，变化性情。

　　比如，明代学者章懋，就是一个强调要将朱熹的《小学》"熟读玩味，字字句句，皆究极精微，务使其理贯彻于胸中，一一体之于身而力行之"的人。在他八十岁的时候，一个已经考中了进士的人来向他请教"为学之方"，鉴于新进士举止间的志得意满，不时流露出的轻佻，章懋告诉这人要读《小学》。这个进士不服气，对章懋说："这书我年幼的时候就读过了，现在已经中了进士，还有必要读吗?"章懋告诉他："年幼时的记诵，并没有真正理解，算不得读。"进士回家后，听从章懋的告诫，开始阅读《小学》，越读越有兴趣，越读越有味道。三个月后，他又去谒见章懋。章懋一见他就问："你最近是不是在读《小学》?"进士十分惊奇地反问道："您是怎么知道的呢?"章懋回答说："我看你现在的一言一行、一举一动，都与以前大不一样，所以我断定你是读了《小学》的。"听了章懋的话，进士惊异于《小学》神奇的功效，"乃大钦服而退"。像《弟子规》《童蒙须知》那样的读物，对儿童日常生活行为的各个方面，诸如衣服冠履、言语步趋、洒扫涓洁、读书写文字和杂细事宜等进行严格规定，读后对于养成儿童良好的行为习惯乃至铸就所谓"圣贤"的"坯璞"，无疑是有助益的。

　　然而，我们也要客观看待、审慎评估古代经典在当代道德建设中的作用，不能过高估计，不能过分夸大，不能对它寄予过高的期望，好似读经就可以解决我们现在的一切问题一样；也不能不顾变化了的情势，不分辨其一般原则和具体内容，不加转化地生搬硬套，原封不动地拿来就用；更不能把经典教育的意义完全归诸道德建设一个方面，把经典的价值片面化和狭隘化。

　　自从汉武帝"独尊儒术，罢黜百家"之后，中国古代社会简直就可以称之为读经的社会。儒家经典特别是"四书五经"，在全社会占有绝对崇高的地位。没文化或少文化的大众信从它，儿童启蒙识字是为了接近它，府州县学和书院里讲习它，各级科举考试考试它，文人学者研究它，皇帝经筵日讲的还是它。读经是所有人的义务，尊崇信奉经典是全社会的氛围。在这样的社会里，经典是神圣的，是人们不必怀疑也不容怀疑的研读对象。

但是，即便是在这样一个"读经社会"里，读经并没有提升人们的道德境界，没有能净化社会风气，也没有能解救社会的乱象。即便是在承平时期，在治世、盛世，感叹人心不古、道德沦丧，指斥教化不行，批评社会不公，悲悯百姓穷苦，揭示社会危机，如贾谊在《论治安策》中所说的"臣窃惟事势，可为痛哭者一，可为流涕者二，可为长太息者六"的"盛世危言"，也是所在多有。至于时当衰世、乱世、末世，那就更是人欲横流，莫可遏止，世风日下，于斯为盛，大厦将倾，无力可挽。"疮痍满目凄凉甚，深盼回春国手医。"但即便再高妙的国手，都没有能阻止中国历史上一个又一个王朝兴亡生死的更迭。

读经在历史上没有解救社会的纷乱和王朝的危亡，甚至也没有能提升个体的道德品质和行为。正如有学者指出的那样，在现代历史上，饱读诗书、满腹经纶而大节有亏的不乏其人。日本在中国建立伪政权，所搜罗的大多是清朝遗老和北洋军阀时期的官僚政客，如王揖唐、罗振玉、王克敏、梁鸿志、缪斌等人。这些人都曾致力于读经，有很高的国学素养，可称得上是积学之士，但他们不仅在政治上卖身投敌、丧失民族气节，在个人私生活上，也每多贪财如命、纳妾嫖妓、吸食鸦片等丑行。历史上不乏这样的事例，现代生活中也有儒学大师德性有亏、德行不检点甚至触犯法律的个案。

可见，无论是在经典具有绝对崇高地位的传统社会，还是经典不再具有神圣性的近代社会，历史的结论都彰彰在目，单纯地读经既不能提高国民素质，挽救世道人心，也不能疗治社会的乱象，更不能挽救王朝的覆亡。希图通过读经来达致这样的目的，不过是一些人不切实际的一厢情愿，是一种虚妄的想法。除了给读经的反对者留下口实、提供批判的标靶之外，没有更多积极的意义。

经典之所以成为经典，是因为它关注的不是具体的问题，而是关乎人的根本问题；蕴藏在经典中的常理常道，具有普遍的、永恒的意义。

不同的人、在不同的时期阅读，都能获得新的体会和感悟。正因为经典具有这样的属性，所以它是一个民族文化立足的基础和根本，对经典的敬畏和研读，也就成为一种文化历久弥新的源头活水。在民族文化遭遇重大挑战、发生转型的关键时期，回到传统中获取应战的资源，回归经典领受启示，是中外历史上常见的做法。

一方面，经典具有普世性和普时性，无论什么时候、无论什么人都能从中受益；另一方面，经典也具有民族性和时代性。这也就是说，任何经典都是特定民族的经典，都是特定民族在特定历史时期和特定历史条件下的产物。具体到我们民族的经典来说，它产生于距离现今约2500年的春秋战国时期，产生于我们民族文化奠基的"轴心时代"。它对后世的著述固然具有匡其趋向、示以准绳的意义，但后来一代又一代的诠释，也一定程度地塑造了它的精神和风貌。在时过境迁之后，特别是在中国社会正发生着结构性变革的今天，古代的经典当然可以用作道德建设的资源，但绝不能原封不动，生搬硬套，而有必要经过一番创造性转化，才有可能成为我们现代文化建设的有用、有效资源。

所谓中国传统的创造性转化，是旅美华裔学者林毓生先生提出的一个概念。简单地说，就是"把一些中国文化传统中的符号与价值系统加以改造，使经过创造地转化的符号和价值系统，变成有利于变迁的种子，同时在变迁过程中，继续保持文化的认同"。这个命题既反对彻底否定传统，全盘移植西方文化，认为这种极端的、非此即彼的思想逻辑，不过是中国传统思维方式在现代条件下的变种；它也反对"中学为体，西学为用"的主张，认为以传统文化为本位去同化西方思想，本质上也属于"天朝大国、无所不有"的自大和狂妄。它主张在深刻了解东西方文化的基础上，立足于传统，但不是固守传统，让传统和未来对话，使传统有适应现实的发展和创新。

有必要说明的是，古代经典中寄寓的道德，是与传统社会相契合的伦理准则，其中许多的内容，和现代社会的公民道德不相吻合，相去甚远，甚至完全背离。有人希图通过所谓"取其精华，去其糟粕"的方法，撷取其中的优长，摒弃其负面成分，这实际上是一种毫无操作性可言的虚幻原则。因为在传统文化中，精华和糟粕从来不是截然二分，而是水乳交融的，是一个铜板的两个面。从一个侧面看是精华，从另一个侧面看可能就是糟粕；一个人眼中的精华，在另一个人眼中可能就是糟粕；即便在同一个人那里，今天还是精华，明天就有可能变为糟粕。再退一步说，即便能够做这样的分别，那么，糟粕同样也是传统文化丰富性和完整性的有机组成部分。没有"糟粕"的传统文化，不是一个真实的存在。糟粕与精华相需为用，相辅相成，相互滋养，相得益彰。糟粕的一方一旦被删落，被废弃，精华也会随之瓦解，随之不存。所以，对待传统文化，即便是能区分为所谓的精华和糟粕，那应有的态度也该是取其精华，存其糟粕。正因为如此，对待传统文化，唯一正确的态度就是促成它创造性地转化。这也就是说，要有效地利用传统文化中道德的资源，把经典中的道德资源用于现今的道德建设，就必须对现今的公民道德有较为深入的了解，对人类文明成果有一个总体的把握，这才是创造性转化的前提条件。

显然，儿童还不具备这样一种对传统进行创造性转化的能力，甚至不具备起码的理解能力，在这个年龄段，单纯地让他们背诵、记忆一些道德的规范和教条，并要求他们在现实生活中实践，那就应验了批评者所说的食古不化，会桎梏儿童的世界，抑制儿童的想象，湮没儿童的灵性。孩子们囫囵吞枣、鹦鹉学舌掌握的一些规范和教条，每多与大人们的行事原则背离，对此儿童看在眼里，惊愕在心上，这些都会造成他们对道德没有敬畏感，而是疏离和冷漠。这不是种下道德的种子，培植道德的根苗，而是造就下一代对道德的轻忽和亵玩。不适当的道德教育，造成了道德虚伪，其恶果甚至比道德教育的缺失还严重。

最后，还有必要指出，在我们当代社会急剧转型时期出现读经热，有着多重意义和价值。在漫长的历史过程中，我们民族的经典已经深植于中国人的精神世界里，流淌在炎黄子孙的血脉中。经典是连接我们和历史传统之间的一座桥梁，缺乏经典教育，我们就无法踏上回到自己精神家园的道路，只能成为文化上无家可归的流浪者。我们倡导经典教育，是出于对自己传统的"温情和敬意"，是基于这些经典对我们民族历史和社会生活产生了深远影响的认识，是我们对自己是过去的子孙并且现在既不想也不能割断这种亲缘关系的承认。只有接受国学经典教育，才能使我们的后代掌握优雅、精致的祖国语言，成为一个既有知识又有文化的现代中国人；只有接受国学经典教育，才能使我们的后代走进中华民族共有的精神家园，亲近、认同这个家园，并有能力参与到这个家园的建设过程之中；只有接受国学经典教育，才能让我们的后代将自己生命的根须，扎植于传统文化的丰厚土壤，把自己从一个自然的、生物学意义上的人，变成一个自觉的、文化意义上的中国人。仅仅把读经与道德建设关联，将读经的意义和价值落实在道德建设这一点上，不仅过于狭隘，而且流于表浅。

原载《中国德育》2013 年第 11 期

 延伸阅读

认识传统文化的价值，增进传统文化的兴趣，
提高传统文化的素养

《中国教师》：传统文化是一个民族各种思想文化与观念形态的历史积淀，一脉相承，具有一定的延续性，理应在各个时期都得到重视，但为什么当前我们要突出强调"弘扬中华优秀传统文化"，您认为这一现象出现的原因是什么？

徐梓：出现这一现象的原因是多方面的，既有政治、社会方面的原因，又有学术方面的原因。作为一名学者，我将政治、社会方面的原因归结为外部原因，学术原因归结为内在原因。外部原因主要体现在下面几个方面：

第一，百年来，我们的传统文化充当了经济落后的"替罪羊"，主流意识形态对于我们的传统文化，采取的是鄙薄、仇视和批判的立场。针对这一情况，有人说"我们用自己的双手挖出了自己的心，用自己的双手割断了自己的脐带"。从"五四"时期的"打倒孔家店"，

到"文化大革命"时期的"破四旧",可以说没有哪一个民族像中华民族做得这样决绝,和自己的传统过不去,和自己的祖宗过不去。我们一直是在激烈地反传统,将我们现在生活的不如意归罪于我们的传统,把我们今人的不作为诿过于我们的祖宗,认为所有问题都出在传统的"根"上,是传统文化造成了我们在近代的屈辱和现今的种种不如意。然而,二十世纪六七十年代,属于汉文化圈的亚洲四小龙兴起,特别是改革开放后的 30 多年间,我国经济大踏步地高速增长,跃居到了世界第二经济大国的地位。这样,我们发现将经济落后归罪于传统文化的外部条件消失了,激烈地反传统实在过于鲁莽,因而很多人开始对传统文化有一种温情与敬意,也就是势所必然的。

第二,持续地、极端地、无条件地反传统,在很多人的内心深处种植下了这样一种意识,这就是传统文化是愚昧落后的代名词,是现代文明的绊脚石。在这样非此即彼的思维定式下,传统文化的价值被完全否定,传统文化的地位被彻底贬斥,传统文化的面貌被全盘抹黑。这就造成了传统文化的花果飘零,后继乏人。以至于受过正规教育的知识分子,无论拥护还是反对国学教育的人,大都没有多少传统文化的素养可言,很多人甚至连祖国语言也不能规范使用。现在提倡弘扬中华优秀传统文化,也是出于弥补百年来激烈反传统所造成的鸿沟和传统文化的断裂。

第三,从十一届三中全会开始,中国社会进入了转型时期,经过 30 多年的改革开放,现今中国社会转型的速度、广度、深度、难度都前所未有。在更加剧烈的社会转型过程中,社会结构深层处的变化,派生出社会价值取向的多元化。一方面,旧有的社会规范对很多人已经失去控制力,但还没有完全退出历史舞台;另一方面,新的社会规范正在建立,但尚未得到普遍认可。在这种情势下,官民之间、贫富之间、城乡之间乃至医患之间的各种社会冲突经常发生,政治上的行贿受贿、贪污腐败、滥用职权,经济上的制假造假、弄虚作假、欺瞒诈骗,道德上的不孝父母、见义不为、见死不救等社会失范现象频发。要解决当今社会的乱象,增强社会的凝聚力，就有必要为各行各业的人们奠定一个共同的文化基础，确立共同的理想信念。只有立足在一个共同的基础上，人们才有共同的价值和规范，有共同的愿景和追求。而这个基础最能为最大多数中国人所接受的，还是我们的传统文化。或者说，传统文化是"中华民族团结奋斗的最大公约数"。

第四，科技特别是通信领域科技的迅速进步，使得全球化或世界的一体化已经初现端倪，各个国家的开放、各种民族文化的交流已成为不可逆转之势。另一方面，我们也要认识到，全球化与民族文化多元化之间并不必然是对立的关系，相反，越是民族的，也就越是世界的，世界的一体化，正在于民族的多样化。如果全球化的终极指向是各民族文化的完全一致，那将是可怕的。每一种文化都是在应对自然、社会环境挑战时，人类独特性、创造性智慧的体现，都有存在的理由和独特的价值，都应该受到尊重。在全球化时代，认识和了解本民族文化根基和内涵的"文化自尊"，与了解文化之间的差异性、尊重其他文化多样性的"文化尊重"同样重要，二者缺一不可。我们国家有5000多年的悠久历史和丰富遗存，是一个有13亿多人口的大国。在全球化的进程中，如果我们只是向外国学习，从国外引进，如果没有我们的文化传播，没有中华民族的文化贡献，两手空空地参与到全球化的进程中，那与我们的悠久历史、丰富遗存和大国地位是极不相称的。认为全球化就是西化，甚至就是美国化，可以不顾历史文化传统，也可以不顾现实环境而推广到全世界的每个角落，是一种其他文明都必须降服的主流文明，中国靠上去、贴近它、融入其中就行了的看法，不仅是对民族文化独特价值的放弃，而且是对这种独特价值内在的普遍性因素和普遍性价值的放弃。弘扬中华优秀传统文化，就表达了我们民族对人类文明应该也能够做出贡献的心声。

从学术方面来说，我认为传统文化主要应该包括三个方面的内容，即经典文本、文化常识和技能技艺。对教育而言，就是要教最有意义、最有价值的内容。那什么样的知识对我们来说最有意义、最有价值呢，在我看来，就是各个民族并且首当其冲的是我们民族文化的经典。因为民族文化的经典是那些拥有最聪慧头脑、最伟大心灵的人们的产物，是他们智慧的结晶。"四书五经"的内容，经过创造性转化和创新性发展，在今天依旧具有强大的生命力。可以说，国学经典教育就是最优质、最有价值的教育，是博雅教育，是通识教育，是人文教育，是素质教育，而且是实施素质教育的有效途径和不二法门。我在演讲中经常强调这样的一个观点，只有通过传统文化教育，才能使我们的后代掌握优雅、精致的祖国语言，成为一个既有知识又有文化的现代中国人；才能使我们的后代走进中华民族共有的精神家园，亲近、认同这个家园，并有能力参与到这个家园的建设过程之中；才能让我们的后代将自己生命的根须，扎植于传统文化丰厚土壤，把自己从一个自然的、生物学意义上的人，变成一个自觉的、文化意义上的中国人。

《中国教师》：在教育领域，您认为我国传统文化怎样教学，才能充分体现其价值？

徐梓：无论在大中小学，我认为经典诵读就很值得提倡。根据甘阳先生的说法，美国的通识教育有两门核心课程，一是人类文明，二是经典研读。人类文明课程会讲述世界各个民族的历史，而经典研读课程则是对从柏拉图、亚里士多德到康德、罗蒂等人的一系列经典原著的研读。作为中国人与中国学生，我们有必要学习我们民族的经典，即国学经典。需要特别强调的是，我们不但要学习民族文化、国学经典，而且也要学习其他民族的文化、西方文化的经典。就我个人而言，我对西方的文化也很感兴趣，平时主要读两种书，一种是外国人的著述，一种是古代典籍。

我国传统文化的价值，还可以体现在大学的通识教育中。对于大学的通识教育，有很多人在探索，有多种模式，我赞同甘阳等人的一些说法与做法，如我们不能将通识教育完全是流于表面的概论式的（如《中国传统文化概论》等）内容，我认为有必要从经典入手，甚至一部经典可以开设成一门课程，能够上一个学期。近十多年来，我一直在学校给学生上两门公共选修课——传统蒙学与传统文化、传统家训与传统文化。就是将蒙书、家训作为一扇了解各个时期文化风貌的窗口，从最初的《史籀篇》《苍颉篇》，一直讲到后来的《弟子规》《教儿经》；从周公训伯禽，一直讲到《曾国藩家训》。这样做虽然能让学生了解启蒙教材和家训发展的阶段及阶段性特征，了解其各种类型，但还是太散，不聚焦。如果就其中的某一个文本，比如《幼学琼林》《颜氏家训》进行专门的讲授，讲授一个学期，传统文化的价值或许能更加凸显一些。

《中国教师》：当前社会上出现了一些"经典诵读"的培训班或"读经"活动，您是怎样看待这种现象的，您认为这对学校教育工作会产生哪些影响？

徐梓：体制外的私塾和书院的"读经"活动，应该说对当代的传统文化教育有很大的功劳和贡献。这项活动从二十世纪九十年代中期一直持续到现在，已有 20 多年。对此，我们要了解它们为什么会出现，为什么家长不将自己的孩子送到体制内的学校，而送到体制外的私塾和书院。许多家长之所以会这样做，是因为他们认为当前我们的体制内的学校不能满足他们的教育需求，或者说，他们对我们的学校教育很失望。我曾经说过这么一段话，传统文化教育在很长一段时间，都是我们的民间力量在努力，是广大的家长们在努力。表达的是家长们对现行教育失望之后的一种无奈之举，是有一定文化素养的家长们的一种自救与自助。

然而，这些体制外的教育机构，也的确存在不少的问题。比如，没有一个整体的擘画，没有科学的设计，容易出现跟风、攀比的情况，学习的计划性和连续性不强，不能循序渐进和按部就班地实施教育活动，甚至还会出现低俗化的情况，一些培训班迎合社会上一些人的需要或兴趣，培训的内容以占卜、算命、风水、测字等为主。此外，还有功利化的问题，为了赚钱，传统文化教育的功能被无限地夸大，并通过各种手段和渠道向社会宣示和传播。这些不仅给国学教育的健康发展埋下了隐患，而且对当前的国学教育造成了严重的伤害。

体制外的私塾和书院之所以有市场，主要是因为在学校教育中，传统文化教育没有得到应有的重视，分量严重不足。所有的家长都想自己的孩子享受更好的、优质的教育，所有的父母都希望自己的孩子能够得到好的文化营养。但当前我们的教育在很大程度上就是一个应试教育的机器，而有些家长不愿意自己的孩子成为考试的工具，希望他们能够真正地学到一些最有价值的东西。面对这种情况，要办好人民群众满意的教育，满足家长个性化的教育需求，我认为有必要改变一些现行的做法。比如，允许那些存在时间长、有影响、主办者又有良好教育理念的私塾、书院存在，给予其合法地位。《中华人民共和国义务教育法》虽然规定："凡年满六周岁的儿童，其父母或者其他法定监护人应当送其入学接受并完成义务教育。"但与此同时又规定："自行实施义务教育的，应当经县级人民政府教育行政部门批准。"可见我国的法律并没有堵死自行实施义务教育之路，只不过是需要县级人民政府教育行政部门的批准。要给予它们一定的自主权，尊重其办学传统，在收费标准、课程设置、教学内容、教师聘任等方面，不必与体制内的学校强求一律。另一方面，学校教育应加大传统文化教育的力度，设置专门的课程，这也是我一直在提倡和推广的。但直到现在，全国只有山东省将其纳入了必修课程，也就是说传统文化教育现在主要还处于校本课程的层次，最多也只是属于地方课程。

《中国教师》：一些学校会将"四书五经"、《弟子规》等国学经典带进课堂，您是如何看待"国学经典进课堂"这一现象的，您认为这些活动会给学生产生怎样的影响？

徐梓：我认为这很有必要，但现行的做法也的确存在着一些问题。我认为问题的焦点不在于经典该不该进课堂，而是什么样的经典、什么时候进入课堂、教的对象和学的主体是谁这样的问题，也就是我们如何合理地安排不同年龄段的学生学习相应内容的问题。这里，我坚持两个基本的原则，一是不主张学习伦理道德色彩过于厚重的内容，如《二十四孝》，二是不赞同孩子们过早地接触一些狭义的儒家经典，如《周易》《尚书》等。我认为，应该坚持循序渐进的原则，小学阶段主要学习那些知识性强、具有跨越时代生命力的内容，如《声律启蒙》《幼学琼林》等启蒙读物和唐诗、宋词等。

传统文化教育的内容组织和设计，一定要坚持循序渐进的原则，这是被传统教育证实了的行之有效的一项原则，这一传统甚至比读经的传统还要悠久，因而也被历来的教育家所强调；此外要遵从古代知识之间的内在逻辑，注意完整性和系统性。在小学一、二年级时，学生可以学习《弟子规》《小儿语》和关于儿童道德教育方面的内容，养成他们良好的行为习惯。到了三年级以后，可以读《三字经》《声律启蒙》《幼学琼林》《千字文》等。在小学阶段，学生在各个年龄段都要读一定数量的唐诗、宋词。在初中阶段，学生可以选读"四书"，到高中阶段，可以选读"五经"。这是我对经典诵读所做的一个基本构想。概括来说，在小学阶段，学生阅读的内容是蒙书、唐诗、宋词，到了初中可以选读"四书"，到了高中可以选读"五经"。对大学生而言，则应该多进行研究性学习，而且内容更加广泛，除了唐诗宋词、"四书五经"之外，还包括各种史书、诸子百家、著名学者或者著名文学家的文集等。

国学经典进课堂，我认为对学生素质的优化会有很大的帮助。比如，国学教育的一个重要目的，是要使我们的学生掌握优雅、精致的祖国语言，成为一个既有知识又有文化的现代中国人。我国传统教育的终极目标，就是要培养所谓的"君子"。传统文化中的经典文本，大都有厚重的伦理色彩，有很强的道德说教，反复诵读，引归身受，确实可以强化学生的道德意识，加强自我约束，养成良好的行为习惯。

国学经典教育也可以培养学生掌握和灵活应用优雅精致的祖国语言。以蒙书为例，"天地玄黄，宇宙洪荒，日月盈昃，辰宿列张"给人们一种很壮阔的气势，诵读之际，可以培养人们的气势与气韵。《千字文》只有短短的一千个字，内在结构非常严谨，气势宏大，语言精致。它一千个字不多不少，也不重复，四字一句，押韵便读，还不能是文字的简单堆积，而要表达一定的意义。可以说编《千字文》是"舞霓裳于寸木"，在一寸见方的木头上，跳幅度很大的霓裳羽衣舞；"抽长絮于乱丝"，在一堆纷乱的丝中，将一根丝线抽得很长很长。在这里，我们可以体味到祖国语言的优雅与精致，感受其气势的宏大。再比如,《幼学琼林》中有"畴昔、曩者,俱前日之谓;黎明、昧爽,皆将曙之时",当我们在阅读历史文献时,就会发现它的价值。司马迁在《报任安书》中开篇说:"少卿足下:曩者辱赐书,教以慎于接物、推贤进士为务。"在读完《幼学琼林》后,我们知道"曩者"就是"前些天"的意思,就会对历史文献有一个较好的理解。因此,即便是诵读一些蒙学读物,也可以掌握和灵活运用祖国语言,可以感受汉语的气势和气韵,最后就可以自如地驾驭汉语,可以写得一手漂亮的文章。所以我常说,当我们将高度凝练的爷爷辈的文言文掌握后,学习浅显通俗的孙子辈的白话文就不在话下。

《中国教师》:您能谈谈当前学校校本教材的建设与传统文化教育结合的情况吗?

徐梓:我主编过一套由北京师范大学出版社出版的《国学》教材,现在有很多的学校作为校本课程的教材在使用。但校本教材的开发,如果没有特定学校校长和教师的参与并成为主体,那也不具有校本教材的特质;如果校本教材面向全国,面向所有学校,这就失去它作为校本教材的意义了。校本教材以学校为本位,由特定的学校自己确定,一定要有很鲜明的个性和特色。

现在,我正在和北京海淀区上庄学区的校长和老师们合作,共同编写一套《家训与家风》的校本教材。《家训与家风》校本教材分上、下两册,上册主要讲家及修身之要,下册主要讲家族与齐家之道,从社会的细胞家、家族讲起,再讲个人修身,讲治家原则。在设计德目时,既注重传统的美德,也参照西方与现代的道德,并将中国传统的家训和古典文本中的一些格言警句、有关的知识与诗歌编入这部教材。根据上庄学区的计划,这部家训与家风的教材不但学生要读,家长也要读,以形成家校合力。在活动课环节,我们还设计了让学生根据传统的家训、针对自家的实情,自己编制家训,让自己和爸爸妈妈共同遵守。此外,还有一些学校在和我联系,希望我协助他们编辑《中华传统美德》之类的校本教材。我举这些例子是要说明,传统文化在校本教材的开发与建设中大有用武之地。

《中国教师》：语文教学是传播传统文化的主渠道，您认为语文教师在开展传统文化教育方面应该注意什么问题？

徐梓：在现阶段，语文课确实是体制内学校进行传统文化教育的主渠道，但靠这种渗透的方式，依然达不到传统文化教育的目的。所以，我主张将"中华传统文化"单独设课。就当前的情况来说，除了在语文课中加大传统文化内容的比重外，再就是要加强语文教师的培训，使他们从偏重白话文教学，进而有能力从事文言文教学；从主要讲述表浅的知识，转向知识背后文化意蕴的开掘。

传统文化的一个重要载体，是高度浓缩、高度凝练、意蕴丰厚的文言文。而进入民国后，我们强调直观教学，在启蒙教育阶段教给学生的主要是"小鸟飞，小狗叫，小儿追，小狗逃""大公鸡，喔喔叫，小朋友，起床了"之类的内容，这与"天地玄黄，宇宙洪荒，日月盈昃，辰宿列张"相比较，显然人文意蕴淡薄，就像白开水一样，王财贵先生形象地称这样的内容是有知识没文化。我和一位老师曾在中国国际广播电台对海外听众讲《千字文》，虽然只有一千个字，却足足讲了40讲，每一讲要近半个小时，这是因为它具有丰富的人文意蕴可以发掘，才可以讲解这么长的时间。语文老师在教学的时候，不能单纯让学生背诵和记忆，也不能只是解释其表层的意思，而是要尽可能地揭示其背后的文化意蕴。

此外，语文教师要特别注意孩子兴趣的培养，要利用各种各样的方式和方法，让学生对古代的文本产生兴趣，而任何单纯的背诵和机械的记忆都会让他们对这些文本有畏惧感。教师除了适当的讲解之外，还要通过一些别的方式，如与经典文本切近的故事、能够启发学生形象思维的诗歌，增加学生对经典的理解和认识，增进他们对传统文化的兴趣。我认为这是语文教师要特别注意的内容。

《中国教师》：那么对于普通科任教师来说，他们应如何在自己所任科目中渗透中国传统文化？

徐梓：每个学科、每门课都有它特定的功能，不能将其功能泛化，泛化之后，其自身的功能可能就发挥不了。在现阶段，在传统文化还没有单独设科之前，在各个学科中加大传统文化的比重，是一种可取的做法。比如说，很多学校会在综合实践课中，带学生去学校周边开展调查，参观名胜古迹或名人故居，希望通过这些活动让孩子进一步了解这些古迹的历史、了解名人的成就，这也是传统文化教育比较重要的方面。再比如说，一些体育课，也有诸如踢毽子、拔河等传统游艺和武术、太极拳等内容。通过这些活动，可以渗透或体现传统文化。但要想通过这种偶尔地"体现"、零星地"渗透"以实现传统文化教育的目标，这是远远不够的。我不是说这些课的任课老师做得不好，而是说他们有自己特有的任务，要着力于自己的主要目标，他们不能也不应该舍本逐末，把主要精力用于本来不属于本课的任务上。

《中国教师》：您对传统文化教育有哪些寄语？

徐梓：我从事传统文化教育，一直以实现这样的目标为己任，就是让人们"认识传统文化的价值，增进对传统文化的兴趣，提高传统文化的素养"，这可以权作我对《中国教师》读者的寄语吧。

原载《中国教师》2014 年 10 月上半月版，记者孙建辉

第四讲

传统文化教育的学术意义

一、 无用之用， 是为大用

(一)如何理解国学经典教育的功用问题

国学经典教育的功效是长期的而不是即时的，是隐性的而不是显性的，看不见，摸不着，不能带来直接的、现实的功利，对现今流行的应试暂时也没有直接的帮助。在"功利是这个时代伟大的偶像，所有的权力都必须为之服务，所有才智的人都宣誓为之效忠"（席勒语）的时代，这么多家长摆脱实用的桎梏，冲破功利的喧嚣、浮躁和表浅，执着于此的动机是什么呢？他们为什么花费那么多的资源，让自己的孩子接受国学教育呢？

显然，这些家长和有识之士真正懂得"十年树木、百年树人"的道理，知道在孩子的教育问题上来，不能为现实的功利所左右，不能为眼前的利益所主宰，任何目光短浅和急功近利都会埋下孩子成长的隐患。他们有着宽阔的胸襟和长远的眼光：一百年后，你开的什么车、住的什么房子、赚了多少钱，都会变得无关紧要；至关重要的是，你培养了一个什么样的孩子。

国学经典教育的功效是根本性和决定性的，它不表现为某一种具体的功用，而能支持所有的功用；它不直接养成某种特定的技能，而是从更深刻、更高远的层面做的是夯实基础、调整结构、完善素质的工作，这是一种源于根本、专注根本、为着根本的教育。比如下棋，几乎所有的人都能在短时间内懂得行棋的规则，对这些看得见、说得明的规则的掌握，可以说是轻而易举，但是，只有那看不见的"棋力"，才能分出棋手的高下浅深，才是决定段位或等级的关键所在。从事国学经典教育，就是在从事"读谱"或"打谱"的工作，就是在日就月将地提高"棋力"。

浸润在国学经典中，我们才能感受经典中的世界，理解古人的思索，从而获得智慧和力量，"大音希声，大象无形"，说的正是这个意思。过去，英国的统治精英有句名言："虽然希腊文、拉丁文对于管理印度殖民地毫无实际用处，但只有精通希腊文、拉丁文的人，才能统治印度。"同样，在古代中国，虽然"四书五经"和八股文对经国济民、办理刑名、征收钱粮没有实际用处，但只有通晓"四书五经"和擅长写作八股文的人，才有可能以此打开科举之门，出仕为官，管理国家。这其间的微妙关系，朱自清先生在《经典常谈》一语破的："经典训练的价值不在实用，而在文化。"国学经典教育的意义，不能简单地用具体"有什么用"来说明，它有超出具体之用以外的"大用"。"无用之用，是为大用。"正因为如此，我在多个场合说：国学经典教育是最优质、最有价值的教育，国学经典教育就是素质教育、就是博雅教育、就是通识教育、就是人文教育。

（二）国学经典教育本质上就是素质教育

这里可以进一步说说国学经典教育与素质教育的关系。素质教育是我国 20 世纪 80 年代中期以来，在教育领域中持续最久、涉及面最广的一项系统工程。尽管 20 多年间素质教育的内涵有所变化，但它最基本的指向则是把学生从应试的重压下解放出来，提高学生的综合素质，从这个意义上说，应试教育是它最直接和主要的对立物。但在具体实施过程中，我们有把素质教育实用化的倾向。很多人将素质教育理解为简单的技能教育、简单的生活教育和简单的社会适应教育，把素质教育等同于离开教室、撇开教材、学习琴棋书画和唱歌跳舞、培养学生的一技之长，素质教育就这样被曲解成了技能的培养。

实际上，正如刘家和教授所说，"素"有白色的、空无的、本来的、最初的意思；"质"则有形体、根本、质地的意思。所谓的素质，指的是可为具体之物提供依托和基础，又潜藏着发展的动力，具有无限可能性的有无统一体，或曰矛盾统一体。它与西方比喻性的"白板"说，具有近似的意义。一方面，它在当下没有具体的内容，甚至一尘不染，另一方面，它不着一物的现状，又预示着一切可能，而且这一种意义更为根本。当我们谈论素质或白板的时候，我们着眼的不是它现在所无的状况，而是未来应该所有的前景。它现实的一无所有吸引不了我们，我们关注的是它未来可能的内容。从这个意义上说，素质或白板并不意味着什么都没有，相反预示着一切可能，蕴涵着潜在的无限的可能，这是一种最富有情意的、最好的组织的可能。通俗的说法就是，一张白纸，可以画出最新最美的图画。而所谓素质教育，就是合理调整和安排素质结构，并不断完善和优化素质结构的活动和过程。这也就是说，只有触及人的素质结构的调整和发展，才是真正的素质教育，而一切功利性的教育，都是它的对立面。

我们可以循着叶圣陶先生"教育是农业而不是工业"的说法打一个比喻：素质好比土壤，而各种技能，不过是土壤上生长出来的庄稼。土壤为庄稼的生长，提供了依托和基础，使得种子所具有的发芽、生根、开花、结实的潜能得以实现。素质教育好比是改良土壤、提高地力的工作。下下棋、弹弹琴以及学习绘画、唱歌和跳舞，不过是在素质的土地上栽种一些花草，并不是根本地改良土壤；不过是在素质的模板上增加一些饰物，而并不是改善这块模板的结构。说到底，都是"器""用""末"的问题，而不是"道""体""本"的问题，都是没有抓住问题的症结和关键。在我看来，国学经典教育，就是进行素质教育的一条有效途径，而且是不二法门。

即便是从形而下的层面来看，国学经典教育也具有多层次、多方面的意义。很多人着重于它有助于提高写作能力，有的家长认为，让孩子接受国学经典的熏陶，一定会奠定坚实的语文基础。还有的家长说得更直白："只要孩子坚持上国学班，以后应付一篇高考作文不成问题。"这些家长的意见是正确的，是"熟读唐诗三百首，不会吟诗也会吟"的另一种表达。之所以如此，是因为国学经典诵读，可以使人贮存语料，形成语感，使人的写作能力和写作水平，能够跃升到一个新的层次。

作为祖父辈的文言文，与作为孙子辈的白话文，其实并不是像一般人想象的那样势同水火。作为祖国语言发展过程的不同环节，它们关系密切，水乳交融。正如王宁教授所说："很多文言词义，已经不能单独使用来造句了，但是它们在构成双音词的语素里仍然保留。比如，'肇'在古代有'开始'的意思，这个意义保留在《尔雅》的第一条里，现代汉语里已经不单独用了，但是，'肇事''肇祸'，报纸和法律文书还经常使用……这种例子数不胜数。想把古今截然分开是很困难的，没有一点文言的常识，很难深入了解现代汉语。"更不用说大量的成语和典故了。比如，诵读了《声律启蒙》《幼学琼林》，就可以贮存大量的语料，不仅能极大地丰富自己的词汇，更加准确地理解词义，而且能有效地应用，起到举一反三的作用，使我们的表达更加典雅、精致和多样。学好了"祖父级"的文言文之后，对于"孙子辈"的白话文，自然就能够驾轻就熟，游刃有余。因为只有知得深、懂得博，才能取得精、用得妙；只有拥有了"一览众山小"的深厚功力，才能在作文时挥洒自如，成竹在胸。

　　写作需要讲究技巧，但写作技巧毕竟是表层的，是锦上添花的事情，最重要的还在于遣词造句的工稳和内在的气势和气韵，也就是说，要把最恰当、最精致的字句镶嵌到最流畅的、独特的节奏中去。国学经典不外乎用古文和骈文写成，古文讲究"气势"，骈文讲究"气韵"；古文讲究畅达，骈文讲究含蓄；古文讲究简古，骈文讲究典丽。但无论是古文还是骈文，无论是高声朗读还是密咏恬吟，读者都能感受、体味其气势和气韵。诵读的过程，就是一个"养气"的过程。在养成"吾浩然之气"后，作文就会字字千钧，气势磅礴，笔下风雷，气韵生动。所谓"腹有诗书气自华"，说的就是这个意思。

　　不仅如此，国学经典的诵读，还能启发人的想象力。如《千字文》的"天地玄黄，宇宙洪荒。日月盈昃，辰宿列张"，开篇就给人以壮阔的美。《庄子》中有这么一段话："天地有大美而不言，四时有明法而不议，万物有成理而不说。"意思是说天地变化，展示壮阔的美丽，而不使用语言；四季循环往还，表现明确的时令，而不发表谈话；万物盛衰，昭示完整的原理，而不附加解释。《千字文》的开篇，就完全是按照这样的节奏和思维展开的，继描写日升日落与月圆月缺的交替变化、星辰遍布太空的壮美、四时的循环往复之后，从遥远而浩渺的苍穹回到了我们脚下的大地，开始讲述发生在我们周遭切近的事情。由此可见，《千字文》逻辑严密，语言精致，形式严整，结构庄严宏大，内容亲切朴实。阅读这样的文本，能引发我们壮阔的想象；长期接受这类流传千古的锦绣文章的熏染，就会使我们的写作水平面貌一新。

还有一种普遍的意见认为，国学经典教育能陶冶儿童良好的行为习惯，是道德教育的重要途径。的确，中国传统文化，具有极为厚重的伦理色彩。最重要也是最明显的表现形式就是，作为这一文化重要载体的历史文献，都有着程度不同的道德说教。关系世道人心、阐明性学治法，从来都是传统士人著书乃至刊刻时，必须首先予以考虑的一项必要条件。羽翼经训、垂范方来的"不朽之作"固然是"千秋法鉴"，即便"识小"的游艺之作，也要归结为"养心之一助"。高标为"正学"的儒书是这样，被视为异端的释典和道经也莫不知此。有的学者甚至说，从字音上说，儒家文化的"儒"有"濡"的意思，也就是濡染、沾湿的意思；从字义上说，则有浸润的意思。所谓的濡染、沾湿、浸润，就是潜移默化的过程，就是变化气质的过程，就是一个驯服野性、走向文化的过程。

其实，国学经典教育更为根本的是，它关系到民族文化的传承。这点蒋庆先生说得很透彻，一个民族没有了经典，就没有了文化和记忆，也就丧失了根基和灵魂，从而失却了未来与希望。因为一个民族的文化和记忆、根基和灵魂、未来与希望，都存在于这个民族的经典中。在我看来，国学经典是我们与自己历史和传统之间的一座桥，缺乏国学经典教育，我们就无法找到回家的路，只能是一个文化上无家可归的流浪儿，一条没有精神家园的"丧家狗"。我们提倡阅读国学经典，是出于对自己传统的尊重，是基于这些经典对我们民族历史和社会生活产生过深远影响的认识，是我们对自己是过去的子孙并且现在也不想割断这种亲缘关系的承认。

现今的国学经典教育，可以归纳为两种取向：一是希望通过经典阅读了解中国古代经典、学习中国传统文化知识，把经典当作历史文献、古典著作、知识之学来看待；一是希望通过阅读经典，特别是"四书五经"，使学生成为圣贤义理的载体，成为传统文化的守望者和践行者，把经典当作一种思想行为规范、意识形态指导、义理身心之学来看待。我认为，国学经典教育的主要目的，应该着眼于让学生掌握优雅、精致的祖国语言，成为一个既有知识、又有文化的现代中国人；让学生走进我们的历史，体认我们的传统，亲炙我们的祖先，认同中华民族共有的精神家园，感受这个家园的温馨，形成对它的情感皈依，并有意愿和能力参与到这个精神家园的建设过程当中；让学生认识国学经典的价值，增进对国学经典的兴趣，提高国学经典的素养，自觉主动地把自己生命的根须，扎植于传统文化丰厚的土壤之中。

原题《无用之用，是为大用——浅谈国学经典教育之"用"》，载《少年儿童研究》(理论版)2010 年 9 月

二、 国学经典教育是实施素质教育的有效途径

素质教育是我国 20 世纪 80 年代中期以来，在教育领域中持续最久、涉及面最广的一项系统工程。20 多年来，教育领域的风向屡变，各种时髦的词汇如走马灯一样变化，但对素质教育的认同和追求则始终如一，"素质教育"成为这一时期我国教育界出现的频度最高的词语。它不仅是一个口号，一面旗帜，而且表现为一种教育思想、教育政策和教育实践；不仅涉及学校，也涉及家庭、政府和全社会。

由于是作为应试教育的对立物而出现的，所以素质教育在很多人那里，被狭隘地理解为引领学生走出学校、走出课堂、撇开教材、撇开书本到各式各样的培训班里学习唱歌、跳舞、绘画、下棋等，学习一技之长，学会一技之能。素质教育就这样被错误地理解为了简单的技能教育、简单的社会适应教育，特别是这种教育在很多家长和教师那里，是出于在获得下一个阶段的优质教育资源加分的考虑时，是基于一种纯粹功利的目的时，这样的"素质教育"就走向了它的对立面。

在向北京师范大学历史文化学院的刘家和先生、蒋重跃教授的请教中我意识到，"素"的本意是白色的丝，有白色的、空无的、本来的、最初的意思；"质"则有本体、根本、质地的意思。这两个字都有本根、质地的意思，有着内在的契合。所以，古人将这两个单字组合，合言素质，也就顺理成章。《论语・八佾》有"素以为绚兮"之说，朱熹注曰："素，粉地，画之质也。绚，采色，画之饰也。"《资治通鉴・宋纪十》的

"士庶虽分，本无华素之隔"，胡三省注说："华，荣也，辉也；故荣贵之族谓之华宗，其子弟谓之华胄；素，白也，质也；故白屋谓之素门，寒士谓之素士。"而对于《礼记·仲尼燕居》"不能诗，于礼缪；不能乐，于礼素；薄于德，于礼虚"之语，郑玄注说："素，犹质也。"可见在历史文献中，素或质由于内在的一致性，可以相互训释。

"素质"是一种比喻性的说法，具有明显的象征意义。首先，虽然它是白色的，看似空无，但这并不是意味着它真的没有颜色。如果是什么也没有的空无，那就不会成为其他各种颜色的质地了。但它也不是某种特定的、具体的颜色，如果是那样，那就会与其他颜色相混淆，同样不会成为各种颜色的质地了。所以，素或素质乃是"有"和"无"的统一：它的"有"不是特定的、具体的"有"，而是可囊括其他具体之有的、不受局限的特殊的"有"，这样的"有"，在某种意义上也可以说就是"无"。说它是"无"，也不是空无的"无"，而是可为具体之"有"提供质地或依托的"无"。

其次，在说"素质"的时候，表面上是在描摹它在当下没有具体内容、不着一物的现状，但实质上着眼的是它未来的前景，即这种没有任何具体内容、不着一物的状况又预示着一切可能，而且这一种意义更为根本。当我们谈论素质的时候，我们着眼的不是它现在的状况，而是它未来可能的前景。从这个意义上说，素质并不意味着什么都没有，而是预示着一切可能，蕴涵着潜在的无限的可能，这是一种最富有情意的、最好的组织的可能。这也就是人们经常所说的：一张白纸，可以画出最新最美的图画。

但是，并不是所有的白纸都能画出"最新最美"的图画，并不是所有的土地都能生长出果实累累的庄稼，也并不是所有的素质都会实现一样的可能或前景。这是因为素质并不是铁板一块、凝固不变的，而是有复杂的组成元素、有结构的，是可调整、可改善、可优化的。

在希腊文中，"素质"的意思就是有序的安排，或使事物各得其所。亚里士多德在《形而上学》中，曾对这个词作过这样的解释："'安排'的命意是指那些从部分合成的事物，各因其地位、能力、种类而加以安置；各个部分自有其应处的部位。'第亚色茜'这字的原义就是使事物各得其所。"紧接着，亚里斯士德在解释"有"的三项命意时，对其中第二项这么说："'有'或'固有'（习惯或常态）的含义就是安排。从安排来解释，有的安排得好，有的安排得不好，有的作内部安排，有的是依外物为参考而安排。"可见，在亚里士多德那里，"素质"是指事物的根本，它是一种安排，而安排的目的，则在于使组成某事物的各个部分都妥帖地各得其所。

在清楚了"素质"的含义之后，我们可以说素质教育，就是合理调整和安排素质的结构，并不断完善和优化素质结构的活动和过程。这也就是说，只有触及素质结构的调整和完善，才是真正的素质教育，而一切功利性的教育，都是它的对立物。

打一个比方，或许我们能更好地理解素质和素质教育：素质好比土壤，而各种技能，不过是土壤上生长出来的庄稼。土壤为庄稼的生长，提供了依托和基础，使得种子所具有的发芽、生根、开花、结实的潜能得以实现。素质教育，就好比改良土壤、提高地力的工作。而下下棋、弹弹琴，以及学习绘画、唱歌和跳舞，不过是在素质的土地上栽种一些花草，而并不是根本的改良土壤；不过是在素质的模板上增加一些图案，而并不是改善这块模板的结构。素质教育的关键是"道""体""本"的问题，而具体技能、专业知识的学习，仅仅着眼于"器""用""末"的问题，没有抓住问题的症结和关键。

既然我们这样理解素质教育，那么，通过什么途径来进行素质教育呢？我们的答案是经典教育。对于我们现代中国人来说，则首先是国学经典教育，而且在我们看来，国学经典教育是素质教育的有效途径，甚至可以说是不二法门。

人生苦短，学海无涯，面对作为人类文明成果和智慧载体的浩瀚典籍，无论是阅读还是传承，我们都必须有所选择，而不可能也没有必要一股脑儿地生吞活剥、照单全收。一个时代人们的选择，就构成了这个时代的选择；一代又一代的选择，就构成了历史的选择。所谓的经典，就是经过一个又一个时代的选择而传承至今的书，是经过漫长而严苛的历史选择之后，迄今依然被人们公认为有价值的书。单纯从这个意义上说，经典也弥足珍视。一部书之所以成为经典，并不是说它必须具备某种优点，而是像博尔赫斯所说的那样，是因为它经受了历史的沉淀，是历史选择的结果。所谓的经典，正如博尔赫斯《论古典》所说，就是"一个民族或几个民族长期以来决心阅读的书籍，仿佛它的全部内容像宇宙一样深邃、不可避免、经过深思熟虑，并且可以作出无穷无尽的解释"，"是一部世世代代的人出于不同的理由，以先期的热情和神秘的忠诚阅读的书"。

接受经典教育的过程，是一个与人类历史上伟大心灵沟通的过程，是和人类历史上最智慧的头脑对话的过程，也是一个接受这个心灵启示、感受其襟怀、浸濡其思想、分享其智慧的过程。通过阅读经典，我们就能了解在人类文明的发展过程之中都遭遇了怎样的挑战，面临了怎样的难题，我们又是根据什么样的原则和方法，成功地应对了这种挑战，化解了这样的难题，取得了怎样的成果。与仅仅关注未来的职业和生计的教育有别，经典教育在功利泛滥的时代，致力于培养高贵的气质，它向那些"有耳能听"的人们呼唤摆脱实用主义的桎梏，冲破名利场的喧嚣、浮躁和表浅，追求那些深邃的、最基本的、永恒的价值。显然，只有这样的教育，才能唤起我们人类自身的优异和卓越。

经典来自过去，并且将在今后永远流传下去，借助一本本经典搭建的桥梁，我们就能直达遥远的过去，生活在一个从过去直到现在的长时段里，甚至能一定程度地了解人类今后的命运，把我们有限的生活延展到广阔无垠的未来。这样就能极大地弥补我们生得太迟、又死得太早的缺憾。也只有将特定的经典放在人类历史的长时段中来考察，给予它的时空背景越开阔，我们对它意义的释读就会越丰富，越深刻。

同样，所谓的国学经典，就是我们祖宗之中那些伟大心灵所留下的伟大的著作，是指我们民族历史上那些具有典范性、权威性的著作，是为我们的民族文化奠基的著作，是塑造我们民族的性格和气质的著作，是对我们民族语言和思想具有示以准绳、匡其趋向意义的著作，是哺育了一代又一代中国人，其有效性不限于一时一地、历久弥新、具有超越时代生命力的著作。通过国学经典教育，可以走进我们的历史，体认我们的传统，亲炙我们的祖先。接受经典教育的过程，就是感受、体味、掌握并逐渐能灵活应用优雅和精致的祖国语言的过程。说到底，经典是我们和传统之间的一座桥梁，是我们和自己悠远历史之间的一根纽带；缺乏经典教育，我们就无法找到回到自己精神家园的路，只能是一个文化上无家可归的流浪儿。

经典教育当然会产生现实的功效，而且种种功效可以说不胜枚举。比如，诵读国学经典，不仅能掌握并自由应用汉语这种优雅、精致的语言，而且在高声朗读或密咏恬吟中，能感受经典中气势和气韵，体味经典中独特的节奏，这本质上是一个养气的过程。在养成了"吾浩然之气"后，作文就会字字千钧，气势磅礴，笔下风雷，气韵生动。所谓"腹有诗书气自华"，说的就是这个意思。

又比如，国学经典往往具有厚重的伦理色彩，关系世道人心、阐明性学治法，从来都是传统士人著书乃至刊刻时，必须首先予以考虑的一项必要条件。因此，接受国学经典教育，长期受其熏染，可以一定程度地改变一个人的性格和气质，增进道德信念，升华道德情操，优化道德行为，而且还能从整体上改良社会风气，阻止社会道德的滑坡，疗治社会的乱象。这也就是蒋庆所说："儿童背诵中华文化经典，从小在心中埋下中国圣贤义理之学的种子，长大成人后自然会明白中国历代圣贤教人做人做事的道理，即懂得内圣外王、成己成物、知性知天的道理，从而固守之、践履之、证成之，将圣贤的教诲融入自己生命成长的历程。"

再比如，现代社会的一大特点，就是社会的高度分化。通过国学经典教育，就是要让一个特定群体的人，不仅有一个共同的知识体系，更重要的是有一个共同的文化背景、价值观念和精神信仰。在这个高度分化、离心力很强的现代社会，由众多不同的社会阶层、不同的职业、不同的年龄的男男女女组成的国家或民族，如果没有共同的文化背景、价值观念和精神信仰，这个社会或国家就没有黏合剂，没有凝聚力，没有共同的立足之基，这个社会就会分崩离析，这个国家就会瓦解。而任何专业知识的学习，都难以让我们了解自己从哪里来，现在在何处，又将到哪里去，解决不了"我们是谁"的身份认同问题。换言之，只有国学经典教育才能使我们这个共同体的成员意识到，正是因为我们有一个共同的过去，我们才拥有一个共同的现在。因为稍纵即逝的现在，不过是历史发展链条中的一环，是历史的现实性体现。我们与其说是生活在现在，不如说是生活在不断行进的历史过程之中。如果没有一个共同的历史和过去，那么现在的共同体就失去了其存在的根基，就会轰然坍塌。

但是，这些直接的、现实的功效，都是国学经典教育隐性的、根本性的功效派生出来的。正如朱自清先生在《经典常谈》中指出的那样："经典训练的价值不在实用，而在文化。"所谓的文化，正如斯特劳斯所说："首先意味着农作：对土壤及其作物的培育，对土壤的照料，按其本性对土壤品质的提升；在派生性上，'文化'现今主要意味着按照心灵的本性培育心灵，照料并提升心灵的天然禀赋。"接受国学经典教育的过程，就是一个人自觉走进"文化"的过程，最终的成品就是成为一个有文化的人。文化素养是一个人无形的名片，它虽不能装进口袋里，但能书写在脸庞上，流淌在言语中，体现在行动上。一个人的举手投足、一颦一笑，无不透露出他文化积淀的厚薄和人生境界的高低。说到底，文化的过程和素质教育的过程就是一回事，这就是使我们的心灵世界更加丰盈，精神世界的土地更加肥沃。因为任何知识和任何技能，必须在这上面生根，才能养得活、长得壮。

在中国传统社会，"四书五经"和八股文与建国君民、经国济民毫不相干，对于一个人征收钱粮、处理刑案也毫无用处，但只有通晓"四书五经"和擅长写作八股文的人，才有可能以此打开科举之门，出仕为官，管理国家。国学经典教育的核心内容，就是要通过经典文本的阅读和古典文化的熏染，变化个人的性格和气质，形成较为一致的价值取向，培养具有高度文化修养的社会精英。

国学经典教育不仅与素质教育的目标完全一致，而且是实施素质教育的不二法门。杜威曾说过这么一句话：教育就是"分享人类曾经积累下来的智慧和道德的财富"。而国学经典的定义表明，我们民族无论是智慧还是道德的财富，都最为集中地蕴藏在经典中。显而易见，实行国学经典教育，就是继承、光大这一财富必不可少的第一步，也是实施素质教育的有效途径。一个人野性未驯、恣意妄为、举止言行不合礼仪，显然是素质不良的表现。同样，一个不了解自己的民族文化、也不想了解这种文化，甚至没有起码的"温情和敬意"，刻意和这个文化保持一种疏离的状态，就连自己的母语也不能有效运用的人，与素质也可以说相去甚远。

国学经典教育不直接养成某种特定的技能，但它实际上是从更深刻、更高远的层面，做的是夯实基础、调整结构、完善素质的工作，这是一种源于根本、专注根本、为着根本的教育。浸润在国学经典中，我们就能感受经典中的世界，理解古人的思索，从而获得智慧和力量，这实际上具有大音希声、大象无形的意义。

原载《群言》2014 年第 6 期

第 五 讲

传统文化教育的基本内容

无论是"传统",还是"文化",都是一个歧义众多的概念,难以有一个大家都认可的定义。比如,关于"文化",美国人类学家阿尔弗雷德·克鲁伯和克莱德·克拉克洪在1952年出版的《文化:概念和定义批判分析》一书中,就列举了164条不同的定义。这两个歧义众多的词语构成了"传统文化"这个合成词,其内涵和外延也就更加复杂,难以定义。正因为如此,新一轮的传统文化教育,在近二十多年来,单就名称而论,就有"儿童读经教育""传统文化素质教育""国学育德工程""中国古典文化教育""儿童国学经典导读""儿童经典育读工程""中华文化经典基础教育""中华古诗文经典诵读工程""儿童中国文化导读"等的不同。

概念和名称的歧义,归根到底,是由于传统文化内容的繁复多样造成的。正因为传统文化博大精深,任何人都可以从中撷取其一,并冠以一个相对恰切的名号进而开展一种教育活动。我们关注的问题是,从教育的角度尤其是中小学教育的角度看,传统文化的内容体系是怎样的,都有哪些,它们各自又有着怎样的意义和价值。

传统文化包括什么内容,如何分类,不同的人从不同的角度出发,有不同的做法。比如,有学者将其分为规范性文化、非规范性文化、半规范性文化。所谓的规范性文化,是以儒家经典为经,以历代官修史志为纬,在长期演化过程中广泛吸收了道、法、玄、佛诸家学说而形成的经史文化,它是中国传统社会具有最高权威的规范性文化;而普遍存在于一般民众中的生产方式、生活方式、人际关系、信仰追求、日常心理、风俗习惯等,则是非规范性文化;介于两者之间、雅俗程度不一的大量文学艺术作品如"四大名著",对经史文化呈半游离状态的各种文化教育、宗教娱乐活动等,则是半规范性文化。也有的学者,将传统文化分为正统的儒家文化和世俗的民间文化。显然,这两种分类,都是从社会层级上分的。从教育的角度分类,有人分为国学经典教育、礼仪修身教育、文学艺术教育、节庆民俗教育、传统技艺教育。

分类要坚持的起码逻辑,一是要标准前后一致,首尾一贯,不能一事一议,不能中道改易;二是要包举齐全,不能有逸出这个分类体系之外的内容。根据这样的原则,作为教育内容的传统文化,我们认为可以分为经典文本、文化知识、技艺技能三大类。

一、经典文本

正如蒋庆先生所说，经典是一个民族的根基所在，魂魄所系，它承载着这个民族的文化基因，守护着这个民族的历史传统，一个民族的活力与资源、常理与常道、未来与希望都蕴藏其中。作为传统文化的经典文本，也就是人们常说的国学经典，就是我们祖宗中那些伟大心灵留下的伟大的书，是我们先民中那些智慧头脑的结晶，是我们民族历史上那些具有典范性、权威性的著作，是为我们的民族文化奠基性的著作，是塑造我们民族的性格和气质的著作，是对我们民族语言和思想具有示以准绳、匡其趋向意义的著作，是哺育了一代又一代中国人，其有效性不限于一时一地、历久弥新、具有超越时代生命力的著作。

接受经典教育的过程，是一个与人类历史上伟大心灵沟通的过程，是和人类历史上最智慧的头脑对话的过程，也是一个接受这个心灵启示、感受其襟怀、浸濡其思想、分享其智慧的过程。通过阅读经典，我们就能了解在人类文明的发展过程之中，都遭遇了怎样的挑战，面临了怎样的难题，我们的先民又是援据什么资源，根据什么样的原则和方法，成功地应对了这种挑战，化解了这样的难题，取得了怎样的成果。经典教育在功利泛滥的时代，致力于培养高贵的气质，呼唤摆脱实用主义的桎梏，冲破名利场的喧嚣、浮躁和表浅，追求那些深邃的、最基本的、永恒的价值。显然，只有这样的教育，才能唤起我们人类自身的优异和卓越。

经典的重要性大家都认同，问题出在对经典的理解上，即什么是国学经典：是狭义的儒家经典，还是所有重要的古典文本，还是一切历史文献？经典是一个富有包容性的体系，还是一个独占性、排他性的体系？也就是说，几乎没有人不认可国学经典是传统文化的内容，而且是核心内容，我们现在的中小学的传统文化教育，无论是《弟子规》《三字经》，还是《论语》《道德经》，也主要是这一内容。

什么是经典，什么样的读物能入围经典，中小学生该读什么经典？

这些都是颇有争议的问题。我们以为，经典不应该悬格过高，不能由"四书五经"所独占，更不是只有那些自命为"经"的著作才是。它应该是一个包容、发展的体系，举凡在历史上有一定的影响、在今天依然具有生命力的历史文本，都可以看作是国学经典。但是，并不是所有的国学经典都可以作为普通中小学生的学习内容，更不意味着这些经典可以在各个学龄段学习。在内容的选择上，既要考虑教育的传统，也要照顾现今的需要；既要考虑这些经典内在的逻辑，更要照顾学生的认知水平和能力。

具体来说，在小学学段，应该以传统蒙书和古典诗词作为主要学习内容。在小学低年级，可以以《弟子规》《小儿语》《朱子治家格言》等为主，以养成儿童良好的行为习惯为目标；在小学高年级，则以《三字经》《声律启蒙》《幼学琼林》等为主，以掌握一定的传统文化知识、感受祖国语言的优雅和精致、增强学习传统文化的兴趣为目标。在初中学段，可以选读"四书"和诸子，让学生体味经典所具有的跨越时代的生命力，从而热爱经典，热爱经典诵读。在高中学段，可以选读"五经"与历代文学作品中的名篇，让学生感受传统文化丰富的思想内涵和艺术魅力，感悟并了解传统的审美精神、审美理想、审美情趣等，从而认识传统文化的博大精深，增进热爱传统文化的感情。

通过国学经典教育，可以走进我们的历史，体认我们的传统，亲炙我们的祖先。接受经典教育的过程，就是感受、体味、掌握并逐渐能灵活应用优雅和精致的祖国语言的过程，就是把自己生命的根须，扎植于传统文化丰厚土壤的过程，是把自己从一个自然的、生物学意义上的人，变成一个自觉的、文化意义上的中国人的过程。说到底，经典是我们和自己传统之间的一座桥梁，是我们和自己悠远历史之间的一根纽带；缺乏经典教育，我们就无法找到回到自己精神家园的路，只能是一个文化上无家可归的流浪儿。

经典教育当然会产生现实的功效，而且种种功效可以说不胜枚举。比如，诵读国学经典，不仅能掌握并自由应用汉语这种优雅、精致的语言，而且在高声朗读或密咏恬吟中，能感受经典的气势和气韵，体味其独特的节奏，这本质上是一个养气的过程。在养成了"浩然之气"后，作文就会字字千钧，气势磅礴，笔下风雷，气韵生动。所谓"腹有诗书气自华"，说的就是这个意思。

又比如，国学经典往往具有厚重的伦理色彩。关系世道人心，阐明性学治法，从来都是传统士人著书乃至刊刻时，必须首先予以考虑的一项必要条件。因此，接受国学经典教育，长期受其熏染，可以一定程度地改变一个人的性格和气质，增进道德信念，升华道德情操，优化道德行为，而且还能由此及彼，由远及近，一定程度地改良社会风气，阻止社会道德的滑坡，疗治社会失序的乱象。

再比如，现代社会的一大特点，就是社会的高度分化。在这个高度分化、离心力很强的现代社会，由来自众多不同的社会阶层、不同的职业、不同的年龄的男男女女组成的国家或民族，如果没有共同的文化背景、价值观念和精神信仰，这个社会或国家就没有黏合剂，没有凝聚力，没有共同的立足之基，这个社会就可能会分崩离析，这个国家就可能会瓦解。而任何专业知识的学习，都难以让我们了解自己从哪里来，现在在何处，又将到哪里去，解决不了"我们是谁"的身份认同问题。国学经典教育的一个重要目的，就是要让生活在中华民族共有精神家园这个共同体中的人，不仅有一个共同的知识体系，而且有一个共同的文化背景、价值观念和精神信仰。只有国学经典教育，才能使我们这个共同体的成员意识到，正是因为我们有一个共同的过去，我们才拥有一个共同的现在。因为稍纵即逝的现在，不过是历史发展链条中的一环，是历史的现实性呈现。我们与其说是生活在现在，不如说是生活在不断行进的历史过程之中。如果没有一个共同的历史和过去，那么这个共同体就失去了其存在的根基，就会轰然坍塌。

但是，这些直接的、现实的功效，都是国学经典教育隐性的、根本性的功效派生出来的。正如朱自清先生在《经典常谈》中指出的那样："经典训练的价值不在实用，而在文化。"接受国学经典教育的过程，就是一个人自觉走进"文化"的过程，通过经典文本的阅读和古典文化的熏染，变化性格和气质，最终成为一个既有知识又有文化的现代中国人。

二、 文化知识

文化知识是我们的先民在认识客观世界包括人类自身的过程中所取得的成果，大到各种社会政治制度，小到一个概念，都属于文化知识的范畴。前者如科举制度、封建制度、三省六部制等，后者如华夏、九州、中国、炎黄子孙等。过去人们的日常生活，包括物质层面和精神层面的各种问题，也是文化知识的重要内容。物质层面的如衣食住行，精神层面的如人伦关系、宗教信仰、思想观念、生老病死，等等。

有关文化知识的分类，更是大相径庭。王力先生主编过一部流传很广、影响极大的《古代汉语》，在每个单元都有"古汉语通论"。第三册的"古汉语通论"的四个单元，都是"古代文化常识"。其中包括天文、历法、乐律，地理、职官、科举，姓名、礼俗、宗法，宫室、车马、饮食、衣饰、什物十四个方面。台湾学者王尔敏先生致力于民间传统世俗文化生活的研究，他的《明清时代庶民文化生活》一书，依次介绍了民间多神信仰、日常生活节奏、饮食医药与养生益寿法、日常礼仪规矩、应世规矩与关禁契约、玄理术数之信从、游乐才艺和风月调教八个方面的内容。

实际上，这些内容在传统的教育中也普遍存在。著名的蒙书《幼学琼林》，就设置有天文、地舆、岁时、朝廷、武职、祖孙父子、兄弟、夫妇、叔侄、师生、朋友宾主、婚姻、妇女、外戚、老幼寿诞、身体、衣服、人事、饮食、公室、器用、珍宝、贫富、疾病死丧、文事、科第、制作、技艺、讼狱、释道鬼神、鸟兽、花木等三十二个类目，这可以说是古代读书人知识结构的一个缩影，传统的知识类型在这里都可以找到。

又比如，有一部名叫《万宝全书》的书，是明清时期庶民日常用书，虽然不是高文典册，但重在实用，深受缺知识、少文化的大众所喜爱，故而能流行于民间，自明代以来，各种版本不下六十种。清嘉庆十三年（1808 年）的刊本《增补万宝全书》中，就分为天文、地理、人纪、养生、诸夷、民用、诗对、种子、杂览、侑觞、相法、农桑、八谱、仙术、笑谈、武备、数命、琴学、宅经、书柬、算法、堪舆、清律、爵禄、劝谕、祛病、时令、画谱、字法、牛马、状法、解梦三十二类。明清时期平民的文化生活是怎样的，他们的知识世界如何，他们关注什么，他们受到什么知识的影响，这类日用类书提供了最直接的答案。

　　这些文化知识对于生活在传统社会的人来说，往往是生活之所必需，是一个人在成长的道路上，或者是通过进学读书，或者是通过他人耳提面命，或者是在生活实践中耳濡目染，必然要了解、掌握的内容。随着时代的变化，这些传统知识中的很多内容已经不再成为中国人必备的知识了，成为了只有在历史文献中才能看到的内容，在历史博物馆中才能目睹的情景。但要了解我们先民的生活，了解我国的历史文化，了解我们的祖先为什么那么想、那么做，就必须了解他们的知识结构、人际关系、情感世界和崇奉信仰，一句话，必须了解他们的生活世界。

　　传统当然不是凝固的，所以人类历史上有众多破除旧的传统、同时建构一种更加适宜、更富有想象力的新传统的努力。但是，传统作为人类代代相传的行事方式，是从过去延传到现在的事物。在《论传统》的作者希尔斯看来，至少要持续三代人——无论长短——才能成为传统。传统文化知识也是如此，虽然古人对天地、四时和人事的认识，一部分已经成为陈迹，但也有不少内容至今仍是中国人生活的一部分，并且为中国人所特有。比如关于中国、华夏、九州、炎黄子孙等的称谓，民间日用的知识如二十四节气、十二生肖、六十甲子、传统节日等，这些内容既影响着中国人的生活习惯，也影响着中国人的思维方式和行为选择的模式，是构成中国文化的重要部分。如果说，学习那些在现实生活中已经不见踪影的文化知识主要是为了了解我们的祖先的话，那么，学习这些在现实生活中还有一定影响的知识，则是为了认清我们自己。通过检视我们身上的文化基因，看清我们的知识结构和精神世界受到了传统怎样的影响，我们的血管里流淌着先民怎样的血液，我们为什么会成为现在这个样子。

　　此外，学习和掌握传统文化知识，还有一个直接的功效，这就是能够了解历史文献中的专有名词和典章制度，对于我们读懂古文、理解作者的意思会有极大的帮助。王力先生主编的《古代汉语》，之所以在"古汉语通论"中，设置"古代文化常识"的内容，就主要是为了扫清阅读过程中的障碍，提高人们阅读古书的能力。比如，王力先生在《为什么学习古代汉语要学点天文学》一文中，就分别举列了经、史、子、集四部文献中涉及天文历法知识的内容，具体阐释了学习天文历法知识对于学习古代汉语的意义。传统文化知识作为古人必备的知识，广泛存在于各种类型的历史文献中。如顾炎武在《日知录》中曾说："三代以上，人人皆知天文。'七月流火'，农夫之辞也；'三星在天'，妇人之语也；'月离于毕'，戍卒之作也；'龙尾伏辰'，儿童之谣也。后世文人学士，有问之而茫然不知者矣。"茫然不知，就难以理解文中的意义，古文献就如同天书一样。

有必要指出的是，在我们现在的传统文化教育中，对传统文化知识很少有人重视，出现了不应有的轻忽。传统文化知识不仅对我们读懂古文、理解古人的社会生活有帮助，而且对于我们搞清楚今天生活中很多事物的来龙去脉也大有裨益。特别是这一部分内容中，有很多地方与中小学生的日常生活密切关联，十分切近，学习这些知识，会增加他们对传统文化的兴趣。

三、 技艺技能

技艺指富于技巧性的武艺、手艺、工艺或艺术等，而技能则可以看作是拥有特定技艺的能力或才能。也就是说，技艺特指某种技巧，而技能是通过长时间反复演练后习得和掌握该技巧的能力。二者既有联系，也有区别。比如，剪纸、抖空竹、下围棋、说相声是一门技艺，而善于剪纸、能抖空竹、会下围棋、能说相声则是技能。

传统的技艺和技能，至为繁多，难以一一举列。如果以从事的主体而论，就有儿童和成人的区别，男人和女人的不同，庶民和士人的差异。以宗旨目的而论，有的在于表现技巧，满足心性，纯为娱乐；有的制陶纺织、印染刺绣、冶炼铸造、炮制中药，纯为实用。儿童的技艺技能主要是户外空旷处的娱乐游戏，如抓子儿、抽陀螺、放空钟、踢毽子、跳百索、摸瞎鱼、风鸢戏；成人的技艺技能则偏向于室内的博弈竞技和斗智游戏，包括围棋、象棋、弹棋、骨牌、马（麻）将牌、掷钱等。男人的技艺技能多表现在龙舟竞赛、蹴鞠、骑马射箭、舞刀弄枪、徒手对搏等方面，女士则集中在绣荷包、荡秋千、猜枚儿、弹珠儿、跳绳儿、捉迷藏等上面。

在传统社会，除了琴、棋、书、画之外的其他技艺技能，要么被认为是玩物丧志，要么被视为奇技淫巧，从来没有成为学校教育的主要内容。这些技艺技能的学习，主要是在社会上，也一定程度上是在家庭中，通过民间娱乐的形式你我传习，或者以师傅带徒弟的形式传承。

传统技艺技能极富中国特色，体现了中国的智慧，典型地反映了中国人的性格气质和生活情趣。比如，围棋就是一种智慧的游戏：松下林间，庭前室内，两人一壶清茶，对弈纹枰，眼前只有一盘棋，一切纷争，种种烦恼，都被抛却在脑后。正如叶朗、朱良志在他们合著的《中国文化读本》中所说的："围棋不是确立一个对手，而是请来一位同好。围棋的'好局'是与对方一道完成的，一递一着的落子，与其说是在竞争，倒不如说在共同修建一座美妙的大厦。……围棋是与一位'同好'来交流心灵，来共同创造一个'好局'，最终共同生存，达到心灵愉悦。这是中国人的围棋之道，也是中国人的竞争之道。"通过传统技能技艺的学习，不仅能够娱乐心性、激发兴趣、宣泄情感、强壮筋骨，不仅能使广大学生认识传统文化的价值，增进对传统文化的兴趣，提高传统文化的素养，而且能切实理解先民的用心，感受古人的情志，体味传统文化的精髓。

最后，有必要指出的是，我们所说的传统文化教育，主要不是传统文化的问题，而归根到底是教育的问题。传统文化本身虽然是古代社会、传统时代的文化，但是传统文化教育则是当代社会的教育，是当代中国教育体系的一部分。传统文化教育本质上是为了让生活在当代的青少年，能够更好地继承传统文化，进而在文化上找到归属，在精神上变得丰富，在思想上获得一种根基。这也就是说，传统文化教育的内容虽然来自过去，但对象却在当代，是生活在当代社会的青少年，从所要实现的目标来说，则更是要面向未来。所以，与传统文化是在过去形成、经由现在、而通向未来正好相反，传统文化教育则是将未来作为出发点和根本，经由现在的选择和过滤，而指向过去的。

这样看来，传统文化教育虽然以诵读古代经典、学习传统文化知识、传习传统的技艺技能为主要内容，但它不是一种单纯的"复古主义"，不一定只有通过私塾和书院才能传承，更不一定要穿着古人的装束、在古色古香的环境中才能习得。在当代社会，学校教育始终是最重要的、占据主导地位的教育途径。学校教育的正规性、系统性和高效性，也决定了传统文化教育要健康、有效、可持续地开展，也有必要充分利用这个途径。当代的学校教育体系，尤其是基础教育部分，也有必要充分接纳传统文化的内容，通过在当代的教育中增加或融入传统文化的内容，来继承和弘扬传统文化。

原题《传统文化该怎么理解该如何教育》，载《中国教育报》2014 年 9 月 17 日，与王立刚合撰

延伸阅读

古典诗歌在中小学教学中不能削弱

著名的"朦胧诗"代表诗人舒婷，和她同时代的许多人一样，所受的正规教育十分有限；初二的时候，就因为"文化大革命"的爆发中断了。但第一首启蒙儿歌学唱杜牧的《清明》，幼年识字课本用李白的《静夜思》，小学阶段接触"日照香炉生紫烟"，初中时期学习《卖炭翁》、"三吏"和"三别"，插队当知青的几年间，也在如饥似渴地补习李白、杜牧、李清照、苏轼和柳永的诗作。这样的日长月化、日就月将、涓涓潺潺、潜移默化，使得唐诗宋词文学的元素和音乐的因子，深深浸透到了她的血液和骨髓中，构成了她文化的

"DNA"，以至于英国著名汉学家詹纳森认为，她的诗太中国化、太传统了。

实际上，舒婷的个案，不过是一代又一代中国人学习经历和精神世界的一个缩影。由于诗歌教学兼具有识字、道德教育、古代文化知识传授等复合功能，可以看作是启蒙教学整个环节的一个小结；又由于它句子短小，形式整齐，有韵便读，读起来朗朗上口，听起来铿锵悦耳，儿童喜闻乐道，诗歌或用诗歌体编写的蒙书，往往是我们的先民吸取传统文化的第一口母乳。姑且不论孔子所谓的"不学诗，无以言"在后来的影响既深且远，但就明代而论，吕坤在《社学要略》中就要求："每日遇童子倦怠懒散之时，歌诗一章。择古今极浅、极切、极痛快、极感发、极关系者，集为一书，令之歌咏，与之讲说，责之体认。"王阳明则提出，要顺应"乐嬉游而惮拘检"的"童子之情"而施教："凡习礼歌诗之类，皆所以常存童子之心，使其乐习不倦，而无暇及于邪僻。教者知此，则知所施矣。"

正是基于这样的理由，早在唐代，就有《咏史诗》以及按照年龄、逐年递进学习的《读史编年诗》；在宋代，则有周子益的《训蒙省题诗》、高似孙的《选诗句图》。明清时期，这类读物就更多，如沈鲤的《义学诗训》、沈易的《五伦诗》、张伯行的《训蒙诗选》、王锡元的《童蒙养正诗选》、刘霆的《童子吟》、汪薇的《诗伦》、归继光的《童歌养正》、李元度的《小学弦歌》等。更不用说大家熟知的《神童诗》《千家诗》和《唐诗三百首》了。折服于这些诗歌的优雅和精致，一代又一代的先民，从走进学堂开始，读的就是这些诗歌，接受的就是这样内容的教育，并由此构成了我们身上的文化基因，使得我们成为现在这个样子。实在不可想象，如果没有这样一笔绚丽的遗产，我们的传统文化将会怎样？可以肯定地说，中国人的精神世界就不会丰盈而会枯涩，性格气质中就缺乏必要的灵气和活力而呆滞迂拙。

近代以来，我们的传统文化充当了经济落后的替罪羊，包括古典诗歌在内的经典文本在教科书中日渐式微。改革开放以来，随着越来越多的人对传统文化怀着一种温情和敬意，基础教育阶段教科书中的古典诗歌也逐渐增加。但一些教科书的编写者，或者是执着传统文化与现代文明相互排斥的逻辑，或者是对古典文本的意义和价值认识不清，在减负的名义下，古典诗歌首当其冲成了删削的对象。比如，就连《寻隐者不遇》《登鹳雀楼》《江雪》《夜宿山寺》《悯农》等脍炙人口的经典之作，也从一些小学语文教材中被剔除了，这实在令人担忧。

中国人的特质，不仅体现在人种体貌、生物基因上，而且反映在思想观念、性格气质、文化风貌上。我们之所以拥有中国人这么一个共同的身份，就是因为我们有着同一个祖先，作为它的子孙，我们都继承着它的遗产。我们现在之所以生活在中华民族共有的精神家园这么一个共同体中，就是因为我们拥有一个共同的过去，是这个共同的过去支撑起了我们共同的现在，并使我们走向同一个未来。而这份遗产的核心内容和精神家园的灵魂，便是包括古典诗歌在内的众多民族的经典。刻意删除这些经典，无疑是要从我们的精神血脉中，淡化和减少民族文化的基因。无论基于怎样的用心，这完全可以用"去中国化"一言以蔽之。

古典诗歌是传统文化的重要载体，要成为一个既有知识又有文化的现代中国人，要从一个自然的、生物学意义上的人转变成一个自觉的、文化意义上的中国人，要亲近、认同中华民族共有的精神家园，并有能力参与到这个家园的建设过程之中，都有必要从小诵读一定数量的古典诗歌，接受传统文化的熏染，以认识传统文化的价值，增进对传统文化的兴趣，提高传统文化的素养。

本文写于 2014 年 9 月

第六讲

传统文化教育的原则和方法

一、 儿童读经的三个基本原则

近年来，我一直在推广国学经典教育，强调国学经典教育是最优质的教育、最有价值的教育，具体地说，国学经典教育是实施通识教育、博雅教育、人文教育和素质教育的有效途径乃至不二法门。但对于儿童读经，我认为有必要注意以下几个问题。

其一，不要过早读经，特别是狭义的儒家经典。传统的儒家经典，产生于我们民族文化奠基的"轴心时代"，离我们现在已经约有 2500 年。时过境迁之后，其中佶屈聱牙的文字、晦涩艰深的义理，即便是专门的研究者也很难理解，更不必说年幼的幼童。所以，就连在经典具有至高无上地位、全社会读经的古代社会，也没有要求儿童读经。古人把启蒙教育和读经教育的界限分得很清楚，将它们分属于大学和小学两个不同的范畴，并称从事启蒙教育的学塾为"蒙馆"、老师为"蒙师"；教授儒家经典的学塾为"经馆"、老师为"经师"。古人在长期的教学实践活动中总结出的一条重要的经验，就是不要过早学习经典。这同样是一个悠远而值得我们珍视的传统，如同经典本身一样值得我们珍视。在儿童阶段，有选择性并适量地诵读一些蒙书和唐诗宋词是合适的，以"四书五经"更有价值为名，要求儿童过早读经，显然有欠斟酌。

其二，要正确看待、合理运用诵读的方式。不可否认，记忆和背诵是被历史证明行之有效的学习方法。学习过程中的记诵，无论是知识的积累，还是心性的陶冶都是十分必要的。但是，单纯地死记硬背而全然忽视理解，那就应验了批评者所说的食古不化，只是用古代的经典来占据儿童的大脑，堵塞儿童的想象力，湮没儿童的灵性。我们承认，儿童最擅长的就是记忆，但这并不是意味着儿童喜爱背诵和记忆。不为儿童接受的东西，哪怕有再高的价值，也不应该施之于儿童。即使生硬地向儿童灌输了，也是不能持久的；即使儿童一时记住了，也是易忘的。更重要的是，记忆和背诵要有适合记诵的材料。像儒家经典之类的读本，古人尚且认为"颇棘唇吻"，读起来很困难，是不适合背诵的，尤其不适合儿童背诵。只有一些蒙书和唐诗宋词，句子短小，形式整齐，或者是韵语，或者是偶句，和谐顺畅，铿锵动听，读起来上口，听起来悦耳，儿童喜闻乐道，容易学，也容易记，能赢得儿童的喜欢，才是合适的诵读材料。

其三，要注意儿童学习兴趣的培养。古人在从事启蒙教育时，就充分注意到了儿童"乐嬉游而惮拘检"的特点，注意到了儿童之于教育"如草木之始萌芽，舒畅之则条达，摧挠之则衰痿"的规律，强调一定要注意激发儿童的学习兴趣，保护儿童的学习积极性，以诱导和启发来代替"督"与"责"。在读经问题上，向儿童提供一些难以接受的内容，要求他们用死记硬背的方法去接受，并单纯地依靠强制和约束，或许能收一时之功，但绝对不可能有长期之效。更重要的是，它可能造成儿童对国学经典的畏惧和憎恨，彻底败坏儿童对国学经典的兴趣，使他们在今后的成长过程中、即使在需要也能接受经典的时候，依然选择远离经典。所以，今天我们从事国学经典教育，应该最大限度地遵从教育学的基本规律，根据认知的规律，顺应儿童的天性，尽一切可能激发孩子们学习的兴趣，使其爱学乐学，从而真正走进教育的过程。

原载《学前教育》(家教版)2012 年第 10 期

二、　经典教育应"循序渐进"

"国学教育"和"传统文化教育"是一个偏正词组，前者为偏，后者为正，"国学"和"传统文化"都是用来修饰"教育"的。这也就是说，以经典学习为核心内容的国学教育和传统文化教育，本质上是一种教育活动。既然是一种教育活动，那就必须遵循教育的原则，按照教育的规律办事，而不能背离这一规律和原则。

在众多教育原则中，最基本的一条就是要循序渐进。循序渐进也是中国传统教育的一个优良传统，历代教育家把这个传统的意蕴和意义诠释得显豁透亮。孔子主张"无欲速"，认为"欲速则不达"；《孟子》倡导要向流水那样，"盈科而后进"；《学记》则强调"学不躐等""不陵节而施"。这些都是强调读书要由易到难，学习要遵循既有的序列，不能越级而进，不能急于求成。

具体到经典的学习，即便在古代社会，明智通达的人们也没有让孩子一开始就读经。学生的学习，分为蒙馆和经馆两个不同的时期，学习的内容分别是蒙书和经书，教师分别称作蒙师和经师。可见，古人把启蒙教育和读经教育的界限分得很清楚。他们在长期的教学实践活动中总结出一条重要的经验，就是不要过早读经。如在《蒙师箴言》《训蒙条要》《童蒙急务》和《教童子法》等著作中，都有"不必便授经文""勿读经书""'四书'宜缓读"等说法或论述。

鉴于此，现今中小学阶段的经典学习，我认为应该依照循序渐进的原则进行。

我们的先民在长期的启蒙教育实践中，总结出了一套成熟而且行之有效的教育教学方式和方法，比如以豫为先、及早施教，教之以事、培养习惯，宽严有节、宽猛相济，识字为先、目标单一，量资循序、少授专精，诵读为主、适当讲解等；也编写了大量流传广、影响大、针对性强的蒙书，其中有很多具有跨越时代的生命力，在历史上沿用了数百年乃至千余年，成为传统启蒙教育的经典。我们应该珍视这份遗产并应用于我们的基础教育中。

在小学阶段，经典的学习可以以学习传统蒙书为主。具体而言，一至三年级学生可以学习《弟子规》《小儿语》《朱子治家格言》等，以养成良好的行为习惯；四至六年级学生则以知识类蒙书的学习为主，包括《三字经》《声律启蒙》《幼学琼林》等。这些文本，不仅是古代读书人知识结构的缩影，是我们现今了解古代文化知识的有效途径，而且用韵语和偶句写成，句子短小，形式整齐，读起来朗朗上口，听起来铿锵悦耳，能最大限度地调动孩子的学习兴趣。至于以唐诗宋词为代表的古代诗词的学习，不仅可以贯穿在整个中小学阶段，而且可以贯穿在人生的各个时期。

经典是一个民族的根基所在，魂魄所系，它承载着这个民族的文化基因，守护着这个民族的历史传统，指示着这个民族的希望和未来。接受经典教育的过程，就是一个与历史上最伟大的心灵沟通的过程，是和历史上最智慧的头脑对话的过程。所以，我们完全可以说，经典教育是最优质的教育，是最有价值的教育。作为民族的一分子，绝对有必要满怀"温情和敬意"，"以先期的热情和神秘的忠诚"阅读我们民族的经典。

但我们民族的经典，产生于我们民族文化奠基的"轴心时代"，距离我们现今已经有约2500年的历史，其中佶屈聱牙的文字、晦涩艰深的义理，即便对于研究者而言，释读也有一定的难度，对于孩子而言就更是犹如天书。所以，我们主张初中阶段可以选读"四书"和百家诸子，高中阶段可以选读"五经"，并适量选学史部和集部最有代表性的文献。

古典教育是一种无价的恩惠，但不适当的做法，也会将它引向灾难。所以，我们有必要在进入经典学习的大门口竖起一道指示牌，上面书写上"循序渐进"四个大字。

原载《光明日报》2017年4月23日

三、 传统文化教育中的非教育化问题

当前，政府和民间共同作为，上下联动，使得传统文化教育呈现一派红红火火的景象。但是，迁延日久，积弊丛生，参与的人数既众，也就难免鱼龙混杂。当前传统文化教育的乱象，突出表现在低俗化、功利化、非教育化几个方面。对于受过起码学术训练的人来说，低俗化、功利化的问题显而易见，所谓国学应用大师的荒谬可笑，人尽皆知；涉及经济利益的时候，也容易被人们看破真相。今天，我只说说非教育化的问题。

我所说的传统文化教育中非教育化的问题，是指不遵从教育的基本逻辑，违背教育的基本规律，排斥教育的基本原则。比如，不遵循循序渐进的原则，让孩子从童年开始，就诵读佶屈聱牙、晦涩难懂"四书五经"，大力倡导幼儿阶段就开始读经，而且是狭义的儒家经典。自己喜爱《周易》，就让孩子读《周易》；自己研究《尚书》，就让孩子也读《尚书》；自己认为《论语》重要，就让幼儿园甚至襁褓中的孩子也学《论语》。打一个比方来说，自己认为牛排有营养，就让刚出生的婴儿也吃牛排。

这一理论的出现，是由于把教育的关键期绝对化、把有价值的学习内容绝对化、把背诵这种学习方式绝对化造成的。

一是把教育的关键期绝对化，认为十三岁之前是吸收的年龄，是储存的最好时机，所以要多多背诵，不管他懂不懂，也不管他是否有兴趣，认为越早越好，甚至要从胎教开始。提倡儿童读经的意义，正在于利用儿童期的记忆力，记下一些永恒的东西。这种典型的成人本位的教育观念，粗暴地侵略了儿童世界和儿童生活，以成人社会的价值观念来评判和规划儿童的生活，这实质上是不尊重儿童，把儿童期狭隘化和工具化，否定童年的意义和价值。

二是把有价值的学习内容绝对化，认为有深度意义的教材，并不一定能培养出有深度的人才，但是不用有深度意义的教材，一定培养不出有深度的人才。以此为依据，一味追求有深度，而不顾学生是否能够接受。其实，教育的内容是否有价值，怎样的内容是最有价值的，从来都是一个相对的概念。一个人认为最好的内容，在另一个人那里可能一文不值；成人认为最有价值的内容，儿童有可能根本不买账。教育的内容与其强调要有深度、有价值，毋宁首先要强调适切性，即要提供和学习对象认知能力相适应、具有一定引领性和提升性的内容。

三是把背诵这种学习方式绝对化。我们不否认，记忆和背诵是被历史证明行之有效的学习方法，学习过程中的记诵对知识的积累、心性的陶冶都是十分必要的。说蒙学教育就是背诵教育，一定程度上是事实；认为记忆是一切学习的基础，唯有趁现在死背多了将来才能活用，也没有错；主张儿童最擅长的就是记忆，而最不擅长的就是理解，儿童背诵经典，恰恰是对儿童这一特质的尊重，也似乎有道理；甚至该死背的时候，就必须死背，人类原始的教育方法只有一个，那就是背诵，这样的观点也可以接受。但是，单纯地死记硬背而全然忽视理解，那就应验了批评者所说的食古不化，只是用古代的经典来占据儿童的大脑，堵塞儿童的想象力，湮没儿童的灵性。更重要的是，记忆和背诵要有适合记诵的材料。像"四书五经"之类，读起来尚且困难，是不适合背诵的。只有那些偶句和韵语，如张志公先生所说"从声音上说，和谐顺畅，读来上口，听来悦耳；从内容上说，或者连类而及，或者同类相比，或者义反相衬，给人的映象特别鲜明突出，容易联想，容易记忆"，才是合适的背诵材料。

我们之所以要指出和摒弃传统文化教育中非教育化的问题，这一理论和实践之所以有害，是因为它会造成以下问题和恶果。

第一，背离了循序渐进的优良传统。

循序渐进是中国传统教育的一个优秀传统，历代教育家把这个传统的意蕴和意义诠释得很透亮，孔子强调"无欲速"，认为"欲速则不达"，《孟子》所谓的盈科而进，《学记》所说的学不躐等、不陵节而施，还有拔苗助长的故事，都是强调读书要由易到难，学习要遵循既有的序列，不能越级而进，不要急于求成。

具体到经典的学习，传统社会是读经的社会，但明智的人们也没有让孩子一开始就读经。学生的学习，分为蒙馆和经馆两个不同的时期。可见，古人把启蒙教育和读经教育的界限分得很清楚，他们在长期的教学实践活动中总结出的一条重要的经验，就是不要过早读经。

所以，循序渐进同样是一个悠远而值得我们珍视的传统，甚至比经典本身出现得还要早，也如同经典本身一样值得我们珍视。

第二，违背了儿童的认知规律。

现代倡导读经的人士主张，要利用儿童期的记忆力，记下一些永恒的东西。无论这些东西与儿童的生活是否有关联，无论这些东西孩子是否理解，更不论这些东西儿童是否喜欢。他们要求儿童熟读背诵，并相信现在所学的内容能为将来进入社会后所用；虽然与现实的生活没有关系，将来总有一天用得着。

实际上，不与儿童的生活实际相切合，不尊重儿童的认知特点，在启蒙的课堂上就不会有市场。不为儿童接受的东西，即使有再高的价值，也不应该施之于儿童。即使生硬地向儿童灌输了，也是不能持久的；即使儿童一时记住了，也是易忘的。

当然，儿童的生活和学习需要引导，需要家长和全社会去设计，而不能完全放任让毫无自主能力的儿童去选择。但那也是在尊重儿童天性前提下的引导和设计，绝不是扭曲孩子的天性强使就范。教育的基本原则应该是尊重儿童，尊重儿童的兴趣和爱好，否则只会禁锢儿童的世界，戕害儿童的灵性，使儿童失去自身成长的根基。

第三，会造成儿童对经典的畏惧和远离。

通俗地说，蒙书就是为接受启蒙教育的孩子编写的读物，它句子短小、形式整齐、押韵便读，读起来朗朗上口，听起来铿锵悦耳，儿童喜闻乐道。

经典的很多内容，特别是古代的礼俗，是后人尤其是儿童难以理解的。尤其是这些古代文献的文字古奥，儿童认识和理解都有很大的困难。最令人头疼的是，它没有韵语，没有偶句，佶屈聱牙的语句，不谐唇吻，不符合儿童的阅读习惯，引不起儿童的阅读兴趣。

孩子是人，不是机器，单纯地让儿童死记硬背，全然忽视理解，而且又不提供合适的背诵材料，严重地败坏了孩子学习的兴趣。一个孩子今天可以在家长的要求下背诵佶屈聱牙的"四书"，明天可以在教师的督促下背诵晦涩难懂的"五经"，但他毕竟是人，是孩子，不可能长时间、持续地背诵自己既不理解又不感兴趣的文本。

过早地读经，单纯地背诵，不仅会导致当下没有把经典学好，只是鹦鹉学舌，没有入心入脑，而且更可怕的是，会造成学生对经典的恐惧和误会。在他们今后需要经典的时候，在他们能够理解经典的时候，也依然保持对经典的距离，不到经典中去寻求启发和智慧。

汤因比说得好："古典教育是无价的恩惠。"但不适当的做法，也会把结果引向灾难。对传统文化教育中非教育化的问题，应该引起我们高度的重视，只有遵循教育的原则和规律，传统文化教育才能健康、持久和有效地开展。

原系 2016 年 11 月在"中国教育学会传统文化教育中心第三届学术年会"上的演讲

四、　传统文化教育中体验教育的必要和可能

我对各式各样的名词概念、这个那个教育，一直抱有一种警惕。我甚至习惯性地认为，这些都是用各种时髦或生造的概念在掩饰自己思想的贫乏。但对体验教育，我初步接触之后颇为认同。

体验教育有各式各样的定义，我认为以下这个定义最为适宜，包容面最广：体验教育是把学生作为学习的主体，亲自参与或置身某种情景或场合，以任何可用感官作为媒介，用全部的心智去感受、关注、欣赏、评价某一事件、人物、环境、思想和情感等，从而获得某种知识、技能、情感，或加深对原有知识、技能、情感的认识，进而影响其态度和价值观的活动。

体验教育之所以必要、之所以有意义，主要在于：

第一，体验教育能真正确立学生学习的主体地位。"体验"至少应包括两个层面，即行为体验和内心体验。但无论是以身体之，还是以心验之，无论是"亲验活动"，还是"想验活动"，只有学生自己才能实现。体验式学习强调的是学习者的参与或在场，没有这种参与或在场，体验就无从产生。"体验教育"的出发点和根本就在于通过引导受教育者用身体尝试、用心灵体验，从而使他们从内在产生一种驱动的力量，自我强迫地导向教育，真正走进教育的过程。

第二，体验教育与教学的本意高度契合。现代教学论有这么一个富有启发意义的观点：教学就是情景的创造。老师的教学，就是要通过自己的语言，为学生创设一个想象的情景，并让学生在这一情景下想象、体验、感悟、思考，从而获得和理解知识。体验式学习是一种情境化学习，在这里，学习的过程被放置在各种虚拟的或真实的场景之中。有人把体验定义为"一种图景思维活动"，这与教学的本意完全契合。

第三，体验教育能引发学生的学习兴趣。最有效地引起学生学习兴趣的做法，是要让学生从单纯的老师讲学生听、老师灌输学生接受的封闭模式中走出来，让他们亲自去感受、体验、发现和创造。苏霍姆林斯

基在《给教师的建议》中说："让学生体验到一种自己在亲身参与掌握知识的情感，乃是唤起少年特有的对知识的兴趣的重要条件。当一个人不仅在认识世界，而且在认识自我的时候，就能形成兴趣。没有这种自我肯定的体验，就不可能有对知识的真正的兴趣。"在岸上学不会游泳，看书学不会跳舞，要想知道梨子的滋味，就要亲口尝一尝。体验式教学最显而易见的作用在于，它致力于让学生亲身参与，进入情景，贴近对象，增进兴趣，满怀激情，将自己的智力、情绪及行为全部投入到整个学习过程中。

第四，体验教育能使学生把知识理解得深、记得牢。在我们的传统之中，我们的先民把纸上读来的、耳朵听来的，称之为口耳之学。司马迁在《史记·六国年表序》中说："学者牵于所闻，见秦在帝位日浅，不察其终始，因举而笑之，不敢道，此与以耳食无异。"司马贞《史记索隐》解释说："言俗学浅识，举而笑秦，此犹耳食不能知味也。"后世的人们便用"耳食"来指称不加省察，徒信传闻。"纸上得来终觉浅，绝知此事要躬行。"通过亲身体验获得的知识，不仅能理解得深刻，而且记得牢，记得久。所以，体验教育是一种最有效、最有影响力因而也最经济的教育方式。

正是因为体验教育有这样的特点，所以在传统文化教育中予以实施也非常必要。体验教育既然绝对必要，问题的关键是，在传统文化教育中，体验教育是否可行呢？

对于什么是传统文化？传统文化教育包括哪些方面的内容，不同的学者有不同的说法。在我看来，从教育教学的角度来说，传统文化应该包括三个方面的内容：一是经典文本或者说是国学经典，还有一个是文化常识，另一个则是游艺游戏或者说是技能技艺，对儿童说它是游艺游戏，对我们成人来讲它就是技能技艺。

经典的重要性大家都认同，但对于什么是经典，什么样的读物能入围经典，中小学生该读什么经典，则有不同的看法。这里我们关注的是，经典教育可不可以用体验的方式来进行、来开展？

2008年和2009年，我曾经在育灵童教育研究院兼职，担任了两年的院长，主编了两个产品：一个是《育灵童国学课堂》，一个是《小学国学经典教材》。《育灵童国学课堂》就是借助现代计算机多媒体技术，要给儿童打造了一个全新的学习国学的环境。我们以前的读本都是纸介质读本，这个《育灵童国学课堂》采用光盘，所以我们把它称之为第二代产品。我们就是要让孩子们通过轻轻松松、快快乐乐地学习经典，让他们在潜移默化中能够认识国学的价值，增进对国学的兴趣，提升国学的素养。

《育灵童国学课堂》包括七种经典文本，即《弟子规》《三字经》《百家姓》《千字文》、唐诗、宋词和《论语》。每个经典文本的学习，都是放置在一个独特的场景中，如弟子规夏令营、三字经快车、百家姓神秘岛、千字文宝塔、博雅唐诗苑、玲珑宋词宫、论语智慧园。《三字经》的学习是在一列火车上，它可以分为五个部分，这五个部分就是相应的五节车厢。学习不同的部分，就要进入不同的车厢。每种经典，都包括快乐诵读、动画剧场、汉字城堡、博闻多识、游戏空间等模块，内容丰富多彩，引人入胜。形式也很新颖别致，设计了童声跟读、神奇汉字、互动游戏等多种参与形式，以便最大限度地激发儿童的学习兴趣。此外，我们还设计了像小猫钓鱼、闯关夺冠这样的环节，经过有趣的测试，达到一定的程度，就送给小朋友一个秀才、举人、进士的名号。

当时在研制这个产品的时候，我们有一个特别突出的理念，就是要最大限度地调动孩子的学习兴趣，让他喜欢，甚至是欲罢不能。小学生放学回到家之后，放下书包后的第一件事就是打开电脑，学习这套产品。为此，我们甚至在电脑中设计了一个这样的程序：一个孩子看完这个产品一个小时之后，这个电脑它会自动终止，以保护孩子们的眼睛。2009年2月22日、23日，这套产品在北京大学的百年大讲堂举行了首发，当时外面就有70多台电脑让孩子们演示。很多孩子在演示之后，一定要让家长买这套产品，家长不答应就不走。这套产品后来获得了北京市海淀区文化创意产业发展专项资金的支持，现在依然很畅销。

我们当时在研制这个产品的时候，没有用体验教育这样的概念。现在看来，无论是整体情景的创设，还是各种互动性模块的设置，我们其实就是在为孩子创设一个体验式学习的环境。从这个案例就可以看出，国学经典的学习，完全可以用体验教育的方式来进行。

在文化常识内容的选择上，要在注重代表性和典型性的前提下，尽可能贴近学生的生活，尽可能地照顾学生的认知水平和能力，使学生易于接受，乐于接受，并能在现实生活中体认和感悟。要尽量使学生认识到，传统文化不只是属于过去的事物，作为人类代代相传的行事方式，是从过去延传到现在的事物；传统离我们并不遥远，而是切近地存在于我们现实生活中，润物无声地发生着它的影响；它在过去决定了我们民族的命运，也构筑了我们现在生活的基础。要了解和认清我们现实的境况，使我们的活动更为理性和自觉；要便捷地吸取古人的智慧，开拓胸襟，提高自己的文化素养；要变化气质、矫揉性情、造就人才、陶铸大器，都有必要学习传统文化知识，都要有丰厚的传统文化知识做基础。

2004年，我曾主编了两册初中《历史》教材，其中就有大量体验教育的内容。

在《春秋战国时期的文化》中，我们有"想一想"：假如世界遗产委员会在将都江堰列入世界遗产名录之前，想听听你的意见，你会怎样向世界遗产委员会推荐都江堰呢？又有"问题探究"：你现在是在距今2280年的楚国的汨罗江边，你很幸运地遇到了遭流放的、很不幸运的屈原，你会对他说些什么呢？在《丝绸之路的开辟》一课中，"问题探究"是这样的：想象一下，你是张骞第一次出使西域后、回到长安时的唯一随从，又跟随张骞第二次出使西域。向老师和同学介绍一下，两次出使西域，你经历了怎样的苦与乐？两次出使有什么不同？

在整个中国古代史的最后一课，我们还设计了一个"出使英国"的活动课：

1793年，马戛尔尼来华访问，曾经向清朝官员表示："如果贵国皇帝愿与我国互派使者，这是我国最热切希望的。"但是清朝官员对此置若罔闻，从而使中国失去了一次了解世界、与时俱进、崛起于世界民族之林的机会。现在，让我们进行一次穿越时空之旅，出使英国，算是对马戛尔尼的要求做出的迟到回应。活动的具体内容如下：

第一，向乾隆皇帝提交一份出使英国的"申请书"，向皇帝讲明"闭关锁国"政策的危害，以及出使英国有何必要，注意有理有据，措辞委婉。大家代替乾隆皇帝对你的"申请书"做出评判。如果大家"钦准"了你的要求，那么你可以进入第二步。

第二，提交一份赠送英王礼物的礼单。想一想，你需要带哪些最能代表我国当时文明水平的礼物？请比较你提交的礼单与英国使团带来的礼品有什么差距，这说明了什么问题？

第三，你想了解英国哪些方面的情况？请说出你的想法和建议，并以此想法和建议，参与竞选出使英国的"钦差大臣"的职位。如果你竞选成功，你打算派哪些方面的人员组成你的使团？如果你失败，你愿意协助"钦差大臣"做哪方面的工作？

第四，出使英国之前，大家还要集思广益，撰写一份报告，向英王介绍我国悠久的历史文化和当时国家的情况。

第五，海上的大风大浪让你们吃尽了苦头，祝贺你们历尽万里征程，终于安全抵达英国。可是，马上就有一个难题需要你们去解决：觐见英王的时候，是行传统的三跪九叩之礼，还是入乡随俗，单腿跪阿并且亲吻英王的手背？你认为这个问题重要吗？你准备如何解决？请分角色扮演这极富戏剧性的一幕。

第六，短暂的英伦之旅，给你们留下了难忘的印象。但是异邦虽好，终非久留之地。在回国的船上，请撰写一个访问报告，告诉乾隆皇帝我们应该学习英国的哪些东西，而清朝的哪些方面需要进行改革。

在这些课程和模块中，内容是具体的历史文化知识，用的则是体验式教育的方式方法。

游艺游戏或技能记艺是实践性很强甚至可以说完全是实践性的内容，这种技能技艺的获得，要长时间反复地练习，一次又一次实践。在某种意义上，这是一个没有止境、伴随终生的过程。与体验教育比较起来，不仅时间上持续得更长，而且参与的程度更深。换言之，游艺游戏或技能记艺的学习，不仅需要体验式的学习，而且它本身就是一种持续时间更长、介入程度更深的体验式学习，甚至是终身体验的过程。

基于以上的理由，我们完全可以说，在传统文化教育中实施体验教育，或者说以体验的方式方法开展传统文化教育，不仅十分必要，而且绝对可能。

中华传统文化源远流长，博大精深，它伴随着中华五千年悠久的文明史，久而弥新，它哺育了几近五分之一的人类身心，大而弥德。不同的人、不同的人生阶段，都能从它那里汲取养分，获得启示。相信并希望传统文化教育中的体验教育，在大家共同的努力下，健康、持久、有效地开展，使得我们的孩子日与性成，习与渐长，日就月将，涵养纯熟，让我们的孩子从一个自然的、生物学意义上的人，成为一个自觉的、文化意义上的中国人，成为一个既有知识、又有文化的现代中国人。

原载《现代教育》2017 年第 2 期

 延伸阅读

让"传统文化教育"成为教育
——北京师范大学徐梓教授谈传统文化教育热点问题

党的十八大以来，将传统文化教育融入基础教育的努力被给予高度的重视。在此过程中，各地教育部门和各级学校都在积极探索适洽于本土和本校的教育方式，也在探讨将传统文化与现代教育和谐对接的方式。在具体的实践中，涌现了众多成果，也出现了诸多问题。本刊特别就当下传统文化教育的热点问题，采访了中国教育学会传统文化教育中心主任委员、中华炎黄文化研究会童蒙文化专业委员会会长、北京师范大学国学经典教育研究中心主任徐梓教授，以期获得对传统文化教育的进一步认识。

《中国教师》：目前并存着几个概念，传统文化教育、国学教育、经典教育或读经等，这些概念之间有什么内在关系？

徐梓：确实需要对这些概念做出界定与澄清。领导人的讲话，官方文件，使用的都是"传统文化教育"这个概念，我认为这是最恰切、包容最广的概念。从教育教学的角度看，传统文化包含三个方面的内容：国学经典、文化常识、游艺游戏或技能技艺，我正在为北京师范大学出版社主编的《中华传统文化》教材中，每一课都是由这三个部分相互支撑所构成的。

国学和国学教育这个概念，被许多大学用作研究机构的命名，它是一个中位概念：它是传统文化的一部分，又包括或涵盖了经典教育或读经。

而经典教育或读经的"经"，只是国学文本的一部分，即最精要的那部分文献，也就是说，在这三个概念中，它是最下位、最具体、范围最狭小的概念。

有必要说明的是，传统文化教育、国学教育都是偏正词组，前者为偏，后者是正，"传统文化"和"国学"都是用来修饰"教育"的，所以它们是教育活动，属于教育学的范畴。因此，必须坚持教育的原则，按照教育的规律办事，不能以所谓的特殊性规避甚至违背这一原则和规律。

《中国教师》：现在有一种说法，国学教育是圣贤教育，是为国家、民族培养能当大任的圣贤人才的教育，因此大力倡导、推广国学经典诵读活动，而且还涌现了一批纯读经的学校。对这种说法和现象，您有什么看法？

徐梓：这首先涉及传统文化教育的目的是什么。圣贤是一个传统的概念，有其特定的内涵。在今天，圣贤的产生既不可能，也不符合现代人才培养的目标。在我看来，传统文化教育的目的是让人们感受并向慕汉语的魅力，掌握优雅精致的祖国语言，能够灵活地运用这门语言，成为一个既有知识又有文化的现代中国人；感受中华民族共有精神家园的温馨，对传统和祖先保有一种温情和敬意，形成对这一家园的情感皈依，特别是有能力参与到建设这一家园的过程中；将自己生命的根须，扎根于传统的土壤，把自己从一个自然的、生物学意义上的人，变成一个自觉的、文化意义上的中国人。

有很多人所说的圣贤教育，实际上就是道德教育。传统文化教育当然有道德教育的功效，但道德教育只是传统文化教育的一个方面，二者不能等同起来，否则就会把传统文化教育的功能狭隘化。

《中国教师》：近期集中出现了针对王财贵先生所倡导的"老实、大量、包本"读经学校的热议。对于这类读经学校的理念和做法，您有什么见解？

徐梓：1994年，王财贵教授来到大陆推广读经，20多年来，吸引了众多社会上的有识之士，特别是有一定文化素养的家长们，推动开办了一批全日制的私塾和书院。在推动新一轮传统文化教育兴起，唤起全社会对传统文化教育的重视方面，王教授有着始倡、引领之功。我高度评价王教授的这一贡献，但也不讳言在为什么读经、读什么经、怎么读经的问题上，与王教授有着不一样的观点和认识。

在读什么经的问题上，王财贵教授有一个很重要的观点：读现有的语文课本，不如读蒙书；读蒙书不如读唐诗宋词；读唐诗宋词不如读古文；读古文不如读"四书"；读"四书"不如读"五经"。并进而认为读了后一种，前一种就不必要学了，你可以附带地看一下，不要那么努力去学了，因为它不值得你努力，所以，孩子们不用读蒙书和唐诗宋词这些"假的经，或是比较肤浅的经"，直接读"四书五经"。实际上，什么知识最有价值是一个相对的概念。小人书、绘本、童话、故事等对于成人、学者来说，可能太小儿科了，但对于孩子来说，无疑是吸收知识营养的有效渠道。再有价值的知识，如果不能被受教育者所接受或者接受不了，就不适宜施之于教育，而有暂且搁置的必要。南京师范大学的刘晓东教授对此有一个很恰当的比喻：牛排对人体有营养，但不能让刚出生的婴儿也吃牛排啊。教育的原则不是不分对象、向所有的人提供所谓最有价值的知识，而是要向所有的人提供最适合、最恰切的知识，这也是循序渐进、盈科而进、学不躐等、不陵节而施的要义和精髓。

我认为，在基础教育的小学阶段，孩子们应该只读唐诗、宋词和蒙书。这些文本，或者是韵语，或者是偶句，往往句子短小，形式整齐，读起来朗朗上口，听起来铿锵悦耳，能最大限度地引发孩子的阅读兴趣。实际上，传统文化教育的重点不是孩子读了多少古代文本，而是要让孩子认识传统文化的价值，增进对传统文化的兴趣，逐渐提高传统文化的素养。在这里，增进对传统文化的兴趣是关键。因为对学生来说，如果没有学习的兴趣，传统文化的价值就无从认识，素养的提高也无从谈起。我们的目的，是要使儿童在乐中学，学中喜，真正走进教育的过程。因为只有在这时，孩子们才能最大限度地调动自己的潜能和灵性，从内在产生学习的动力，自我强迫地导向教育，这样的学习也才是经济的、高效的。否则，机械、单纯背诵所造成的厌学症，所形成的对经典的畏惧，使得学生在需要而且能够接受经典时，依然远离经典，"包本背诵30万字"显然是得不偿失。我去了不少学校，观看校方组织的传统文化教学成果表演。孩子们读蒙书时的表情特别快乐，像做游戏一样，蒙书不过是他们做游戏的框架和工具。而表演背诵《论语》的时候，孩子们往往像老和尚在念经，显得非常乏味，他们在台上背得痛苦，我在下面看得难受。

正因为如此，近些年，我一方面在不遗余力地提倡传统文化教育，认为传统文化教育是通识教育、博雅教育，是最优质、最有价值的教育，是实施素质教育、人文教育的有效途径和不二法门；另一方面，我又反对过早读经，尤其是狭义的儒家经典。我们不能揠苗助长，要有耐心，等待化茧成蝶的那一刻，而不是过早地、粗暴地把蚕茧剥开。实际上，现今中国教育教学的很多问题，都是学科和学段不守自己的边界、不集中主要资源于自身的核心任务、肆意向其他学科和学段拓殖、承载过多的功能造成的，所谓耕了别人的地，荒了自家的田。

循序渐进是传统教育的优良传统，如同经典本身一样值得我们珍视。实际上，经典的产生，后于"循序渐进"的传统。孔子的时代乃至整个先秦时期都没有所谓的经典，我们的经典是汉朝传注家兴起之后、推尊本经才有的。孔子强调"无欲速"，认为"欲速则不达"；孟子说过"盈科而后进"；《学记》则强调"学不躐等"，倡导"不陵节而施"。这些都是在经典产生之前，就已经确立了的教学原则。传统社会是一个读经的时代，即便在那时，我们的先民也没有背离这一原则，而是将蒙馆和经馆分得很清楚。我们现在又怎么能因为所谓经典教育的特殊性而背离这一传统、违背教育学的原则和规律、采取种种非教育化的做法呢？

我们的孩子是人，不是机器。他今天可以在老师的督责下学习他不感兴趣的内容，明天可以在家长的约束下阅读他不理解的文本，但一个人不可能永远去读自己不懂的、而又佶屈聱牙的文字。朱熹和他的学生合编过一本《小学》，这本书很明显是为启蒙教育、是为孩子编写的。尽管历代政府在提倡，众多的学者们在膜拜，朱熹自己也很是得意，但它完全是辑录前代文献尤其是儒家经典而成的，从形式到内容，都不适合儿童阅读，引不起儿童的学习兴趣。在元明清时期，只是流行在学者的书斋里，供学者们研究和注释，而不能流传在孩子们的课堂上。这个教训，值得我们现在提倡传统文化教育时汲取。

《中国教师》：不可否认的是，确实有相当一批家长乐于把孩子送到读经学校去，这也反映了体制内教育的一些弊端，现实逼迫家长做出这样的选择。

徐梓：是这样的。家长把孩子送到私塾、书院学习，主要就是因为家长们不愿意让孩子成为考试机器。现在孩子在基础教育每一个阶段的学习，几乎都是在为考试做准备，为获得优质教育资源做铺垫，一直处于准备考试的过程中，这导致一些家长对这种应试教育的强烈不满。还有些家长认为，单纯的文化知识学习，冷落、轻忽了道德教育；如果每天朝夕与经典为伴，可以培养一个人的德行。我说过，私塾和书院的出现，是对现代教育的挑战与反动，是对根深蒂固的功利教育、应试教育的讽刺和嘲弄，是不满现有教育体制而且有一定素养的家长们的自救和自助，也是将教育引向多样化的探索和尝试。如果大家分头去做这种探索工作，我觉得还是很有意义的。私塾和书院的存在，至少对现在的学校教育有一种针砭和激励的作用。

但现代私塾和书院，不应该只是让孩子单纯、机械地读经。相对于现代教育而言，私塾和书院最独特的价值是它规模小、人数少，师生朝夕相处，相互了解甚深，能够建立和谐融洽的师生关系，因此能够有针对性地施教。这才是私塾、书院存在的特殊意义，是私塾、书院对于现代教育最有价值的地方，也是私塾、书院在现代依然保持生机、焕发活力、被人们看重的原因所在。也就是说，私塾和书院满足了社会对多样化、个性化教育的需求，可以成为对现代教育的有益补充。

《中国教师》：现在我们回到体制内学校的传统文化教育上。您认为目前的传统文化教育存在哪些问题与缺陷？

徐梓：当前传统文化教育的问题很多，我曾说及它庸俗化、功利化和非教育化的问题。对于体制内学校的传统文化教育，主要问题有两个。第一个问题是缺少合格的师资。传统文化是一门新的课程，以前没有开设过，没有现成的方法可以利用，老师一切要从头开始，开展教学很困难，对于为什么教、教什么、怎么教，都有不少困惑。而且合格的传统文化教育的师资，既要有一定的传统文化的素养，又要有一定的教育学的意识，同时具备这两种知识结构的教师少之又少。现在有很多速成班，一周或半个月或许能拿到一个结业证明文书，但不能解决根本的问题。传统文化教育的师资培养，不是靠听几次讲座或几个月的培训就能达成的。传统文化教育的功效是隐性的，不是显性的，是长期的，不是暂时的，传统文化教育师资的培养，也难以有立竿见影的效果，需要日就月将，积久为功。传统文化教育的老师，除了有教育学的素养之外，还需要有历史文献学的专业学习，要有起码的目录学、版本学和校勘学的训练，懂得文字学、音韵学、训诂学的基础知识。这样的知识结构，都是众多的速成班不愿也不能解决的。所以，大学应该承担起培养传统文化教育人才的责任，尤其是像北京师范大学这样的高校。

第二个问题就是课程和教材的问题。我们现在的课程分为国家课程、地方课程和校本课程三级。目前，传统文化还没有进入国家课程。地方课程中，山东省是第一个将传统文化列为省级地方课程的省份。校本课程是传统文化开设得最多的层级，不少学校都有传统文化的校本课程和教材，但情况很不乐观，非教育化的情形极为普遍。很多学校没有能力独立开发教材，更多的是对传统文化教育感到迷茫，不知道该如何做。即便已经开设，也心中没底，不知道自己的做法是否科学。我们努力推动传统文化进入国家课程，目的就是通过标准研制和教材建设的"顶层设计"，让传统文化教育得以更加健康、有效、持久的发展，改变现今课程设置和教材建设不科学、不合理的状况。

尽管传统文化教育历时既久，参与既众，难免有这样那样的问题，但我们对它的发展前景满怀信心。很长一个时期，传统文化教育主要是民间力量在努力，十八大之后，政府站在国家战略的高度上，强势介入传统文化教育。现在，很多人都意识到了自己应该做中华文化最忠实的代表者和传承者。在这样一个有利的大环境下，各种传统文化的教育教学理论经过沉淀和过滤，经过人们反复的比较和选择，会越来越科学；教师也会在应对各种挑战中，逐渐积累经验、完善素质、优化知识结构、提升境界，会越来越自信和自如。我们完全有理由相信，传统文化教育会有一个明朗的未来。

原载《中国教师》2016 年 11 月上半月刊，记者孙昕

第 七 讲

传统文化教育的乱象和问题

一、 勿妄论国学教育是非

任何东西过热，都会产生病态，不只是国学。但什么是冷，什么是热，特别是怎样算过热，不同的人显然会有不一样的标准。天安门边树立起了孔子的雕像、国内很多大学都建立了国学院、社会上很多人在读国学经典、媒体在讲国学基本知识都是实情，这些即便能说明国学热，也并不能说明国学过热。天安门广场东面的孔子塑像前不久又被迁移走了，这是不是意味着国学热已经降温、正好适度了呢？

"国学热确实有其时代需求。"这是一句很中肯的话。近一个世纪以来，主流意识形态对于我们的传统文化，一直是持鄙薄、仇视和批判的立场。我们的传统文化做了经济落后的替罪羊，人们将近代以来被动挨打的账，算到了国学的身上。"五四"运动以来的很多人，因此决绝地用手割断了自己的"脐带"，挖掉了自己的"心"。当 30 多年的改革开放使中国社会焕发活力、GDP 跃居世界第二时，我们意识到以前的"破四旧"、批孔子委实过于鲁莽，从而向自己的传统致以"温情和敬意"，希图兴灭继绝、接续传统，也就是应有之义。

20 世纪 90 年代中期以来的读经活动，虽然有政府部门的号召，社会贤达的推动，专家学者的倡导，但主要是家长和民间自发的活动。广大家长之所以热衷于国学，将自己的孩子送进私塾，则是对现今根深蒂固的功利教育、应试教育弊端的讽刺和嘲弄，是不满现行教育体制和有一定文化素质的家长们的自助和自救，是将教育引向个性化、多样化的探索和尝试，是人们对教育改革失望后的无奈之举。

不错，现代化就要搞现代教育，但中国的现代教育并不是、也不能全盘移植西方，而是要有中国特色、中国气派和中国风格。质言之，国学教育应该成为现代中国教育的有机组成部分，现代中国教育有必要接纳国学教育。这二者不是相互排斥、非此即彼的，完全有必要、也有可能存在同一个体制即现代教育体制之内。在已经进入 21 世纪的中国，在传统文化"花果飘零"尚未改观之际，没有谁会愚蠢到企图以国学教育取代现代教育。相反，借现代教育之名排斥国学教育的想法和做法，倒是真值得人们警惕。

在当今国学热中，存在着学什么、怎么学以及为什么学的争论，存在认识和实践上的诸多误区和偏失。但要分清"国学的精华和糟粕"，这实际上是一种理想主义的说法，是一种毫无操作性可言的虚幻的原则。因为精华和糟粕从来不是截然二分，而是水乳交融的，是一个铜板的两个面。一个人眼中的精华，在另一个人眼中就是糟粕；一个人眼中今天的精华，明天有可能会变为糟粕；从一个侧面看是精华，从另一个角度看可能就是糟粕。传统文化是一个有机的价值整体，即便能分清精华和糟粕，二者也是相辅相成、相须为用的。取其精华，糟粕随之，去其糟粕，精华亦不存。如果一定要做选择，那也是取其精华，存其糟粕。

即便国学中的很多知识是违背一般真理和现代科学常识的，这也不能成为轻忽和荡涤国学的理由。相反，国学中哪些内容违背了一般真理，哪些内容与现代科学常识相背反，这或许正是国学研究要解决的问题之一。而且，把科学的功能无限放大，以它作为裁量人类全部生活的唯一尺度，什么东西都要放在它的天平上称量，甚至放任它侵蚀宗教、艺术等的疆界，就会使人们奉为金科玉律的科学走向它自己的反面，沦为"科学邪教"。至于将"亲有疾，药先尝"理解为是"让健康的人尝病人喝的汤药，本身是违背医学常识的"，用作国学是反科学的佐证；将孝道与破坏正义、违背现代社会的法治原则勾连，说什么"办好养老院，让社会承担养老责任，而不是将养老矛盾推向家庭"等不着边际的话，进而将国学扣上一顶"反民主"的帽子，就更是莫名其妙的言不及义了。

"纸上得来终觉浅，绝知此事要躬行。"没有经历国学教育的起码训练，甚至不曾诵读国学经典，没有亲身感受国学教育隐性而不是显性、长期而不是短时的功效，妄论国学的是非，就只能是隔靴搔痒。没有基本的国学底蕴、毫不了解现今国学教育的实情，以偏激的虚无主义对待我们的历史和文化，将现今社会的种种乱象和弊端诿诸古人，不遗余力地诋毁传统、非议国学教育，开口即错，就是很自然的事了。

原载《中国教师》2011 年 5 月上半月版

二、 国学教育的乱象及治理

现代国学教育的出现，是将教育引向个性化、多样化的探索和尝试，本来是值得肯定和认可的现象。但是，时间既久，积弊日重，参与既众，沉渣日泛。当前国学教育的乱象，突出表现在以下几个方面：

一是低俗化。很多国学培训机构为了最大限度牟利，迎合社会上一些人的需要或兴趣，培训的内容以占卜、算命、风水、测字等为主。这些内容，即便是在传统社会，也是不登大雅之堂而为传统士人所鄙视的，但在现今社会却打着国学的旗号，堂而皇之地大行其道。更有一些所谓的"国学应用大师"，在国学的招牌下，信口雌黄，传统文化不过是他们疯狂敛财的幌子。

二是功利化。一些学校或机构，为了维持自己的生存和发展，从事以营利为目的的国学培训，研制国学产品，这本来无可厚非。但有一些个人或机构，为了逐利的目的，为了衍生产品的开发和销售，往往把国学教育或某个部分的功能无限夸大，让人们错误地相信，学了国学能解决所有的问题。这就构成了对消费者的误导，甚至是欺骗。

三是非教育化。这是指不遵从教育的基本逻辑，违背教育的基本规律。比如，不遵循循序渐进的原则，将那些就连古代教育家也主张暂时缓一缓、等到学生由"蒙馆"升入"经馆"之后才读的佶屈聱牙、晦涩难懂的"四书"尤其是"五经"灌输给儿童，让幼儿阶段就开始读经，而且是狭义的儒家经典。另一个表现是，不考虑儿童的学习兴趣，把孩子看作是完全被动接受的机器，把被传统教育所证实了的、行之有效的教育教学方式——背诵绝对化，单纯地让学生死记硬背。

这些问题，不仅给国学教育的健康发展埋下了隐患，而且对当前的国学教育造成了严重的伤害。

国学教育的目的，从最根本上说，是要使教育的对象，从一个自然的、生物学意义上的人，变成一个自觉的、文化意义上的中国人，成为一个既有知识、又有文化的现代中国人，成为一个有良好文化素养的

"君子"。低俗化和功利化的国学教育反其道而行，为了个人的私利无所不用其极，只为现实的利益所驱动，没有起码的社会责任感。在国学教育的旗号下，贩卖的是低俗的内容，干的是牟利的营生，很容易让人将国学教育和一些龌龊勾当等同起来，从而使国学教育的地位被贬低，国学教育的面貌被抹黑，国学教育的声名被玷污。国学教育者自身素质的低下，低俗化的内容，功利化的用心，可以说对国学教育造成了最直接的戕害，致使世人看不起国学教育，远离国学教育。

单纯地让儿童死记硬背，全然忽视理解，而且又不提供合适的背诵材料（比如句子短小、形式整齐、读起来朗朗上口、听起来铿锵悦耳、儿童喜闻乐道的蒙书、唐诗和宋词），严重败坏了孩子学习的兴趣。过早地读经，单纯地背诵，不仅会导致孩子当下没有把经典学好，只是鹦鹉学舌，没有入心入脑，而且更可怕的是，会造成学生对经典的恐惧和误会，在他们今后需要经典的时候，在他们能够理解经典的时候，也依然保持对国学经典的距离，不到国学经典中去寻求启发和智慧。

为了国学教育健康、有效、持久地开展，我认为，政府有关部门应采取以下措施：

第一，对不同的国学教育机构，有针对性地采取扶植、合并、取缔的做法。据不完全估计，现今从事国学教育的私塾、书院、学堂、学校、中心、协会、联谊会等大约在 3000 家以上。严格说来，其中绝大多数都属于非法机构，有的没有经过教育主管部门批准，有的从事与经营范围不符的工作，有的在境外注册而在国内开展活动。主体既然不合法，对其从事的活动监管也就难以到位。我认为，对于那些历史较久、影响较大、条件较好、师资较强的教育机构，教育主管部门应该批准其成立，给予合法的地位。对于一些规模小、条件差的教育机构，引导合并，在一定期限内如果条件没有改善，则要予以关停。对于一些在境外注册、而在国内广设分支机构、习惯于拉大旗作虎皮、招摇撞骗的机构，则要坚决取缔。

第二，对于合法化的从事国学教育的机构，要给予充分的自主权。这些私塾、书院的出现，很多本来就是家长们自发的行为，不把孩子送到体制内的学校，而是自办私塾和书院，或是合作聘请老师任教，为的就是要杜绝现代应试教育的弊端，让他们的孩子通过古典教育获得更加优越的养分。这些父母显然是经过深思熟虑之后才采取行动的，因此他们的态度非常决绝。即便原有的私塾被查封了，往往很快就能恢复办学，东山再起，或者改头换面，或者易地重建，继续存在。在巨大的舆论压力下，有关部门也不便一而再、再而三地强行关闭，几番拉锯战之后，只好睁一只眼闭一只眼地任其存在。所以，在承认一些私塾和书院的合法地位后，还要尊重其办学传统，在收费标准、课程设置、教学内容、教师聘任等方面，不必与体制内的学校强求一律。在有条件的地区，还应该尽可能给予一定的经济上的帮扶，毕竟它们分担了部分义务教育的重任。

第三，鼓励私塾、书院等教育机构建立行业组织，加强引导和自我约束。现在，已经有不少区域性的私塾、书院联盟，如广东私塾联谊会、江西私塾教育联合会、湖南私塾联谊会、广西私塾联谊会、海南私塾联谊会等。它们是现今国学教育的一支重要力量，不仅起步早，而且历经坎坷，在激烈的竞争和种种风浪中旋生旋灭，而又旋灭旋生，对于探索国学教育的模式、使人们认识国学价值并提高国学素养，都发挥了积极的作用。但是不加约束、任其乱象丛生不行，关停并转、彻底取缔更不是办法。现在，中国教育学会传统文化教育中心即将成立，筹建伊始，中心即计划将有代表性的人物安排在中心的理事会，以促进相互的联系和交流，强化相互之间的监督和约束，引导其向着良性方面发展。

第四，建立健全私塾、书院等国学教育机构师资的培训、考核及资格认证机制。现在私塾、书院的师资差别很大，有正规院校毕业的，其中不乏名校文史专业的学生，包括硕士和博士，也有本私塾、书院就读多年而留下任教的，还有粗通文墨的"门外汉"，鱼龙混杂，高下不一。教育主管部门有必要责成专业的研究机构和行业组织，制定准入标准，并有针对性地进行培训、考核。对于考核合格的人员，发给私塾、书院等国学教育机构的教师资格证书，并规定在一定的期限内，所有在国学教育机构任职的教师，都必须有合法、合格的教师资格证书。这样，从根本上保证国学教育机构师资的底线和教学质量。

第五，完善现有的法律和法规，出台相关的实施细则，制定准入标准，允许私塾和书院的存在。《中华人民共和国义务教育法》规定："凡年满六周岁的儿童，其父母或者其他法定监护人应当送其入学接受并完成义务教育。"与此同时又规定："自行实施义务教育的，应当经县级人民政府教育行政部门批准。"这就是说，我国在基础教育阶段虽然实行的是以强制、免费为特征的义务教育，但并没有完全堵死自行实施义务教育之路，只不过是需要县级人民政府教育行政部门批准。现今几乎所有的私塾和书院都不具备合法性，它们与政府部门的"拉锯战"持续数年，至少说明批准自行实施义务教育的门路不畅。但在现阶段，私塾和书院的存在又有很大合理性，比如，小班教学，师生关系相对融洽，因材施教，不以中考和高考为目标，等等，这也是网上 53% 被调查者认为私塾教育是"文化创新"的原因所在。无论从国外的经验、国际教育的发展趋势来看，还是就探索多元化教育模式的必要性而言，现代私塾和书院都不应该简单地被取缔，有关部门有必要、也有责任制定并出台相关的实施细则，满足学生和家长多样化的教育需求，给予私塾、书院一定的发展空间，并合理引导，有效监管，使现代国学教育健康、有效、持续发展，真正办好让人民群众满意的教育。

原载《光明日报》2014 年 7 月 1 日

三、 传统文化教育中复古化的误区

现行的传统文化教育中存在着种种乱象，复古化是其中之一。

所谓传统文化教育中的复古化问题，是指将各种资源用于外在形式的营造，用于外部环境的创设，以复原古代教学的场景，使现在的传统文化教育在一种"古代的情境"下进行，以一种"古代的方式"来实施。比如，祭祀这样一些宗教活动，这些在当代世界教育中都已绝迹的仪式死灰复燃，在一些学校和教室里大行其道。老师和学生头戴所谓的儒冠，身穿所谓的汉服，双手抱拳，鞠躬乃至下跪致敬。有媒体报道，上海一所民办学校办孝敬节，800多名学生集体向父母长辈行三跪九叩的大礼。教室要布置得古色古香，空间再有限，也要用宽大的太师椅，一间教室，坐不了几个人。教室里放置的不是桌椅，而是蒲团，老师和学生要席地而坐。学生使用的书籍，既不是纸质书，也不是电子书，而是竹简。更有甚者，有人认为："现行的学校体制是西方的产物，完全站在外在的、客观的角度，引导学生分析事物，而不是教授为人之道，完全没有能力处理人安身立命的问题。因此，有必要改变现代教育'西体中用'的模式，从学校整体建制到各项制度安排，从教学内容到教学形式，全面刷新，全局更张，另起炉灶，回到古代，以传统的私塾和书院代替现在的学校，用传统教育取代现代教育。"

传统文化教育中的复古化和仪式化既有联系，又有区别。它们共同之处是致力于贴近古代，复原场景。区别则在于，仪式化只是偶尔为之，往往在特定的节日举行，主要目的在于致敬先贤；而复古化则具有常态性，贯穿在日常的学习和生活全过程之中。

的确，教学是一种情景的创设。通过创设与教学内容吻合、亲切可感的教学环境，可以增强学生的新奇感和喜悦感，唤起学生的学习兴趣，激发他们探究知识的欲望，使其产生一种内在的驱动。借助这一情景，学生不仅能更好地把握知识的内涵，理解知识的实质，获得更加隽永深长的记忆。所以，希图为学生创造出一个近似于古代教育的环境，让学生置身于与自己所学内容吻合的情景之中，从而最大限度感悟和体认所学的内容，有一定的合理性。

此外，复古化的努力，通过创设一个庄严肃穆的环境，让学生在学习过程中满怀"敬"。敬是儒家十分注重的德性，朱熹甚至说这个"敬"字，是"圣学之所以成始而成终者也"。言行举止的谨慎，自觉主动地把自己的言行纳入礼的规范，举动合乎礼仪的要求，这种外在的"恭"，就是内在"敬"的体现。学生在肃穆的场景中，心存敬畏，满怀虔诚，学习也许会更加自觉，更加认真。

有鉴于此，我们理解并一定程度地肯定复古化的用心。但是，传统文化教育中的复古化，总的来说是弊大于利，得不偿失。

首先，古代教育并没有人们想象的那么美好，不值得机械地模仿，应该学习它的精髓。

近 20 年来，现代私塾和书院在全国各地如雨后春笋般地出现，尽管遇到了众多的阻碍，但它们旋生旋灭，而又旋灭旋生，表现出了很强的韧性和生命力。之所以如此，与我们的学校教育没有向热切的家长、满怀兴趣的学生提供丰富的传统文化教育内容有关，与私塾和书院一些较为灵活、适用、有效的教学方法有关，但也与人们对传统私塾和书院的不了解、将它们美化乃至神话有关。或者说，一些人将自己对于教育的理想，寄托或投射在了古代私塾和书院的身上，使其镀上了某种虚幻的光环。

古代私塾和书院，当然有其合理和有效的地方，否则，它们就不可能在历史上长期存在，更不可能在现代依然有生命力。但与当时物质资源的匮乏相适应，与当时人们的文化水平普遍较低相适应，与当时教育科学研究水平不高相适应，大多数学塾和书院只能说是聊胜于无，差强人意。比如，一个本身没有多少文化的书生，为了自己和家人的生计，招徕几个学牛，借用破败的庙宇或祠堂，就便找一两本蒙书或经书，一股脑地让学生背诵，这是传统私塾的常态。塾师自己的文化水平也极为有限，念白字、读破句、强作解人、不懂装懂，十分普遍，留下了大量的笑柄。

层级稍高、物质资源稍胜一筹的书院，也并不就是一座超然于世的"象牙塔"，并没有毫无旁骛地专心学术，致力于"学以为己"的目标追求。教育史学界有古代书院"官学化"的说法，是说书院处在向官学的转化过程之中。实际上，大多数书院不只是处在这样一个过程之中，而是彻底、完全等同于官学，与府州县学并无二致。新建一所书院需要报批，甚至要等待很长的一段时间；官派山长非常普遍，掌院等同于一级学官；官府往往为书院拨置经费，增置学田，以扼住其经济命脉；给予书院生徒和官学学生一样的待遇，从最根本的学生出路上控制书院，等等。书院之所以近似乃至等同于官学，最主要的还不是官府要加强控制，而是书院主动地迎合，以寻求政府的认可和庇护，从而谋求更可能多的政治上的好处和经济上的利益。明清时期，大多数书院主要是科举考试的预备场所，教师与生徒需要在院封闭教学，十天半月一考。按照主考者身份不同，有官课、师课之分。官课之中，依主考官员职级不同，又有县课、州课、府课、学院课等分别。按照考课内容不同，有制艺试帖课、经古课、诗课、策论课等名目。按照考课时间不同，则有月课、季课、春课、秋课等称谓。频繁的考课完全是为了参加科考做准备，书院生徒的自由度，甚至还不如平时可以在家学习、只需要参加岁试和科试的府州县学的生员。

古代学塾和书院如此不堪，那么，现代如雨后春笋般地开办私塾、复兴书院，是否注定毫无意义和价值呢？也不是。传统的私塾和书院一般规模较小，人数不多，集体住院教学，师生朝夕相处，相互熟知，因而便于建立和谐融洽的师生关系，一同研究学问，有针对性地施教或受教。说到底，这样的环境，便于建立一种人文教育所必需的亲密氛围。这是传统书院最有生命力之所在，是传统书院对于现代教育最有价值的地方。这对于犹如机器化大生产的现代教育，在学校规模越来越大、师生越来越隔膜的今天，传统的私塾和书院可以起到针砭的作用。

由此可见，古代的私塾和书院，远不如一些人所说的那么美好，更不是教育的理想国。一些人希图用传统的学塾和书院取代现在的学校，用传统教育取代现代教育，不过是不切实际的一厢情愿，既无必要，也没有可能。我们所能做的，只能是吸取传统教育中有益的成分，来滋养和完善我们的现代教育。

其次，古代教育没有固定的模式，更不是一成不变的，复古化的做法无异于刻舟求剑。

中国历史悠久，幅员广袤。由于古代各地经济、文化发展的不平衡，加上很多环节没有统一的规范，使得在中国古代社会，无论是教学的内容，还是教学的方式方法，甚至教学的目的，都有很大的不同，表现出明显的地域特征。特别是随着历史的发展，在不同的历史时期，教育也呈现出完全不同的样貌，甚至迥然有别。退一万步来讲，即便复古有其合理性，具有必要性，那复哪个历史时期的古，呈现特定历史时期怎样的样貌，也有很大的不确定性。

比如，我们前面说到，现在很多私塾和书院孩子手持的是竹简，这涉及历代文献载体的变化。春秋以前，主要的文献载体是金石、甲骨。

春秋战国到两汉时期，竹简、木牍、缣帛三种载体同时并用。其中竹简主要用来写书，木牍主要用来登录户口、写信和画图，缣帛因其昂贵，只有少数富贵人家使用。东晋以后，纸张成为主要的书写材料。虽然一般认为纸是东汉时期蔡伦发明的，但直到东晋以后，才代替简牍和缣帛，成为主要的书写材料，并沿用至今。纸的出现和利用，是信息和知识载体上最具革命性的变化，开始是在上面书写，后来是在上面印刷，因其质地轻便、制造廉价而广为应用，成为我们民族对人类文明的重大贡献。从现在开始，文献载体又开始了从纸张到数字化的转移。在这些众多的文献载体之中，选用竹简的合理性在哪里呢？如果凡古皆好，越古越好，那似乎选择金石和甲骨才是最好的选择。

另外，海外一些人抱着一种虚妄的文化自大心理，贬斥大陆的简体字，狂傲地认为，简体字造成了大量中国文化信息的流失，甚至莫名其妙地认为，使用繁体字比使用简体字更有文化，说什么"'親'要相见，'愛'要有心"。一些人也不明就里，无视简体字已经被广为接受而且书写更加便利的实情，不顾孩子认知水平和认知能力较低的实情，呼吁国家恢复部分繁体字，让其进入小学课本。实际上，从历史的走向来看，汉字自从出现之后，就一直处在变化之中，而变化总的趋势，就是在不断地走向简化。甲骨文、金文中的文字，是繁难的大篆，到秦始皇统一六国文字时，就大规模简化，李斯等人创造了小篆或秦篆。到了汉代，更是出现了隶书。所谓的隶书，就是底层民众使用的文字。文字作为沟通和交流的工具，最重要的就是要使用便利。那些认为使用繁体字更有文化的人，平时书写为什么不用更古老的大篆呢？

所以，无论是文字，还是文献载体，以及衣饰装束等，不仅各地有差异，而且各代更是不同。我们应该把它置于历史的长时段中来理解，理解它出现的原因和合理性，理解它在特定历史时期发挥的功用和价值，理解它被取代的必然性。完全没有必要在现在做出裁判，认定哪种形态才是"正宗"。更不应该削足适履，不顾变化了的环境和条件，谨守"凡古必真，凡汉皆好"的教条，倡导并身体力行地"回到古代"。复古化问题的症结在于，刻舟求剑，拘泥固执，而不是与时迁移，应物变化，因而不合时宜地遗人笑柄。

最后，传统文化教育是现代教育的一部分，它只能从属而不能取代现代教育。

传统文化虽然是古代社会的文化，是从古代积淀、延续、传承至今的文化，但是，传统文化教育则是当代社会的教育，是当代中国教育体系的一部分。传统文化教育的目的，是为了让生活在今天的人们，能够自觉、充分、有效地利用传统的资源，在这个神圣性被解构、一切都烟消云散了的后现代，建立一种精神的故乡，一个安妥心灵的家园；使人们在这个瞬息万变的世界上闯荡时，有一种内在的基准和本根，有一种文化的底蕴和支撑。

从这个意义上我们可以说，与传统文化是在过去形成、经由现在、而走向未来的正好相反，传统文化教育则是以未来作为出发点和根本，经由现在的选择和过滤，而指向过去的。

这样看来，传统文化教育虽然以诵读古代经典、学习传统文化常识、传习传统的游艺游戏和技艺技能为主要内容，但它作为现代教育的一个组成部分，它不应是一种复古教育。换句话说，传统文化教育虽然使用了过去的素材，但始终是立足现在、面向未来的。

试图以传统的学塾和书院取代现代学校就是十足地不自量力，希图用传统教育取代现代教育就更是愚不可及。在当代社会，学校始终是最重要的、占据主导地位的教育阵地，学校教育是实施教育的主要途径。学校教育的正规性、系统性、高效性和科学性，也决定了传统文化教育要健康、有效、可持续地开展，有必要充分利用这一阵地，依托这个途径。当代的学校教育体系，尤其是在基础教育阶段，也有必要充分接纳传统文化的内容，将传统文化单独设置科目，通过在当代的教育中大幅度地增加或融入传统文化的内容，最大限度地消除传统文化教育中的种种乱象，满足广大学生和家长多样化的教育需求，办好让人民群众满意的教育。

如同任何一种文化形式一样，中国传统教育在其发展过程中，经历了漫长时间的淘汰和过滤，经历了一代又一代人的筛选。传续至今、活在我们当下的传统教育，就是有生命力的传统教育，而那些没有能活到现今、只能作为凭吊、欣赏或研究对象的，则往往是不能与时俱进的

"糟粕"。既然已经死去，说明这些东西缺乏超越时代的生命力，缺少内在的生机和活力，只能和某个特定的时代相适应。现在在弘扬传统文化的旗帜之下，花大力气去复活这些早已死去的东西，这就是复古的表现，也注定是徒劳的。换言之，现代教育是传统教育演化的结果，是传统教育在新的历史条件下的呈现，将它彻底推倒重来，回到过去，本质上也是对传统的否定和不尊重。

还有必要指出，复古化的做法把有限的资源，用于外在形式的营造，用于外部环境的创设，在器、用、末上下功夫，造成了不必要的资源浪费。而所得却是对受教育者的误导，甚至是使整个教育走入误区。所以，传统文化教育中复古化的做法得不偿失。

《群言》2019 年第 1 期即发

第八讲

传统文化教育与课程建设

近年来，中华传统文化教育被看作是为我们民族寻根、固本、筑基的工程，已被越来越多的社会各界人士所认可。但在我国的三级课程体系中，"中华传统文化""国学""经典诵读"等课程只是作为各个学校的校本课程在开设，或者部分地、县市以及个别省作为地方课程在开设，还没有成为国家课程。综合考察我国传统文化教育的实情，我们认为，为了传统文化教育健康、持久、有效地开展，将"中华传统文化"纳入国家课程，不仅十分必要，而且非常迫切。

一、 疗治种种乱象， 确保传统文化教育健康开展

最新一轮的传统文化教育，从 20 世纪 90 年代中期开始持续至今，已经有 20 多年了。在这很长一段时期，主要是民间力量在努力，是社会上的有识之士、一线教师以及广大家长在推动；十八大之后，政府开始强势介入。正因为原本就有一个很好的社会基础，再加上领导人的倡导和国家的推动，传统文化教育在各级各类学校乃至全社会蓬勃开展起来，大有方兴未艾之势。

毋庸讳言，持续至今的传统文化教育因为迁延日久，难免诸多积弊，参与的人数既众，也就鱼龙混杂。当前传统文化教育的乱象，突出表现为在学习目的上存在着功利化、狭隘化的问题，在内容选择上存在着碎片化、庸俗化的问题，在学习方法上存在着形式化、复古化问题。在各级各类教育中，更为普遍的是不遵从教育的基本逻辑、违背教育的基本规律、排斥教育的基本原则的非教育化的问题。比如，不尊重学生的认知规律，不遵循循序渐进的原则，以传统文化特殊为由，让孩子从童年开始，就诵读佶屈聱牙、晦涩难懂的"四书五经"。自己喜爱《周易》，就让孩子读《周易》；自己研究《尚书》，就让孩子也读《尚书》；自己认为《论语》重要，就让幼儿园的孩子也学《论语》。正像一些批评者一针见血所指出的那样，自己认为牛排有营养，就让刚出生的婴儿也吃牛排。而且只是强调单纯地死记硬背，生硬地灌输。

的确，"古典教育是一种无价的恩惠"，我们高度肯定经典的价值，

肯定传统文化教育的意义，但同时坚信，不适当的做法，也会把它引向灾难。上述的做法及其后果，就给了反对者以口实，并让一些参与者困惑，甚至让一些倡导者气馁，对当前的传统文化教育造成了严重的戕害，给传统文化教育的健康发展埋下了隐患。传统文化教育者自身素质的低下，低俗化的内容，功利化的用心，又一次抹黑了传统文化的面貌，导致了很多人对传统文化的蔑视，对传统文化教育的远离。过早地读经，单纯地背诵，不仅教学效果差，有人甚至直斥为"只能造就庸才"，而且更可怕的是，会造成学生对经典的恐惧和误会，在他们今后需要经典的时候，在他们能够理解经典的时候，也依然保持对国学经典的距离，不到国学经典中去寻求启发和智慧。

这些问题之所以产生，原因主要有两个方面：一是传统文化教育是一门全新的学科，它起点低，基础差。语文、数学、外语、历史等学科，都有近百年的积累，有相对成熟的做法，教什么、怎么教都有较为固定的模式，而传统文化则很少可供借鉴之处，可以说是一穷二白。二是无论是一些学校，还是不少地县市，都没有相关的教研人员，甚至没有最基本的师资，不具备开发这门课程的能力。在这种情况之下，人们往往对为什么教、教什么和怎么教没有明确和正确的认识。有些学校之所以开展传统文化教学，是出于"别人有、我也有"的攀比，而有些是出于"别人这么做、我也这么做"的跟风。

这些问题的解决，有人曾寄希望于实践的检验，时间的磨洗，认为经过大浪淘沙，人们一时看不明白的问题，终究会有水落石出之日，通过比较和鉴别，会逐渐过滤掉一些沉渣。然而，不仅一些倡导者、探索者面对严酷的现实依然坚执己见，不思更张，而且有众多的牟利者故意颠倒是非，把水搅浑。所以，20多年过去了，情形依然故我，问题还是得不到解决。一茬又一茬、一代又一代的孩子，接受的依然是弊端昭彰的传统文化教育，显而易见，这一问题依然还会持续下去。

要革除这些弊病，从根本上解决问题，只有将"中华传统文化"纳入国家课程，在中小学尤其是义务教育阶段单独设科，每周至少一节课，并组织专家进行顶层设计，研制课程标准，开发课程资源，编写相关教材，从整体上统一考量传统文化教育的内容体系，同时兼顾各个地区的特质，在尊重学生认知水平和能力的基础上，依据课堂教学的特点，以课程形式呈现出来，才能对现今中小学的传统文化教育"示以准绳，匡其趋向"，对其予以规范和引导，将其纳入健康发展的轨道。

二、 解决师资问题， 确保传统文化教育持久开展

在学校的所有资源中，教师是最为重要的资源。学校的兴衰成败、教育水平的高低、教学质量的好坏，在很大程度上取决于教师。特别是任课教师，对特定科目的影响更加直接：它不仅在很大程度上左右着学生的兴趣，而且一定程度上影响着学生职业生涯的选择。然而，在我国现行的教研体制下，由于传统文化没有纳入国家课程，即便是作为校本课程和地方课程开设，也通常没有专任教师，而往往由语文、历史、政治、思品、社会等科目的教师兼任。起码的教师队伍既然也难以组建，教研活动也就无法开展，教师的专业化更是无从谈起。

众所周知，现在制约传统文化教育的主要瓶颈，就是缺乏合格的师资。很多学校有很强烈地开设这门课的愿望，但因为没有必要的师资，此事只好搁浅。一些已经开设传统文化课的学校，师资也难以胜任。现今有关传统文化教育的很多争议，也集中在师资问题上。比如，批评者说倡导者在师资层面上，每每以"因陋就简"为借口，既没有必要的门槛，更无研修培养计划，甚至根本不把师资问题当作责任。为了推广读经，扩大影响，形成声势，不辨贤愚，兼收并蓄，广纳信众，以至于很多胸无点墨的人，都能滥竽其间，堂而皇之地成为私塾的塾师、学堂的堂主、书院的山长。既无经师的学识，也无人师的风范。最为根本的师资问题没有解决，所谓的传统文化教育，不过是令人痛心疾首地、没有章法地乱搞一气。而被批评者也只好承认，在师资问题上"因陋就简"，不过是无可奈何的权宜之计。

传统文化教育的师资解决起来之所以难，难就难在一名合格的师资，不仅要有传统文化的基本素养，而且要有教育学的起码训练。一方面，无论是教育学，还是传统文化，内容都丰博浩瀚，一个人即便穷毕

生的精力，也难以精熟；另一方面，这两个学科的知识，一个主要属于中国古代，一个则主要在现代西方，缺少内在的逻辑关联。这就决定了一个人的知识结构，很难兼而有之。所以，现在从事传统文化教育的人，往往要么没有传统文化的基本素养，要么没有教育学的起码训练，更有甚者，两者都不具备。

现在在中小学开设的其他科目，也可能会遇到没有合格师资的问题。但因为这些学科历史悠久、传统丰厚，无论是教学的内容，还是教学的方式方法，都经过了较长时间的实践，颇为定型，入手之后，仿效不难。传统文化教育是一个新兴的学科，虽然它在中国有过两千年的悠久传统，但也中断了近百年，以至于现在很多人对这一传统一无所知。此外，即便我们现在利用这一传统，也不能完全照抄照搬，而必须在社会结构发生了全面变革的时代，对其教学内容或资源进行创造性转化，对其教学方式和方法进行创新性发展。也就是说，从事传统文化教育，很多工作都要从头开始，很少前规可供仿效，极少现存的经验可供借鉴，所谓"凡事创者难为功，因者易为力"。特别是很多的专家学者，往往你东他西，观点霄壤，意见悬隔，让人莫知所从，这也大大增加了成为传统文化教育合格师资的难度。

传统文化教育的师资问题，由于是开设这门课首先要解决的，现在越来越为教学一线的管理者所重视。但要解决这个问题，显然不是教学一线的管理者所能胜任的。而教育主管部门有必要对这个问题统一擘画，精心组织。除了在各级培训中增加传统文化的培训内容、加大传统文化的比重之外，还有必要举办专门的培训班，甚至纳入国培计划，举办较长周期的培训；除了举办各式各样的培训之外，还有必要在学科目录中给予传统文化教育以地位，选择有条件的学校，培养传统文化教育的本科生和研究生；除了在中小学教师资格考试内容中，增加传统文化的比重之外，还有必要责成专业的研究机构和行业组织，在充分调查研究的基础上，制定准入标准，并有针对性地进行培训、考核，保证传统文化教育师资的底线和质量。归结到一点，就是有必要逐步建立并建设一支专职、专业的传统文化教师队伍，而只有将传统文化教育纳入国家课程，这样一支队伍的建立和建设才有可能。或者说，将传统文化教育纳入国家课程，是建立和建设这样一支队伍的前提条件。

三、 达到教育目的， 确保传统文化教育有效开展

　　课程是教育的核心要素，是关于什么知识最有价值、什么内容值得教、这些内容以怎样的逻辑来安排和组织的决定性因素。在知识爆炸性地增长，要教的东西实在太多了以及"什么知识最有价值"或者说"学校应该教什么"成为教育面临的严峻抉择的情势下，根据社会发展需要、学科发展需要和学生个人发展需要衡量筛选知识，是课程建设的核心内容。

　　按照现行的做法，即便是教育部颁布的《完善中华优秀传统文化教育指导纲要》所提出的思路，传统文化也不是独立设置的课程。《纲要》强调的是"在中小学德育、语文、历史、艺术、体育等课程标准修订中，增加中华优秀传统文化内容比重。地理、数学、物理、化学、生物等课程，应结合教学环节渗透中华优秀传统文化相关内容"。具体地说，就是如"语文课程专设了书法课；数学建议将《九章算术》列为教材内容；历史增加了传统戏剧等反映我国传统文化的内容"。这种在各个学科中"渗透"传统文化内容的做法，虽然用心良苦，也会发挥一定的作用，但不过聊胜于无而已，依然达不到传统文化教育的目的。

　　现行中小学的教学科目，和大学的学科一样，是教育近代化、学术专业化的必然结果。它不仅初步确立了各个科目的范围或边界，而且同时确立了这些科目的功用和目的。如果不顾自己的范围或边界越俎代庖，漫无限制地向其他科目拓殖，或者是将自己的功能泛化，什么问题都想解决，哪个方面都要照顾，承载过多的目的，而不聚焦于自己的核心任务，那就有可能应验了"耕了别人的地，荒了自家的田"的俗语，导致自己科目教学目标的落空。在各个学科中渗透传统文化教育内容的做法，拆除的是各个科目之间的篱笆墙，同时也有可能淡化其功用。

　　一个学科或科目的成立，不仅是因为自己独特的研究对象或范围，而且也是因为自己独特的研究视角和方法。对于同一个问题，不同的学科或科目会从不同的角度切入，向它叩问不同的问题。比如，对于历史

关注的历史人物和历史事件，传统文化可能不会予以关注；而对某个制度或文化现象，历史可能注重它是怎样的，通过追根溯源，探究为什么会是这样一种样貌；而传统文化则会原始察终，注重它的演变轨迹，延传脉络，特别是现实生活中的影响因子。又比如，对于历史文献中的一个词语和典故，语文课注重的是它的意义是什么，传统文化则会注重它的意义的发展变化。从这个意义上说，传统文化注重各种制度和文化现象文化意蕴的视角、注重演变延传的方法，是其他"渗透"的学科无法替代的。

另一方面，传统文化不仅内容丰博，而且有自身的逻辑和体系，需要科学划分，合理组织，用心处理好细微处，才能保持其内在的理路和严整。如果只是渗透，不仅会破坏这一体系和理路，而且很多重要的内容，也难以通过渗透的方式进入其他科目，而会被排斥在教学之外。因此，中小学的传统文化教育设置成独立的必修科目，其最大好处在于，基于课程和教学的系统性，能够进行整体擘画，全局组织，教学的是系统的而不是支离破碎的知识，能确保传统文化教育目的的实现。所以，传统文化教育应该成为所有学生经常性、有规律性的"正餐"，而不是个别地区、个别学校、部分学生、偶尔零星的"点心"。

四、 将传统文化纳入国家课程，不会增加学生负担

末了，有一个不容我们回避的问题，这就是将传统文化教育纳入国家课程，列为中小学的专门必修课，会不会加重本来就不堪重负的中小学生们的负担？这也是很多人担忧之处。我们认为，在传统文化保守估计至少百分之八十的学校都开设了的前提下，将其纳入国家课程，只会使更加完善和优化，提高其学习效果，而不会加重学生的学习负担。

一方面，现今有很多家长都希望孩子能接受到系统的传统文化教育，但因为学校没有开展相关课程，便让孩子利用课外时间到私塾或书院去学习，这直接增加了学生的负担。

另一方面，虽然现在很多学校开展了各式各样的传统文化教育，但由于很多理论问题没有解决，使得当前的教学有很大的盲目性，存在诸多迷茫和误区。已有的传统文化课程设计、教材编纂也是水平参差不齐，存在着内容选择不当、教学时机不当、教学效果不好、教学不能持续开展等问题。这也变相加重了学生的负担，即既花费了时间和精力，又没有学到传统文化的精髓。

所以，问题的关键是如何通过有效的课程整合，提高教学的效率，从而减轻学生的负担。为此，我们有一个设想，能否将原有的、内容单一的书法课程拓展为传统文化课程？目前，书法课程在义务教育阶段具有国家课程的性质，必须开设。但由于师资、场地、书写工具等条件的限制，这门课程在很多学校实际上处于搁置状态。如果把这门一周一节的课程，改为传统文化课程，由各地各校因地制宜，根据自身的条件选择适宜的传统文化教育内容和方式，或者是经典诵读，或者是知识传授，或是包括书法在内的技艺练习，则可以最大限度地发挥这门课程的功效。如此，既整合了传统文化内容，又不增加学生的额外负担，不失为一种较好的选择。

原题《将中华传统文化纳入国家课程的思考》，载《中国教师》2017年8月下半月刊

延伸阅读

语文教育与传统文化教育
——北京师范大学教授、博士生导师徐梓访谈

(一)加大古文比重，循序渐进教学

李节(以下简称"李")：教育部所倡导的完善传统文化教育与我

们一般所说的"读经"有什么不同？

徐梓（以下简称"徐"）：现在，我们最常用的是三个层次的概念，一是传统文化，二是国学，三是读经。在我看来，传统文化包括经典文本、文化常识和技能技艺三个方面内容，这是一个最宽泛的概念，所指最广，领导人讲话和我国政府发布的文件，往往用的是这个概念，也最为恰当。很多人认为"国学"的名头更响，影响更大，宁愿使用这个概念。实际上，它只是和传统文化中的经典文本所指近似，也可以说，是传统文化的一部分。至于读经的"经"，一般特指儒家经典，或少量其他经典，这样说来，它又是国学或传统文化经典文本中的一部分内容。

李：根据指导纲要的精神，传统文化教育主要以在各学科渗透的方式进行。我就想到一个问题，过去看到一些书里面说，有不少大学者感慨自己古文念得少，国学功底不够，建议年轻人多读古文。要学好经典文本却不专门开设课程，对改善一代人的国学素养能起多人作用？是否还是隔靴搔痒？

徐：我很赞同这一观点。所以，我主张在基础教育阶段开设专门的传统文化课程。只有这样，才能基于课程和教学的系统性，对传统文化的内容进行整体擘画，全局组织，以确保传统文化教育目的的实现。而这样的目的，不可能通过其他学科偶尔地"体现"，或者零星地"渗透"就能完成。所以，传统文化教育应该成为所有学生的"正餐"，而不是个别地区、个别学校、部分学生的"点心"。经典是一个民族的根基所在，魂魄所系，它承载着这个民族的文化基因，维系着这个民族的历史传统。它显然是最有价值的知识，是学校应该教学的内容。在基础教育阶段实施传统文化教育，包括经典在内的古代典籍，显然是应该优先考虑的内容。

李：单独设科就复杂得多了。在目前的社会背景和教育制度下，优先考虑传统文化中的经典，似乎为改革语文教材带来新的可能性，比如增加古文的比重，对此您有什么建议？

在现行的课程体系下，在语文课中增加古文的比重，不失为最为可行的做法。入选语文教材中的古文，首先自然应该是那些历经千锤百炼、世所公认、最能体现祖国语言美的名篇。要避免那种什么都照顾一点、但什么都不突出的面面俱到，不要有太多附加的功能，要以语言的优雅、精致为最高原则。此外，也要尊重学生的认知水平，坚持循序渐进的原则。在经典的学习上，我认为在小学阶段，以学习唐诗、宋词、元曲以及古代蒙书如《声律启蒙》《幼学琼林》《千字文》之类为主；初中阶段，可以选学"四书"和百家诸子；到高中阶段，再选读"五经"和历代文集。

李：在教学中应当注意哪些问题？

徐：在组织教学时，我认为还是应该最大限度地遵从教育学的基本规律，比如一定要坚持循序渐进的原则。古人读书特别注意循序渐进。《三字经》中就有"《小学》终，至'四书'""《孝经》通，'四书'熟，如'六经'，始可读"这样的说法。清朝初年的施璜曾说，"五经"以"四书"为阶梯，"四书"以《近思录》为阶梯，《近思录》以《小学》为阶梯。没有精熟《小学》，就不可以读《近思录》；没有精熟《近思录》，就不可以读"四书"；没有精熟"四书"，就不可以读"五经"。"故欲升入'五经'之堂室，必由'四书'阶梯而上；欲升入'四书'之堂室，必由《近思》阶梯而上；欲升入《近思》之堂室，必由《小学》阶梯而上。"在现代，学习的条件和内容都和传统社会有了很大的不同，我们的教学，没有必要再按照《三字经》和施璜所说的顺序进行。但是循序渐进的原则，在任何教育中都是有效的。我们应当保持耐心，等待蛹茧化蝶的那一刻，不宜过早让年纪尚小的学生单纯背诵狭义的儒家经典，不要对童年过早、过度地开发。在具体教学过程中，要充分利用儿童"乐嬉游而惮拘检"的特点，注意激发儿童的学习兴趣，保护儿童的学习积极性，以游戏来代替督责。

李：加大古文在教材中的比重对于语文学习的意义是什么？

徐：传统文化教育一个很重要的功能，恰好是跟语文教育相关的，这就是要掌握并能运用优雅、精致的祖国语言。这也是学习语文的主要目标。一句话怎么叫精彩？我认为是语言的优雅和精致，表述的有个性、有节奏、有气势，气韵生动。在我看来，好文章就是把优雅精致的祖国语言，镶嵌到独特的、有节奏的句子当中。要做到这样，就要到古文中感受、体味、把玩。

我自己读古文的经历，也可以印证这个观点。我在中小学的时候，因为正值"文化大革命"，没有受到好的教育。后来到华中师范大学，跟随中国历史文献学会会长张舜徽先生读硕士。张先生要求我们最多的，就是要把文章写好。要写好文章，就要多花时间背诵古文，而且是长篇古文。他常说："言之无文，行而不远。"认为背诵贾谊的《治安策》、司马迁的《报任安书》、王安石的《上神宗皇帝万言书》等长篇古文可以养气，可以感受到汉语的气势和气韵；背多了，就可以驾轻就熟地驾驭汉语，写一手漂亮的好文章。硕士阶段，我听从老师的告诫，每天早上，别人在背外语的时候，我就背《古文观止》《六朝文絜》《论语》和《孟子》。诵读的时间长了，对我影响极大。以前写文章只是注重技巧，写些无病呻吟、面目可憎的东西。而这三年的诵读，使我面貌一新，写文章甚至讲话的节奏感就很明快，气势气韵就很充足。

(二)语文教育与道德建设的关系

李：张志公先生曾经总结道，我国古代教育的一个传统是把语文教育与道德知识教育结合起来。在语文教学中渗透传统文化，是不是可以包含语文和道德两个方面的教育目标？

徐：现在学科的划分，使得每门学科的功能变得颇为单一。我始终认为，语文学科不要兼顾太多别的功能，担负得太多了，自己的功能就会被淹没。当然，无论哪一个科目，都要体现出教育的宗旨和追求，体现出赫尔巴特所谓的"教育性教学"，也就是使人"高尚而不是变坏"的教学，这是一个基本的前提。我很反对语文教育中过多过重的道德教育因素的注入，语文教育不应该变成道德之学。语文首先是让孩子们感受到祖国语言的美，祖国语言的优雅和精致，并且对这种语言产生兴趣，直到能够灵活应用这种语言。现在语文教育搞不好，我个人认为原因之一就是人们赋予了它太多的功能，让它承载太多的任务。现在社会上有什么问题，人们往往把板子都打在语文教育的身上，这不是语文教育能够承载得了的。说白了，语文教育的目的主要就是让学生有效地掌握、自如地运用祖国语言。

李：语文课虽然不以道德完善为目标，但是语文形式和内容一体两面的特点，使语文教育的目标不像数学、物理等学科那样纯粹。在选材的时候，除了要考虑文本的工具性、文学性，还要考虑其思想和人文方面的价值。中华传统文化中有深厚的儒家思想，儒家读书讲究"修身为本"，这一思想对于我们选取古文做语文教材的时候有哪些启发？您有什么建议？

徐：很多人希望把传统的资源拿到当代，疗治当今社会的乱象，解决现代社会的道德失缺的问题，我认为这个目的注定是要落空的。中国古代文献中有很厚重的伦理色彩和道德说教，读这些文本的时候，对一个人的心性和道德有所影响是必然的。我经常讲这么一个故事：明代有一个新考中进士的人，去见当时的大学者章懋。这个人因为刚考中进士，一副志得意满的样子。他问章懋，我已经考中进士了，现在该读什么书呢？章懋说：你回去可以读读《小学》。进士虽然心里很不服气，认为自己都是进士了，还读什么《小学》呢？但回家之后，他还是按照章懋的指教，读了三个月的《小学》，而且越读越有味。三个月后，他又去见章懋。章懋在院子里看到他，就问：你是不是读了《小学》？进士大惑不解，问：您怎么知道？章懋说：我看你走路的样子跟上次很不一样，所以知道你是读了《小学》的。这个事例说明，阅读古典文本对于变化一个人气质是有好处的。传统文化教育的功能很多，只谈道德一个面向，有狭隘化的倾向。传统文化教育的目的，是要优化我们的素质，提高我们的素养，使我们成为一个既有知识又有文化的现代中国人，使我们从一个自然的、生物学意义上的人，变成一个自觉的、文化意义上的中国人，这更重要。

李：有一种观点认为，传统文化中有精华有糟粕。您怎么看这个问题？

徐：取其精华，去其糟粕，很长一个时期是主流意识形态对于我们传统文化的态度。坦率地讲，我很不赞同这种说法和做法。首先，我反对把传统文化简单地分为精华和糟粕。在你眼中是精华的，在我眼中可能是糟粕；今天认为是精华的，明天思想观念变化了，就可能被认为是糟粕。法国之喜，英国之悲；今日之是，明日之非。精华和糟粕是一个价值判断的问题，有很强的主观性，基于我们从什么角度去看这个问题。如果我们都根据一己的好恶，对传统文化任意去取，长此以往，那么我们就不会有传统可传，没有经典可读。

其次，所谓的精华和糟粕水乳交融，它们不过是一个铜板的两个面，二者相须为用，相资相济，相辅相成，就像一辆车的两个轮子一样。"如果把古代文化中的糟粕去除了，留下的将不是精华，而是精华的危如累卵和朝不保夕。"所以，即便传统文化能够分辨出精华和糟粕，那我们应有的态度，也应该是"取其精华，存其糟粕"。

最后，倡导"取其精华，去其糟粕"，是希望通过这番作为，为孩子们制造一个纯净的学习环境。实际上，在这种环境下成长起来的学生，其实最弱不禁风。只是让学生被动地、机械地接受，就不能培养学生分辨善恶、美丑、真假、是非的能力，批判性地阅读、独立地思考、任何时候都能自觉地运用自己理性的习惯就无从养成。所以，真正的危险不是我们的孩子接触到了所谓的糟粕，而是在人为虚构的"精华"中，丧失了基本的辨别能力。所以，我反对所谓的"取其精华，去其糟粕"。对于我们的传统文化，坚持创造性转换、创新性发展，才是应有的态度和原则。

（三）蒙学教育的方法和经验依然有效

李：古代由蒙学教育承担的识字写字、认识声律、属对写作等任务，基本上是要在今天的语文课上完成。与其他学科相比，语文教育可以借鉴的传统经验显得丰富而复杂。除了文本的选择，还有方法和经验。古代的方法和经验，怎样与现代语文教育相融合？我们该注意哪些问题?

徐：的确，语文教育可以借鉴的传统启蒙教育的经验非常丰富。传统启蒙教育之所以有效，原因是多方面的。比如说，全社会高度重视启蒙教育，很多著名的学者如宋代的吕祖谦、吕本中、陈淳、王令、胡寅、方逢辰、真德秀、王应麟等人，元代的许衡、程端礼、胡一桂等人，明朝的吕坤、王守仁、方孝孺、陈继儒、袁黄等人，清代的陆世仪、张履祥、张伯行、陈宏谋、贺瑞麟、王筠等人，民国时期的章太炎等人，都参与了启蒙教材的编写。又比如，在蒙学教材的编纂上，不断总结前人的智慧和经验，形成了许多现今值得我们学习和借鉴的编纂特色，如注重蒙学教材内容的稳定性与时代性，蒙学教材类型的多样性和内容的丰富性，蒙学教材的语言的简洁性和趣味性等。

另外一个原因那就是，传统启蒙教育教育教学方式的有效，这其中包括教育的原则：以豫为先、及时施教，德教为主、蒙以养正，教之以事、培养习惯，宽严有节、宽猛相济，多说恭敬、少说防禁等内容；包括教学的原则：识字为先、目标单一，量资循序、少授专精，诵读为主、适当讲解等；包括具体的教学方法：学习礼仪与习惯养成、讲说故事与日长月化、认字仿写与识字教育、诵读为主与记忆教育、作诗作对与写作教育、歌谣舞蹈与游戏放松等内容。

传统启蒙教育的这些原则和方法都是行之有效的，完全可以用于现今的语文教育。但有一个问题需要注意，古代的启蒙教育，一般只有一门综合性的课，只由一个教师承担，承载着多样化的功能；而现今的语文教育，则是众多门课中的一种，它承载的功能相对单一。所以，现今的语文教育和传统的启蒙教育比起来，它更应该突出语文性，这就是对优雅、精致祖国语言的掌握并灵活应用。

李：古人重视蒙师，认为"蒙师教授幼学，其督责之劳，耳无停听，目无停视，唇焦舌敝，其苦甚于经师数倍。非品端学优，而又勤且严者，不克胜任"(唐彪《父师善诱法》)，"蒙师失则后世难为功，蒙师得则后世易为力"(崔学古《幼训》)。古代对蒙师作用和价值的认识，对于我们今天小学语文老师的培养有哪些值得借鉴之处？

徐：古人把启蒙教育和读经教育的界限分得很清楚，将它们分属于大学和小学的范畴。从事启蒙教育的老师被称为"蒙师"，教授儒家经典的老师则被称之为"经师"。所以，"蒙师"是相对于"经师"而言的，而语文教师则是现今众多科目教师中的一类。"蒙师"相对于"经师"，突出的是阶段性、基础性，语文教师相对于其他科目的教师，则突出的是专门性、功能性。

小学语文老师和蒙师处于同一层次，在工作的辛苦、重要性方面并无二致。无论过去还是现在，启蒙教育都被看成是一个人终身事业的根本，被看作是一个人一生乃至一个家族成败之所系。正如沈鲤在《义学约》中所说："子弟读书，有成有废，乃关系门户盛衰，一家祸福。为师者，成就得一个好人，便即是许大阴功，若耽误人家子弟，亦大伤天理，与寻常亏欠者不同。"启蒙教育既是大事，也是难事。而从事启蒙教育的蒙师，也远不是人们通常想象的那么简单。这也就是崔学古在《幼训》中所说的："为师难，为蒙师更难。"

对小学教师资质的要求，表述虽然不同，但精神实质几乎完全一致。比如，古代对蒙师的要求，首先必须是学生行事的榜样，视听言动的模范。其次要有一定的学识，或者看他是否有从教经历，或者看他在科举的道路上，取得了怎样的成绩，获得了什么功名。再次还要求有对自己工作的忠诚，对东家的负责，对他人子弟前途的郑重，用古代的话来说，就是尽心，用现代术语来表述，也就是敬业。最后，历史上那些最能作育人才的蒙师，也是那些能针对学生的实情因材施教、教育方法使用得当、训导有方的蒙师，这也就是善教。这些古代对蒙师的要求，对现今的小学语文老师依然有效。

李：谢谢您接受我的访谈。

原题《语文教育的传统及其继承》，载《语文学习》2014 年第 9 期，记者李节

第九讲

传统文化教育与教材建设

一部好的传统文化教材，除了内容的选择要好之外，再就是内容的组织也要好。

一、 内容的选择

所谓内容的选择要好，最重要的不外乎是这样三条原则和标准：

一是代表了人类文明的发展方向，体现出教育的宗旨和追求。体现出赫尔巴特所谓的"教育性教学"，即使人变得"高尚而不是变坏"的教学。这就是养成学生在任何时候、任何情况下都能并有能力独立自主地运用自己理性的习惯，引导学生"做有意义的事，做有尊严的人，过有品位的生活"。

在这个问题上，不能狭隘。比如，在蒋庆看来，中华文化经典最初是由孔子整理编定的、继而由诸大儒阐发撰述的、在中国历史文化中逐渐形成的、体现"常理""常道"的、被历代中国人公认享有神圣性与权威性的、具有人生理想教育功能并在中国历史上长期作为课本教材的儒家文献。也就是说，他认为的经典有以下必要条件：第一，孔子整理编定；第二，历代大儒解释阐发之作；第三，体现"常理""常道"即体现中国文化精神；第四，具有神圣性与权威性；第五，在历史上长期用作课本教材。总而言之，要有正统性、神圣性、权威性。为此，他将道家、兵家等的典籍全部排除在外，甚至反对将传统蒙学用书、唐诗宋词列入少儿读经的基本教材之中。在他看来，按照孔子之意，读经是"志于道""依于仁"，而文学则是"游于艺"，古诗文应放在读经之余诵习，不能喧宾夺主。王晓华对此颇不以为然，他表现出这样的忧虑：名为《中华文化经典基础教育诵本》却只收儒家经典，本身就表现出狭隘的排他性。如此不宽容的儒家中心主义立场，也难以真正引领中国文化走上复兴之路。如果所有中国的儿童从小就形成了以一家学说为尊的立场，那么，未来的中国会是怎样呢？

二是非常准确地把握特定学习领域最基本、最核心、最具有迁移价值的主题。这样的主题具有举一隅而以三隅反、以一知十、温故知新、告诸往而知来者的意义，具有牵一发而全身动、纲举目张的价值。人类知识如同浩瀚的海洋，就像各大洋的海水难以分割一样，在人类的知识之间也存在着砸不断的链条。任何一个微小的知识，都是众多比它更小知识的集合，或者说与其他的知识之间存在着千丝万缕的联系。但这不排除一些知识是根干，另一些是枝节，"什么样的知识最有价值"就是基于这样的一种观点。

在《欧洲：一堂丰富的人文课》的自序中，作者问了这么一个问题：一个 16 世纪的人文学者，与现今一位理发师谁知道的更多一些？16 世纪的人文学者精研文法、修辞、哲学和神学，还懂得拉丁文、希腊文和希伯来文，可是，一位美发师几乎知道现今所有的广告词和流行歌词、几百部电影、无数名人明星的八卦故事、各种化妆品的价格和用途，还有许多保养、健身、减肥知识。就数量而言，两者拥有的资讯可以等量齐观。"然而，美发师的知识缺少秩序与结构，而且这些知识的寿命都很短。而 16 世纪的人文学者的知识井然有序，涵盖了文化的主要特征，涉及多种符号系统。以这些符号系统为基础，就能进入其他知识领域。同时这种知识寿命很长，这就是资讯和教养的差别。"在学信息处理的人看来，资讯可以交给电脑来处理，而筛选资讯的程序则要人来完成。实际上，最有价值的知识，不是资讯，而是筛选资讯的程序。

在中国的通假字里，"知"这个字通假"智"，也就是说知识可以带我们抵达智慧；"知"给了我们一个起点和平台，而"识"是让每个人在读了万卷书之后，再去行万里路，有襟怀，有眼界，有了去伪存真的那种见地，才能成就一个真正幸福的人生。我们这里要说的是，特定学习领域最基本、最核心、最具有迁移价值的知识，就是能够给人作为起点和平台，从这里开始去抵达智慧的知识。

三是与学习者生活的关联度。我们常说，兴趣是最好的老师，真正的学习，只有在帮助学生建构与其实际需要、兴趣、能力相适应并关联的知识时才会发生。克罗齐说过一句话：一切真历史都是当代史。同样，一切知识只有和学习者之间建立起关联，它对于学习者来说才有意义。

二、 内容的组织

至于内容的组织，也可以说三条主要的或者说我格外看重的原则：

一是逻辑性。特别是各种知识之间内在深层处的逻辑关联。传统文化知识在过去是一个整体，我们也可以说它处于一种混沌状态。在现代学科分科、年级教学的情况下，根据课程的安排切割，就很容易支离破碎、七零八落，陷于严重的碎片化。

教材的内容如果是随意的摆放，杂乱的堆积，缺少内在的逻辑，学生就难以记得住，也不会记得久，更不能由此推衍出新的知识，学生的学习就是低效率的。只有有内在逻辑关联的知识，才能在学生头脑中建构并发展认知结构，使所学的内容记得牢，并能以此为基础推演出新的知识。借助学生的思维，"留白"就可以合理地被填充，探究学习和发现学习所留下的空间就能得到弥补，此外的天地也能拓展。

二是序列性。在某种意义上，这是逻辑性的一部分。我们这里单独提出来，是指要遵从教育的规律，按学生认知水平的发展，适时提供教育内容。王财贵认为，现行的语文教育是一种有知识、没文化的教育，读经则是对这种缺憾最有效的弥补。所以，与其读语文课本，不如读蒙学课本；与其读蒙学课本，不如读唐诗宋词；与其读唐诗宋词，不如读古文；与其读古文，不如读诸子百家；与其读诸子百家，不如读"四书五经"。王财贵的逻辑是：读了后一种，前一种就没有不可理解的，学会了高度的表达，低度的表达就不必要学了。这时，你已经处在和前一种文献的作者平起平坐的位置了，你可以欣赏欣赏，附带地看一下就好了，不要那么努力去学了，因为他不值得你努力。那些"太小儿科了"的东西没有必要认真教，更没有必要努力学，这样的学习不过是浪费时间。

很多国学教育的倡导者虽然没有像王财贵这样说明，但要求孩童直接接触古代经典则如出一辙。我认识的一位著名教授自己喜欢《尚书》，就让孩子在自己主导的私塾里读《尚书》；台湾的谢启大则主张儿童读

《易经》。可见，读什么经的问题，决定了如何读经的方法。不少读经的倡导者是要让儿童跨越一些中介环节，直探潜藏中华文化最深底蕴的经典，直达民族文化根本命脉之所在。为了达到这一目的，对读经的儿童来说，可以不做认字的要求，可以忽略理解的要求。正是这样与传统的学不躐等、循序渐进的读经方法完全背离的读经倡导，让我对这样的读经能否达到读经倡导者的目的、是否能持续地进行下去持怀疑态度。

我们认为，还是应该最大限度地遵从现代教育学的基本规律，顺应儿童的天性。向儿童提供一些难以接受的内容，要求他们用死记硬背的方法去接受，并单纯地依靠强制和约束，或许能收一时之功，但绝对不可能有长期之效。更重要的是，它可能造成儿童对经典的畏惧和憎恨，彻底败坏儿童读经的兴趣，使儿童在今后的成长过程中、即使在自觉主动需要经典的时候，依然选择远离经典。所以，我们应当根据儿童的爱好，选择那些能激起儿童兴味的经典，把他们引导到读经的路上。比如唐诗、宋词、元曲、《声律启蒙》《幼学琼林》《千字文》之类。这些读本，句子短小，形式整齐，或者是韵语，或者是偶句，和谐顺畅，铿锵动听，读起来上口，听起来悦耳，儿童喜闻乐道，容易学，也容易记，它们能贴近儿童，能赢得儿童的喜欢。正因为具备这样的一些特点，因而在传统的启蒙教育中，代代相传，保持着旺盛的生命力。

儒家的经典也还是要读的，而且十分必要，但我们的主张与读经的倡导者恰恰相反，我们认为读经应该是在 13 岁之后，而不是 13 岁之前。在此之前，则可以适当地诵读蒙书和唐诗宋词。我们认为等儿童过了儿童期、理解能力和自主能力相对强一些之后，等他们的心智更加成熟的时候，再引导和教育他们去诵读这些我们民族的经典，那时或许更加适时、适当。在初中学习"四书"，到高中再选读"五经"。

三是可读性。可读性的另一个说法是引人入胜。它并不仅仅是一个想象、文笔和叙述方式的问题，而是一个是否尊重阅读者的问题，同时也是历史眼光的问题。可读性和引人入胜一直是中西历史学的优良传统，我国古代两司马的史学著作和西方很多史学家的著作，都写得灵动飞扬，饱含激情，引人入胜，让人有亲临其境的感觉。

是否具有可读性，是决定教科书成败的关键。正因为如此，教科书编写要注意可读性的呼声最为强劲。大学教科书由于篇幅不那么局促，有较大的驰骋空间，因而能率先在这个问题上取得突破。比如，海斯的《世界史》，历久风行的一个重要原因就是因为它写得生动。至于美国学者伯恩斯和拉尔夫所著的《世界文明史》，几乎字字珠玑，页页精彩。如书中说："在人类历史的漫长经历中，愚昧无知与不可思议的乌云如此低沉，几乎无法穿透。"又说："在整个历史过程中，战争摧毁了一个又一个民族的优秀儿女，而留下弱者传宗接代。"在介绍弗略特的观点时说："宇宙是一片不毛之地，除了痛苦和失望之外不结任何果实。"在介绍弗洛伊德的观点时说："在强大的力比多面前，人的理性好似可怜的叮当。"说及第二次世界大战在欧洲结束，只有一句话："和平终于来到了精疲力尽的欧洲。"将二战之后欧洲的满目疮痍和对和平的渴望描摹得淋漓尽致。正因为它如此富有想象力，如此引人入胜，自 1955 年出版以来，又于 1958、1964、1969、1974 年多次再版，在美国许多大学被采用。1987 年首次引入我国，1990 年又重印，前些年又出版了两册合订的精装本。

台湾学者李孝悌在一次讨论会上曾说："教科书要有内容，深入浅出，可读性应放在第一位。"葛兆光先生解释说："所谓'可读性'并不仅仅是文字技巧的问题，而是一个叙述内容的问题，更是一个历史理解的问题。所谓'好看'并不等于一定通俗，就好像'枯燥'并不一定等于深刻一样。要把历史著作或教材写得好看，让人想读还愿意读下去，在于如何理解'历史'，以及如何经由历史叙述传递'历史的精神'，即怎样把历史放在一个好的叙述思路中，通过精心选择的情节和文字，传递学术思考的深度和难度，使阅读者理解和感受历史。这是一个相当重要的历史技巧，更是一个关于'历史何为'的观念问题，绝不仅是'通俗'和'深奥'的写作形式的分别。"

三、 如何增强教材的可读性

鉴于古今中外教科书的成功范例，我在编写教科书时的一个基本要求，就是要求写的具有可读性，甚至可以说，这是我最初确定的最高原则。如何增强教材的可读性呢？其中一条表现为切实具体、生动形象，为学生创设一个想象的情境。说到底，教学就是情境的创造。

想象是对以平板的态度处理死寂资料的背叛，是对冷酷地站在中立者的立场来观看任何事情的反动。真诚的想象，要求编写者以教徒般的虔诚来看待自己的工作。不是以漠不关心的冷漠，而是以呕心沥血的情感，对其研究主题有一种同情、共鸣的理解；对于他所要描述的时代、人物和事件怀有极其深厚的托付，完全敞开心扉，让过去人类的体验进入自己的灵魂。在古人的引导之下，去感受他们的爱恨情仇，他们的仇恨与愤怒，绝望与悲伤；去经历他们走过的坎坷与困顿，分享他们的欢乐和希望。这时，我们就沉浸在与古人的神交之中，心平气静之后，往事仍然历历在目。

只有历史研究的想象，才能最彻底超越对于特殊史实的探讨。借助于想象，我们好像被过去的生活和精神感染了那样，无拘的视野不再是被囿于　点之上，而是从周围各方面远近的关系，来考察某件事实与看起来似乎不相关的事实之间的联系。因此，对于过去时代的生活有一个彻底的富于想象性的知识，乃是历史研究的必要前提。如果完全不见同情心和想象力，不要说历史思考，就连一般的日常思考也无法进行。

一个优秀的教材编写者，他们的语言风格并不一致，或许清新恬静，或许明快激越；随着所述对象的不同，有时慷慨激昂，有时又深沉悲凉。但无论怎样，他们个性突出的语言，力图突现活生生的历史面貌，展示栩栩如生的人物群像。他们尽一切可能地深入古人的心灵，想其所想，重新感受那种刺激他们行为的情感，借以理解历史的真谛，并用一种近乎诗人和艺术家才有的灵感，使人们多少已经有点熟悉的人物和事件获得新的生命，从而引起读者的想象，使他们也伴随作者的意绪行进，直到进入活生生的历史情境为止。

教科书牺牲想象与悟性的代价，是使那些在历史学还处在讲故事的阶段就与我们忠实相处的读者绝望地离去了。一些历史学家以枯燥、贫乏的语言要求历史的艺术性，批判大量历史著作缺乏可读性，这都不能给聪慧的读者以希望。只有人类文化史上不时出现的伟大历史学家，才安慰了他们的心。在这个各门学科都竞相展示自己的魅力以吸引徒从的时代，历史学家如果依然只是无情地趋向专业化，那就有可能失去他们最后的一批读者。

要为读者制造一个想象的环境，让读者如同置身真实的历史场景之中，如见其人，如闻其声，和历史人物一起感受激动，承担痛苦，而不是简单地对学生说"请你想象一下……"。为学生制造一个想象的环境和粗暴地要求学生想象，是两种截然不同的境界。

除了创设情境、使自己处于和历史人物相同的境遇之外，还有就是讲故事，讲故事是增强教材可读性的有效方法。所谓的故事，就是用详尽的事实和情感，来叙述真实或假想的经历，促使听众产生身临其境般的想象。如果说理性思维的语言载体是数字的话，那么主观推测的语言就是故事。故事或许不符合科学原理，或许有悖于统计学术语，但就人类历史而言，科学是一个新兴的事物，是人类发展到特定阶段的产物，在科学研究出现之前，讲故事一直是人类思考问题、相互交流的惯用方法。

故事是人类对好的或者坏的、重要的或者无关的、安全的或者危险的事情的解释方式。故事会放大它所谈及的内容，强化人们的观念。所以故事最能打动人，吸引人，影响别人，赢得机会。讲一个融入个人情感的故事，是启发、说服别人的最好方法。它有助于建立人际关系，消除个体的孤独感，激发人们的活力，更易于引发想象，引领学生走进教育的过程。一个结构紧凑、内容丰富的故事，能吸引人们的注意力，而且这种吸引力如此强大，没有人能抗拒。特别是中小学生理性思维相对较弱，直观思维或图像思维能力较强。列宁曾说："儿童的本性是爱听童话。"故事能帮助中小学生打开认识世界的窗口，帮助他们提高阅读兴趣和理解能力。而且，我们也可以把严肃的思想、是非分明的观念、强烈的爱憎感情寓于生动的故事中，让学生在不知不觉中接受教育。

在我开始编写《历史》教材时，刘家和先生曾经语重心长地对我说："徐勇，给孩子们编写教材，就是要讲故事。"坦率地讲，10多年前，我第一次听到这样的告诫时，根本不理解这话的意义，甚至还有所抵触：都讲故事，那么知识呢？随着后来几部教材的编写，经验越来越丰富，也越来越觉得这话深刻，老师说得有道理。知识是可以纳入故事的结构和序列的，特别是历史知识、传统文化知识。一本好教科书的一个重要标准，就是有没有、有多少学生急不可待地想阅读、情不自禁地想与别人分享的故事。

在我看来，无论是一部学术著作，还是一本教材，最可怕的不是有错误（有错误当然不好），而是没有个性，没有自己独特的性格和气质，流于平庸，千人一面，有你不多，缺你不少。我们现在注意到了创新的重要，强调教材的内容要新，形式也要新。但形式的新不只是版式的新颖，更是语言的别具一格，是深层次的思维方式的与众不同。只有这样的教材，才能培养创造力强的人才，才能唤醒学生独特的个性，才是符合这次课程改革宗旨的教材。我对学生说得最多的是，平庸比死亡还可怕。在版式设计等外部表现形式方面，我们作者或许不起什么作用，但在语言表述上，我们力图写出自己的特色，写得切实具体、生动形象，写得灵动飞扬、充满想象力，归纳说来，也就是要有可读性。

原系 2014 年 7 月在北京师范大学出版社座谈会上的演讲

第十讲

传统文化教育与教师

一、 传统乡村社会的教育和教师

(一)传统乡村社会中的家庭与家塾

中国传统社会是宗法社会。家族在中国传统社会生活中所起的作用是那么深广和明显，以至于不同学科的学者，尽管所受的学术训练有别，考察问题的角度和方法各异，但都殊途同归，注意到了家族制度在中国历史上和社会生活中所起的作用。

有学者指出，中国传统社会是一个"缺乏任何'警察'概念的疲软帝国"，在这个疲软帝国的县以下，主要就是靠家族的治理。一个聚族而居的家族，具有政治上的自治、经济上的自给自足、文化上的自我认同的特点。马克斯·韦伯一方面说传统的中国社会是一个"家族结构式的社会"，一方面又说家族是中国传统社会里最具自主性和充满活力且"无所不能"的一个组织；美国学者费正清说中国的家庭是一个自成一体的小天地，是一个微型的邦国；主编《中国的现代化》一书的美国学者吉尔伯特·罗兹曼，说中国的家庭理想般地接近自给自足，无须去考虑除了家庭或家族之外的事情；殷海光说中国传统的大家庭是一个自足体系，或者说是一个小宇宙，它能给其中一切分子的要求以高度的满足，一个分子从生下来，从摇篮到棺材，从理论上说，都由家庭所供给。这些都说的是这个意思。

由于传统家族具有政治、经济和文化全方位的功能，它当然也包揽了家族子弟的教育。传统的家族除了认同同一个祖先，有着共同的祠堂、族谱和家训之外，还典型地表现为聚族而居。看不见的是血缘，看得见的是姓氏，更突出的特质则是一个家族共同居住在一个村落之中。打开一张比例尺稍小一些的地图，我们就会在上面看到张家庄、王家村、李家湾、赵家畈这样名称的村落。而所谓的"张家庄"，就是"张氏家族之村"的意思。因此，传统的家族教育与乡村教育就有了相同的意义。

中国家族极其重视子弟的文化教育，认为这是保家亢宗的有效途径和不二法门，所以，旧时有"耕读传家久，诗书继世长"的说法，又有"家无读书子，官从何处来"之说。我曾在《中华文化通志·家范志》中做过这样的统计，在明清时期家谱中的 142 种家范族规中，有 42 条论及教子弟，5 条论及立义塾，15 条论及尊师长，9 条论及豫蒙养，41 条论及崇学问。这 112 条内容，除了以"教子弟""训子孙"为主要内容的道德教育之外，主要是以"勤读书""育人才"和"男务读书"这样一些以传授知识为主要内容的崇学问，还有的就是以"端蒙养""养蒙童""立义塾""设义学"等有关启蒙教育的内容。这 112 条训诫条目，相对于 142 种家范族规来说，占有近 80％的比例，也就是说，大多数的家训中，都有读书劝学的内容。

正因为如此，很多家族都开办有供本族子弟接受启蒙教育的家塾，一些富裕的大家族，甚至开设有更高一级层次的书院。比如，唐大顺元年陈崇订立的《义门家法》共有 33 条，其中第八条这样规定："立书堂一所于东佳庄，弟侄子姓有赋性聪敏者，令修学。稍有学成应举者。除现置书籍外，须令添置。于书生中立一人掌书籍，出入须令照管，不得遗失。"第九条则规定："立书屋一所于住宅之西，训教童蒙。每年正月择吉日起馆，至冬月解散。童子年七岁令入学，至十五岁出学。有能者令入东佳。逐年于书堂内次第抽二人归训，一人为先生，一人为副，其纸笔墨砚，并出宅库管事收买应付。"一般认为，在此之前的所谓书院，要么是修书之地，要么是刊行经籍之所，要么是个人读书之处，而不具有教育教学的性质。这里的东佳书堂，虽然还只是陈崇心目中的一个蓝图，一个愿景，一个计划，但到陈崇之子陈衮时，"以为族既庶矣，居既睦矣，当礼乐以固之，诗书以文之，遂于居之左二十里曰东佳，因胜据奇，是卜是筑为书楼，堂庑数十间，聚书数千卷，田二十顷，以为游学之资，子弟之秀者，弱冠以上，皆就学焉"（《义门陈氏家乘》)，最终建成了书院，将这一愿景变为现实，中国古代书院于焉发轫。一般认为，这是我国历史上的第一所书院。

一些不那么富有的家族，也往往集合一个家族的资源，让族中有一定天分的子弟，肩负整个家族的使命，向科举发起冲刺，以及第为官，光耀门楣，并从而反哺家族，改变家族的命运。

为了加强对宗族所办学校的管理，为了提高教学质量和办学成效，很多家族还专门订立了《祠堂塾规》《家塾章程》《家塾课程》等专项家训，对学塾的开设、塾师的延请和礼遇、课程设置、教学用书、教学方法以及对学生的考课、学生的待遇，特别是在科举的道路上斩获功名后的奖励等，都做了系统而具体的规定。如同治四年山西洪洞《洪洞刘氏宗谱》卷七的《阖族公约》第八条说："族中有应乡试、会试者，皆读书上进、荣宗耀祖之事也，理宜奖助，以示鼓励。公议于祭田余银内，乡试者送卷价银叁钱，会试者送卷价银一两。"同治八年江苏毗陵《费氏重修宗谱》卷一的《宗规》中，有"赏例""罚例"和"经理祠事"三项内容，罚例包括忤逆不顺、兄弟不友、充任胥役、包揽词讼、杂入邪教、赌博溺女、侵蚀祠内钱谷等多方面的内容，而赏例则只涉及科举一个方面。其内容包括：进院，给卷资银一两；乡试，给卷资银四两；会试，给盘费银十两；入学，给花红银五两；补廪，给花红银五两。出贡，贺银五两；乡试中式，贺银十两；会试中式，贺银二十两；入翰林，贺银五十两；鼎甲，贺银一百两。各个家族中，如此之类的家规甚多。各个家族对参加不同考试者奖赏的数目，虽然存在着很大的差距，但鼓励同宗子弟进学读书、汲汲于科举仕进的用心则完全相同。

正因为如此，中国传统社会有浓厚的学习氛围，村落中家塾、私塾、义塾密布，在人烟稀少寥落的"三家村"，也有"三家村夫子"。元初的陈栎，在回忆族中读书风气兴盛时曾说："方陈氏人物盛时，村无二姓。合族税钱，以贯计者一千三百有奇，读书者比屋。各家之老，遇风月良夜，杯酒相叙，饮罢步街上，听子弟弦诵声，自村首至尾，声东西相震，以是快惬为乐事。"宋代诗人晁冲之的《夜行》中，有"孤村到晓犹灯火，知有人家夜读书"的诗句。在荒僻的山村，直到黎明时分，仍然有人在披卷苦读。读书的士子和他们的父兄们懂得，既然科举是一场公正而且公平的游戏，既然总要有人中举及第，那么人一己十、人十己百的勤苦就有了意义。"吃得苦中苦，方为人上人。"侥幸固然存在，但奋斗才有机会。日复一日、年复一年地苦读，以至于需要"龙马的精神，骡子的体力，又要像土鳖虫那样麻木不仁和骆驼那样吃苦耐劳"。一盏灯火，映照的其实是士人那颗力图用勤苦叩击学问，并以学问来打通权力之门的坚毅决心。这便是科举制下读书人生活的真实写照，也是传统村落中的生动图景。

(二)传统乡村社会中的塾师

传统乡村社会的教育，主要是启蒙教育。承担启蒙教育的老师，被称为塾师。在旧时，塾师有众多不同的称谓。一般称塾师、馆师、蒙师、学师、蒙馆先生、训蒙先生、教书先生、书师、教读等，这些称谓着重塾师的工作性质而言，属于没有褒贬的中性词。在家塾中，尊称塾师为西席、西宾、馆宾，更正式的则称西席夫子。传统的学塾，往往位于人烟稀少的荒僻乡村，塾师因此有村学究、三家村夫子的谑称。学塾中的学生，小的四五岁，大的十多岁，正是好动顽皮的年龄，塾师也被戏称为猢猴王、孩子王。在一些人眼里，塾师年老力衰，学问浅薄，眼光狭隘，思想固陋，因而以老学究、冬烘先生相讥讽。

启蒙教育是为人的一生奠基的工作，被看成是一个人终身事业的根本，被看作是一个人一生乃至一个家族成败之所系。"子弟读书，有成有废，乃关系门户盛衰，一家祸福。为师者，成就得一个好人，便即是许大阴功，若耽误人家子弟，亦大伤天理，与寻常亏欠者不同。"(沈鲤《义学约》)启蒙教育既是大事，也是难事。而从事启蒙教育的塾师，也远不是人们通常想象的那么简单。"为师难，为蒙师更难。蒙师失，则日后难为功；蒙师得，则后来易为力。"(崔学古《幼训》)品行、学识、尽心和善教，正是传统社会为了完成启蒙阶段的使命而向塾师提出的任职要求。为了保证"师范"的品质，人们往往选择老成和自己熟识的人充任塾师。在判定塾师的学识时，他在科举上获得了怎样的功名则是最主要的评价指标。因为启蒙教育事关重大，塾师不仅要尽心职事，恪尽职守，而且要掌握训读之方，善教会教。

塾师的社会形象，主要是由比他有着更高文化水平的文人学者塑造的，也只有有著述的文人学者，才能把塾师的形象描述并记载下来。而在这些人的眼里，塾师不过是一幅学识浅陋鄙俚、为人穷酸迂腐的形象，读白字、念破句、不懂装懂、强作解人，是塾师最通常的样貌。但在乡村社会，由于塾师周围主要是没有文化或更少文化的大众，塾师是受这些人尊敬的，因而享有较高的社会地位。

承乏塾师之职的，最好是经过童试而取入府、州、县学学习的生员，也就是俗称的秀才。在一些穷乡僻壤，如没有生员，也从"童生中之有品行、常考试高举者"中延请。明清时期在乡社广泛设置义学或社学，往往是在当地或附近的生员中，选择那些"熟悉风土、品学兼优之士"充任学师。

塾师中这一部分人，获得了诸如生员的资格，就更受尊崇。"一得为此，则免于编氓之役，不受侵于里胥；齿于衣冠，得于礼见官长，则无笞捶之辱。故今之愿为生员者，非必其慕功名也，保身家而已。"（顾炎武《生员论》）生员作为"齐民之首""乡民之望"，在社会上享有许多政治、经济、身份和法律上的特权。如地方官对待生员要"交以道，接以礼，固不可权势相加"；生员可自由见官。平民百姓称官员为"大老爷"，而称没有官衔的生员为"老爷"。甚至生员犯罪，都不会上刑，若罪行很重必须严惩，须先革去生员的身份；地方官在遇到生员犯罪时，不能自行处置，而必须向上级申报。生员还享有重要的经济特权：他们可以免除为政府服徭役，他们还可以免交、少纳或不纳种种苛捐杂税。他们中的有些人如廪生，还能领到政府的月例钱；在政府补贴之外，还能得到本家族、各种民间力量的资助，以使其专心读书。

对于一部分塾师来说，学塾不过是他们在科举之路上暂时歇脚的驿站。他们处在亦教学亦备考的过程中，具有塾师和考生的双重身份。有朝一日，他完全有可能在科举的道路上高歌猛进，实现从"朝为田舍郎"到"暮登天子堂"的跨越，"拔身泥滓里，飘迹云霄上"，完成由"白衣"到"公卿"的身份转换，完成从绅到官的地位转变，彻底改变贫穷坎坷的命运，迅速获得丰厚的经济利益和显赫的社会地位。

《解人颐》中记载了这么一个真实的故事："常熟东子忠，以义塾生员求与科考。知府胡可泉出一对云：'义塾生员，非廪非增非附。'子忠云：'苏州太守，曰清曰慎曰勤。'太守嘉之，准与学，是科即中乡魁。"

很多著名的学者和官员，在飞黄腾达之前，都曾做过塾师。如明代的魏大中，18岁便继承父职，在西塘邬家村作塾师，直到万历四十四年中进士后，才告别了塾师生涯。塾师这种潜在的能力和可能的前途，也让乡民们不敢藐视而心存敬畏。

塾师作为古代乡村的知识分子，是当地的知识精英。"绅为一邑之望，士为四民之首。"传统士人不同于农、工、商之处在于，他们以研习儒家学说为己任，以传播知识为专职。人们按照知识精英的标准来看待他，他也以知识精英的标准来要求自己，自觉主动地承担作为一个知识精英所应该承担的社会责任。在乡村社会，塾师除了教学工作之外，还承担了乡村社会中几乎所有和知识有关的工作。比如，为别人的孩子起名命字，为人撰写墓表、墓志铭，逢年过节为别人拟撰并书写对联，帮助本族乃至其他宗族编修家谱，甚至观天文、查地理，为亲邻占卜吉凶、推算人生命理、看相、堪舆，等等。"村塾师儒，受人顾问最繁多的应用文，则为书信之撰写及指导。"乡村社会中与文化知识相关的活动中，只有拟定土地房产买卖契约，和为他人代写诉讼文牒，因为事关利益，与律法勾连，容易导致争执，产生是非，为洁身自爱、为村民道德楷模的塾师所不屑为，而有专门的"讼棍"从事和经纪代劳。

在传统社会，道德是传统知识体系的核心内容。一个拥有知识的人，理所当然地被别人和他自己认为有比别人更好的道德。所以，乡民不仅把塾师当作知识精英，而且也当作道德师表来看待。塾师自己也以此来要求自己，除了谨学慎行、严肃自律、循规蹈矩、躬自践履之外，塾师还教导乡民，调解纠纷，劝善规过，落实儒家礼仪，维系社会风习。如果说"村塾所在，即为一方儒学中权、道德推动据点"的话，那么，塾师便是其中的关键。所谓"学校为观摩之地，绅士乃教化所先。惟闭户潜修，立品敦行，庶可表率四民，仪型乡里"。

由于具有知识精英和道德师表的双重身份，塾师虽然久居乡村，蔽塞固陋，甚至贫寒困顿，但"乡邦群黎依信仰望，已崇若嵩岳，戴为一方文宗，奉为当代圣贤"，在乡村社会中享有极高的威望。江苏华亭顾氏家族规定："师既择延品行高超，又欲其悉依课程，而善教族众，经帐皆当格外尊敬，毋稍亵慢。开解馆日，族长须到塾迎送，不可怠忽。"

村中谁家有客来访，也往往请塾师作陪。

台湾学者王尔敏先生在《儒学世俗化及其对于民间风教之浸濡》一文中认为，维护、传承孔孟之道和中国传统文化的，除了那些博学鸿儒之外，还有数量极大、各式各样的乡村塾师儒生。他们"终生抱器守道，践履儒家教义礼法，谨持勿失，而于民俗风教时时导引，并具有深远影响"。民间的风教由这些人实施，乡村的秩序靠他们维持。他们教授蒙童，熏陶宗亲，化及乡民，既是一个村落中的知识精英，也是一方道德秩序的看护人，是"乡曲之导师，地方之柱石，一方文教重镇"。他们对世人特别是乡村百姓的影响，丝毫不亚于那些大圣大贤。所以，在王尔敏先生看来，中国传统文化在近代以来的花果飘零，"不在于圣人不出、硕学鸿儒之稀见，而在于村里师儒早已绝迹于天壤之间。村夫子绝迹，乃真正儒学命尽运绝之时"。塾师作为一个社会阶层在近代中国社会中的消失，是传统文化传承过程中遭遇的最大戕害。

原载《中国教师》2016 年 3 月上半月刊

二、 中国文化的尊师传统

(一)尊师的思想观念

中国古代社会有着尊师的传统，但这一传统并不始于孔子。作为教师"祖师爷"的孔子，他没有"倡导"人们尊师，而是孜孜矻矻像他一再所说的那样，以身作则，以己示范，学而不厌，诲人不倦，热爱学生，无私无隐。孔子的所作所为，无愧于"万世师表"的尊号，他高尚的人格、好学的精神、博通的学识，不仅赢得了学生的敬佩和爱戴，而且赢得了全社会和后世的尊重和礼敬。

战国末期的荀子，对教师的地位和作用率先做了集中地论述。他将

"师"与天、地、君、亲并列，第一次完整地提出了"天地君亲师"的序列。在他看来，天地是生存的根本，祖先是种族的根本，君师是政治的根本。缺少了这三者之一，就不会有社会的秩序、人民的安宁，更谈不上生活的幸福。所以，礼仪就是用来敬祀天地、尊重祖先、推崇君师的，是用来树立它们在人们心目中的神圣感和权威的。

高度尊崇礼法的荀子，认为教师是礼法的守望者。在他看来，教师是用来正确阐明、校正礼法的，没有教师，世人就不懂得礼法。无视教师，刚愎自用，就好像让盲人来辨别颜色、让聋人来分辨声音，除了胡说妄为之外，是不会有什么好结果的。学习就是要学习礼法，但如果没有师教，不懂得礼法，即便有其他能力，也只能是偏离正道，流于匪辟。所以，人要是没有教师、不懂法度，如果有智慧，就一定会偷窃；如果勇敢，就一定会抢劫；如果有才能，就一定会作乱；如果明察，就一定会多奇谈怪论；如果善辩，就一定会大言欺诈。相反，人要是有了教师、懂了法度，如果有智慧，就会通达事理；如果勇敢，就会变得威武；如果有才能，就会成功；如果明察，就能理解一切；如果善辩，就能论断是非。所以有教师、在教师的引导下懂法度，是人立身处世的法宝；没有教师、不懂法度，就必然招致灾难和祸害。

正因为教师在一个人的成长过程中、在社会生活中具有这般重要的地位，所以在荀子看来，是否尊重教师，是一个国家兴盛衰败的晴雨表。"国将兴，心贵师而重傅。""国将衰，必贱师而轻傅。"国家将要兴盛的时候，一定尊敬教师；尊敬教师，法度就能保持。国家将要衰微的时候，一定鄙视教师；鄙视教师，人就会有放肆之心；人有了放肆之心，法度就会破坏。

先秦诸子在很多重大的问题上观点冲突，相互争鸣，但在尊师这个问题上，却难得的一致。道家的《道德经》说："不贵其师，不爱其资，虽智大迷。"墨家的《墨子》也说："夫为弟子，后生其师，必修其言，法其行。力不足，知弗及而后已。"法家的《管子》中，收录有《弟子职》一篇，详细地规定了学生对教师各方面恭敬的态度和服侍的礼仪。杂家的《吕氏春秋》，有专门的《尊师》一章，强调"疾学在于尊师。师尊则言信矣，道论矣"。无论是什么人，无论是富贵还是贫贱，尊师都是义务，是使命，即使贵为天子也不例外。"说义必称师以论道，听从必尽力以光明。听从不尽力，命之曰背；说义不称师，命之曰叛。背叛之人，贤主弗内之于朝，君子不与交友。"《吕氏春秋》不仅说明了尊师的必要，而且指出了尊师的具体方法，即"生则谨养"，"死则敬祭"，"此所以尊师也"。除了对教师讲礼貌、生活上细心照顾和周到地服侍之外，学生能够勤奋学习，刻苦钻研，虚心求教，就是对教师最大的尊敬。

先秦以降，历代歌颂教师、倡导尊师的格言名论不乏。如扬雄的"务学不如务求师"、王符的"人不可以不就师"、葛洪的"明师之恩，诚为过于天地，重于父母多矣"、《太公家教》的"弟子事师，敬同于父。习其道术，学其言语……忠臣无境外之交，弟子有束脩之好……一日为师，终身为父"、李觏的"善之本在教，教之本在师"、王卓的"人冀子孙贤，而不敬其师，犹欲养身而反损其衣食也"等，都足以令人警醒，懂得教师的可贵和可敬。

(二)尊师的祭祀礼仪

"天地君亲师"是中国传统社会崇奉和祭祀的对象，表现了中国人对于穹苍、大地的感恩，对于国家、社稷的敬重，对于父母、师恩的深情；表现了中国人敬天法地、孝亲顺长、忠君爱国、尊师重教的价值取向。它既是无形的精神信仰，也是有形的具有象征意义的符号。旧时在我国民间，民居厅堂正中壁上或神龛上，往往在黑色木牌上用金字漆书或用大幅红纸写有这五个字，也有的装裱成卷轴悬挂。有的还在香火牌位或条幅两旁，挂上一副"天高地厚君恩重，祖德宗功师范长"的对联，说明尊崇"天地君亲师"的必要，以引起人们的敬畏。

学者们一般把"天地君亲师"的起源，追溯到战国时期的《荀子》。实际上，在一般认为成书于春秋时期的《国语》中，这样的说法即已显露端倪。《国语·晋语》中说："民生于三，事之如一。父生之，师教之，君食之。非父不生，非食不长，非教不知生之族也，故壹事之。"这里只提到了君、父、师，而没有涉及天和地。注重天人关系、提出要"明于天人之分"的荀子，在此基础上又加上了天和地，形成了"天地君亲师"的完整要素。

对"天地君亲师"的尊崇，在西汉时期已经非常普遍，并得到了知识界的广泛认同。成书于东汉的《太平经》更进一步，不只是分别说明天、地、君、亲、师的重要，而且将这五者并列在一起，最早将"天地君父师"五个字整齐地排序，构成了后世敬奉的"天地君亲师"牌位的雏形。

明末刘宗周在《人谱类记》中说："王文康公父训诲童蒙，必尽心力，脩脯不计。每与同辈论师道曰：'天地君亲师五者并列，师位何等尊重？后生以师事我，则终身成败荣辱，俱我任之。若不尽心竭力，误人子弟，与庸医杀人等罪。'"这里的王文康公，即寇准的女婿、宋仁宗时的宰相、枢密使王曙。这也就是说，早在北宋初年，"天地君亲师"的并列排序就已经出现了。

"天地君亲师"在社会上广为流传开来，成为人们祭祀的对象，应该是在明朝中后期。在明末清初时期，"天地君亲师五字为里巷常谈"，在民间已经十分风行了。清朝初年的石成金在《传家宝》中这样叮咛人们："天地君亲师此五件，世上都该感激，都该设牌位早晚焚香叩谢。切不可懈怠，做个忘恩负义的人。"

在"天地君亲师"的序列中，"师"的地位最为微妙，它不仅忝列末席，而且经常受到人们尤其是文人学者有意无意地冷落。雍正皇帝即位后，发布上谕说："五伦为百行之本，天地君亲师人所宜重。而天地君亲之义，又赖师教以明。"雍正皇帝的这道上谕，以帝王之尊和国家的权威，第一次明确立了"天地君亲师"的尊崇地位；针对这一序列中原本最薄弱的一个环节，对"师"的作用和意义作了新的诠释，从而为"师"在这一香火牌位上与"天地君亲"并列齐观，提供了理论依据和合法性。从此以后，在民间祭祀"天地君亲师"的风气非常兴盛，乃至出现了"俗以天地君亲师合祀，比户皆然"的情形。对师的尊崇，这时可以说达到了极致。

辛亥革命之后，皇帝被废除了，社会上不再有"君"，民间便用"国"取代了"君"，并以"天地造化我，国家护卫我，亲人养育我，教师教导我"为由，在变化了的时代依然信奉传统的价值体系。一些新儒家的代表人物如蔡仁厚先生认为，国家是一个政治组织，不宜作为敬祀的对象，而"天地是宇宙生命的本始，祖先是个体生命的本始，圣贤是文化生命的本始"，所以代之以"圣"。他在自己家里，安置了"天地圣亲师"的神位，并撰写了一副"天生地养，盛德广大；圣道师教，亲恩绵长"的联语，再摆上一个小香炉和一对烛台，以便朔望节日上香行礼。通过这种方式，来践行儒家"祭天地、祭祖先、祭圣贤"的"三祭"之礼，满足自己内在生命"报本返始"的要求。

全社会都祭祀天地君亲师，学校对师的祭祀崇奉就更加严谨。中国古代的各级官学，从唐代起，都建有祭祀孔子的孔庙，或者称夫子庙、宣尼庙、宣圣庙、圣庙、文宣王庙、宣王庙、至圣庙等。从府州县学到国子监，因学修庙，即庙建学，学庙合一，或者左庙右学，或者前庙后学，学校因此被称为庙学。读孔子的书，感戴孔子，通过祭祀向他表示礼敬，是古代官学普遍的做法，而具体做法就是释奠和释菜。

所谓的释奠，是指将爵放置在神前祭祀，用以表达对先师的崇敬和追思。根据《礼记·文王世子》的说法，释奠是学校在春季对先师的祭祀，秋冬时期也往往举行。新建立一所学校，用释奠礼祭祀"先圣"和"先师"是必不可少的。这里先圣是指周公，先师是指孔子。汉魏时期，一般是合祭周、孔。唐太宗时，房玄龄等提出，周公固然是圣人，但学校应该祭祀孔子。这一提议得到唐太宗的首肯，于是释奠礼成为专门祭祀孔子的典礼。每年春秋两季，各府、县的主要官员，都要到文庙行释奠礼。释奠是一种颇为盛大的典礼，要有币帛，要有乐舞。只有当国家有重大变故的时候，举行释奠礼才不用乐舞。

释菜也是学校举行的一种礼敬先师的典礼。古人初入学时，要行释菜礼；经过考试，有机会进入府州县学学习，成为生员，也就是俗称的秀才，也要到文庙行释菜礼。学校校址迁移、新学年开学等，也往往举行此礼。释菜不用牲劳币帛，是一种较为简便易行的礼仪。清朝时，释菜仅具菜、枣、栗三种祭品，各置豆内，祭祀时上香献爵。有时为了以示郑重，行礼时也诵读祭文。

释奠和释菜，最初都是用来对孔子表示礼敬的，由于孔子与教师的密切关系，后来逐步演变为对教师表示礼敬的方式。释奠和释菜都属于祭礼的一种，但它既不是用来祭祀掌握人生祸福命运的自然神，也不是用来祭祀与自己有血缘亲密关系的祖先，而是表达对知识的尊重，对教师的礼敬，对"先师"孔子的追思。

（三）尊师的民风习俗

如果说，尊师的思想观念和祭祀礼仪，还只是对于营造全社会尊师的氛围有利的话，那么，传统的民风民俗，则将尊师切实落实在了日常生活中。

古代入学礼的一个环节，就是要举行拜师的仪式。第一次到私塾进学从师，贽见礼是必不可少的，一些地方俗称"拜见"。所谓"子弟入塾，例必具贽见之仪"，学童第一天入塾，按传统习俗，先向孔子神位跪下磕头，后跪拜塾师，并献上"贽敬"。用作"贽敬"的，有的是银钱，有的则是各式各样的礼物。如南方一些地区，是所谓的六礼，即寓意勤奋好学的芹菜、苦心教育的莲子、红运高照的红豆、早早高中的红枣、功德圆满的桂圆和表达弟子心意的干瘦肉条。

无论是私塾还是家塾，在每年特定的节令，或者一学年开始或结束，或者学塾开办或关闭的时候，东家往往会向塾师致送银钱或礼物，以表示对塾师的礼敬，这就是所谓的"节敬"。节令的确定，主要依照我国传统的节日，但各时代或地区也有差别。有的是清明、夏至、端午、七月望、中秋、十月朔、冬至七节，有的是清明、端节、七夕和重阳四节，更多最重视的是三节两寿。"三节"是指端午节、中秋节、年节，"两寿"则是指孔子诞辰日和塾师生日。义塾的束脩，通常由义塾的创办者统一备办，但遇到节令，则随各家情形，不作具体规定，所谓"若节间酒果之仪，或有或无，各随其便"。有的义学规定，遇到节令或先生生日，学生要向先生揖拜，以示礼敬。

有必要特别说说冬至。在中国众多的传统节日中，冬至是一个颇为重要的节日。冬至之后，白天渐长，古人认为是阳气初动，所以把这天看作是一阳之首。古代这时是一学年的结束，如果东家和塾师没有续约明年，这时便是两人关系的结束之日。也有不少塾师和东家在这天续约，在过剩的师资资源和相对短缺的教师职位发生矛盾时，给教师以承诺、让其来年的生计有着落，这显然是一份大礼。

在我国北方地区，往往在冬至这一天，向教师表示礼敬。或者说，在冬至日，向教师表示礼敬，是这一节日的重要内容。这一天，北方很多地区，要像孔子生日那样，举行释菜，教师带领学生向孔子像行礼。奠献结束后，弟子要拜谢先生，最后是同学之间互拜。这称之为拜冬。冬至的庆贺，更多的是酒肉吃喝，也就是所谓的"同学醵资宴师，停读数日，以为娱乐""冬至，塾中祀先师毕，设酒席敬先生。合邑皆然""生徒诣馆师叩贺，作酒馔邀宴""冬至日，名小年节，祀始祖。学校祭先师，生徒皆向师叩贺，馆东邀师宴"。有一些地区，这天也被称之为豆腐节，有的地方则以吃馄饨为主。在旧时各种资源尤其是生活资源极其匮乏的情势下，这天吃肉喝酒，改善教师的饮食，无疑是对教师表达谢意的一种良好方式，也是对教师工作的肯定和激励。

（四）尊师的缘由理据

古人之所以尊师，而且代代相传，形成传统，首先是对教师职业的尊重。一个家族要子孙后代永远保持并发扬光大已有的家财产业和社会地位，实现保家亢宗，关键是人才。而教育是培养、培植人才的唯一途径。所以，很多家训中，都有《劝力学》的篇章："子弟不可不学，不学则无以知礼义，非礼则无以保家门。岂独是哉，人能知学，贱者可使之贵，苟不知学，贵者反为之贱矣。是以学之于人，其利甚溥。穷则独善其身，达则兼善天下。举天下之业，皆无及也。"接受教育、为学读书被看作是知礼的关键所在，被看作是保家门的关键所在，被看作是天底下最崇高的事业。所以，"光宗耀祖，端赖读书"。

而为学和读书离不开教师。古人有这样一种观念，即教师对于一个人赖以安身立命和处世的才、德有造就培育之功。一个人在成长过程中，离不开教师的教导和栽培。"人之子弟，所藉以承先启后，关系甚大。"因此，教师的工作就不再是一桩简单的事情，而是事关他人前途和家族命运的神圣事业。所以，教师的教养与父母的生养，具有同等的意义。学生对教师自称弟子，教师被弟子称为"师父"，社会上流传着"德业之师，以父道事之"，"师徒如父子"，甚至"一日为师，终身为父"的说法，就肇端于此。

其次是对教师德业的尊重。教师从事的是传授知识的工作，一个基本的条件是要有一定的学识。一个"授经且句读不明，问难则汗颜莫对"的人，是难以胜任教师职位的。此外，教师还必须以身作则，以己示范，养成学生良好的行为习惯，学会做人之道。这样的教学目标，决定教师既要为人师，也要做经师，教书与育人的双重使命不可或缺。既要"行谊谨厚""立品端正""品行端方""敦品励行"，也要"才华擅长""经书熟习""学问通彻""文义通晓"，总结为一点，就是要"经明行修""品端学粹""品学并称""文行并美"，或者说"学为人师，行为世范"。

因此，一个合格的教师，首先必须是学生乃至世人行事的榜样，视听言动的模范。"师，所以模范人伦者也。""盖师所以模范学者，使之成器，因其材力，各俾造就。"师模或师范的意义，就在于他直接影响了学生，甚至铸就了学生。"为师者，弟子之所效法。其师方正严毅，则子弟必多谨伤；其师轻扬佻达，则子弟必多狂诞。"教师只有自己具有了良好的品格和风范，才有可能把学生塑造成"圣贤的坯璞"，完成教育的使命。

教师作为古代乡村的知识分子，他是当地的知识精英。人们按照知识精英的标准来看待他，他也以知识精英的标准来要求自己，自觉主动地承担作为一个知识精英所应该承担的社会责任。在乡村社会，教师除了教学工作之外，还承担了几乎所有和知识有关的社会工作。

在儒家文化中，知识和道德之间有着难以离析的关系，传统的学问往往具有极为厚重的伦理色彩。在这种情形下，一般说来，"学优者德厚，学浅者德薄"。所以，乡民不仅把教师当作知识精英，而且也当作道德师表来看待，很多教师自己也按照道德师表来要求自己。正像台湾学者王尔敏先生所说，除了自己谨学慎行、严肃自律、循规蹈矩、躬自践履之外，很多教师还教导乡民，劝善规过，落实儒家礼仪，维系社会风习。他们既是一个村落中的知识精英，也是一方道德秩序的看护人，是"乡曲之导师，地方之柱石，一方文教重镇"。如果说"村塾所在，即为一方儒学中权、道德推动据点"，那么，塾师便是其中的关键。所谓

"学校为观摩之地，绅士乃教化所先。惟闭户潜修，立品敦行，庶可表率四民，仪型乡里"。

由于具有知识精英和道德师表的双重身份，塾师虽然久居乡村，生平行迹，可能不出四五家烟村，甚至贫寒困顿，吃了上顿没有下顿，但"乡邦群黎依信仰望，已崇若嵩岳，戴为一方文宗，奉为当代圣贤"，在乡村社会中享有极高的威望。

最后，是对教师所代表的"道"的尊重。自唐代韩愈的《师说》之后，"传道、授业、解惑"就成了教师的职责所在。人们对授业、解惑的认识较为一致，这就是授知识之业、为学之方，解偏弊之惑、不解之疑。但传的是什么道呢？有人解说是为人之道，也就是做人的道理，或者说，传道就是要教人懂得怎样才算是一个品德高尚的人，教人懂得并自觉努力成为一个品德高尚的人。在我们看来，传道当然包括了做人之道，但绝不仅限于做人之道，它有比做人之道更加深广的意蕴和丰厚的内涵。

《性理字训》中，有两次解说"道"。在《造化第一》中说："形而上者，无声无臭，是之谓道。"相对于"有方有体"、形而下的"器"而言，"道"看不见、摸不着，这说的是"道"的特质，而不是"道"的内容。在《情性第二》中，这样解说"道"："人伦事物，当然之理，公平广大，人所共由，是之谓道；道之界辨，精密有条，各止其所，确然不易，是之谓理；道得于心，蕴而不失，是之谓德；道著于事，积而有成，是之谓业。"这里，"道"与理、德、业并举，可见它不局限于"道德"一途。有鉴于此，我们认为，韩愈所谓的道，既包括尧、舜、禹、汤、文、武、周公、孔子的思想学说，又指他们递相传承的脉络和系统本身。综合而来，所谓的道就是儒家之道，就是儒家的传统，或者说，就是我们民族的根和魂，就是我们的传统文化。所谓的传道，就是人们常说的"为天地立心，为生民立命，为往圣继绝学，为万世开太平"。

在传统文化的传承过程中，教师起着极其关键的作用。《学记》说，"建国君民，教学为先"，"化民成俗，其必由学"。强调建立国家、治理百姓，要把教育放在优先的地位，在教化民众、移风易俗上下功夫。这也就是说，治国理政也一定要通过教育的途径，采用教育的方法。而教学的实施者是教师，教育工作需要教师来实现。"凡学之道，严师为难。

师严然后道尊，道尊然后民知敬学。"只有教师被尊重，教师所承载的"道"才会被尊重；只有"道"被尊重，世人才会敬学向学。"尊师"往往和"重教""重道"关联，组成尊师重教或尊师重道的句式，原因即在于此。

尊师的传统，是中华民族的优良传统。一方面，尊师是重学、重道的表现，只有在重教的社会风气中，在重道的文化氛围里，"教"的实施者和"道"的守护者的价值才能凸显，才能赢得世人的理解和敬重。另一方面，尊师也使得我们的民族更加笃信教育，相信教育能够改变命运，读书能够优化素质，提升境界，这进一步促进了全社会的向学之风；尊师也强化了整个民族对自己文化的认同，并满怀温情和敬意，自觉地守护和弘扬。

当然，我们也不必忌讳，而且必须指出，尊师的片面化和极端化，也对我们民族及其文化具有负面影响。比如，在尊师的旗帜下，强调对家法的继承，对师法的恪守，不许学生自出机杼，限制标新立异，更严厉禁绝大逆不道的另立门户。这些都一定程度上束缚了后人独立之精神，自由之思想，对民族文化的创新和发展，起了一定的阻滞作用。

原载《人民政协报》2017 年 9 月 11 日

三、 中国传统师道

无论是在历史文献中，还是在现代语境下，"师道"都是一个有着多重含义的概念。但核心内容有两点，一是为师之道，二是指教师的地位、作用以及尊师的风尚。我们曾有专文谈论"中国文化的尊师传统"，教师的地位和作用可以另行撰述，这里，仅就前一个意思即为师之道来谈"师道"：在中国传统社会，一个合格的教师，应该具有怎样的特质，或者说，传统文化对于一位教师有着怎样的期待和要求。

中国传统文化高度尊重教师，礼敬教师，与这种尊崇相适应，全社会普遍对教师有着极高的期待，对教师有着很高的要求，其中最主要的是希望和要求一个教师德行美好、学识丰博、尽心敬业、善教有方。

(一)德行美好

中国传统文化的一个重要特点，就是以人为出发点和根本来观察思考问题。北京大学的楼宇烈先生在《中国文化的根本精神》一书中，把这种强调人的主体性、独立性和能动性的文化，描述为"上薄拜神教""下防拜物教"，并称之为中国文化的人本思想和人文精神。在排除了人的命运为天神所主宰、为外物所役使之后，决定人的命运的根本因素，就是自己的德行。这也就是周人在总结商亡周兴的历史教训时所说的"皇天无亲，惟德是辅"，就是明朝袁黄在教给自己儿子的《立命之学》中所说的"命由我作，福自己求"。中国传统文化没有在"是否应该相信命运"这样的问题上用力，而是强调应该正确地看待命运，强调修身养心、积善行德和人的命运之间有着内在的、直接的关系：一个人在自己生命历程中，只要持续地改过迁善、立善行德，就能够趋吉避凶，有余庆而无余殃，从而把握自己的命运。《左传》说："德，国家之基也。"一个人是如此，一个王朝、一个政权也是这样。

基于这样的理念，传统文化就由以人为本，自然地迁转到了以"德"为本。《左传》说"弃德崇奸，祸之大者也"，《老子》说"重积德，则无不克"，《论语》说"德之不修，学之不讲，闻义不能徙，不善不能改，是吾忧也"，《礼记》说"富润屋，德润身""去谗远色，贱货而贵德"，《新语》说"积德之家，必无灾殃"，《论衡》说"德不优者，不能怀远；才不大者，不能博见"，《汉书》说"亡德而富贵，谓之不幸"，《后汉书》说"不患位之不尊，而患德之不崇"，《三国志》说"惟贤惟德，能服于人""士有百行，以德为首"，《资治通鉴》说"才者，德之资也；德者，才之帅也""德胜才谓之君子，才胜德谓之小人"等等，众口一词，都说明了"德"的重要。以"德"为本，就要敬德，崇德，黾勉行德，积善累德。周人甚至提出要"疾敬德"，也就是要调动自己的全部潜能、利用一切可能的资源、急切紧迫地向德趋赴，争分夺秒、夜以继日地朝德迈进，快速提升自己的德性和德行。教育教学、读书学习，就更是要以立德树人为目标。对于学生而言，读书学习的目的，就是要变化气质，涵养性情，学会做人之道，明白事理，懂得如何为人处事。

另一方面，教师的职业特点也决定了教师德性的重要。《玉篇·巾部》有"师，范也，教人以道者之称也"的说法。西汉学者扬雄在《法言·学行》中指出："师者，人之模范也。"明太祖朱元璋也说："盖师所以模范学者，使之成器，因其才力，各俾造就。"形端才能影正。铸模造范，必须端正规整，不差毫厘，否则，由此模子范式中生产的产品，就会无一例外地存在瑕疵。正如石成金在《传家宝初集》卷之二《师范》第十中所说的那样："为师者，弟子之所效法。其师方正严毅，则子弟必多谨饬；其师轻扬佻达，则子弟必多狂诞。是以文人才士，虽不必过于迂腐，但俨然为人师范，举动间亦须稍自检束，令子弟有所敬惮。"一个合格的老师，必须是学生行事的榜样，视听言动的模范。教师只有具有了良好的品格和风范，才有可能把学生塑造成"圣贤的坯璞"。

古今中外的教育家都意识到了教师的榜样作用，都强调身教重于言教。教师的以身作则、以己示范，是比给学生一大堆规则、反复进行道德说教更为有效的教育。尤其是中国传统的教育环境，通常都规模较小，人数较少，师生朝夕相处，相互熟识，共同建立起了人文教育所必需的亲密氛围。在这样的氛围中，教师的品质、人格、习惯和处世态度，就会时刻对学生产生潜移默化的熏陶。正如宋朝人俞文豹在《吹剑录》中所说的那样："所谓师弟子者，皆相与而终身焉。难疑答问之外，则熏陶其气质，矫揉其性情，辅成其材品。如良工之揉曲木，巧冶之铸顽金，蜾蠃之咒螟蛉。使物物皆曲成，人人皆类我，而后为无歉。吾夫子之陶铸七十子，盖如是也。"

由于教师不仅肩负"授业解惑"的传习使命，而且怀负"时而化之，德而成之，材而达之"的教化责任，所以，中国古代无论是官学还是私学，也无论是学塾还是书院，都非常注重教师的德性和德行。在选择各级教师时，把这点放在首要的位置。清代的李淦在《燕翼篇》中叮咛家人："既谓之师，必其范足以为楷模而后可。故当择其文行兼优者为上，文优而大德不逾闲者次之。若品行有亏之人，虽文才出众，教法超群，不敢请也。"即便学识丰博、高明善化之人，如果德性有瑕疵，德行不检点，那人们也不敢请，最终不会会请。很多家族在选择塾师时，都有这样的要求。

为了确保教师的品质，古人设置了很多的门槛，提出了各式各样的具体条件。魏校在督学广东时规定："教读不许罢闲吏员及吏员出身之官，或生员因行止有亏黜退者，丁忧者及有文无行、教唆险恶之徒。下至道士、师巫、邪术人等，宜先自退避。"明确规定了罢闲吏员、黜退生员、有文无行之徒、道士邪术之人等不能担任教师。他同时还规定，一旦发现有人"隐情冒教"，一定要查究革除。明末清初的冯班，强调延师时要远离市井浮薄之人，"得淳厚有家风者为上，其次则自好喜读书者"。《粤东议设启蒙义塾规则》高度注重塾师的选择，认为只有"人品端方，学问通彻，不嗜烟赌，而又不作辍、不惮烦、勤于讲习者，方足以当此任"。有一些地方官和家族甚至规定，塾师不能选择轻佻、放浪、浮躁的年轻人，而必须是四十岁以上的、齿德俱尊的老成之人；不能选择品行难以访问、为人不易了解的外地人，而有必要选择非亲即邻、相处已久、道德品行已有公论的本地人。

(二)学识丰博

教师的职责不止于"授业解惑"，但也包括了"授业解惑"。教师的职业特点决定了没有好的品行不行，但只有好的品行而没有一定的学识更不行。可以想象得到，一个教师如果没有起码的学识，教学活动根本就无法开展。所以，古人在强调一个教师要"行谊谨厚"时，也要"文义通晓"；在突出"立品端正""品行端方""敦品励行"的同时，也指出"才华擅长""经书熟习""学问通彻"的绝对必要；在说明教师必须"以身率人，正心术，修孝弟，重廉耻，崇礼节，整威仪，以立教人之本"的同时，也强调要"守教法，正学业，分句读，明训解，考功课，以尽教人之事"。归结到一点，就是要经明行修、品端学粹、品学并称、文行俱美，或者说是行为世范、学为人师。

在论及师道时，古人时常感叹师道的逐渐式微。在清中期的陆以湉看来，在人们津津乐道的夏商周三代，最重视的是道德；而两汉时期，人们重视的是经术；唐宋时期，重视的是辞章；而明清时期，更降而为举业。"有志世教"的他"思所以救之"，但这并不意味着他认为经术、辞章和举业就百无是处，无益可废。实际上，在他的著述《冷庐杂识》中，就有诸多夸赞教师指画有方、让学生一举高中的事例。他不过是在感慨师道的日益狭隘，越来越偏枯，越来越不丰盈，走上了"自广衢趋于狭径，弃磊落而注虫鱼"的道路。问题出在本末倒置，轻重失次，而不是要从根本上否弃经术、辞章和举业。

明朝学者冯时可在《雨航杂录》中，打过这样的一个比喻："节义"好比读书人的"门墙"，"德行"好比读书人的"栋宇"，"心地"好比读书人的"基址"；而"文章"好比读书人的"冠冕"，"学问"好比读书人的"器具"，"才术"好比读书人的"僮隶"。诚然，基址不坚，栋宇不固，门墙不稳，难有大厦的巍然挺立，但没有冠冕、器具乃至僮隶的装饰，也不成华屋，难以称之为美轮美奂。进而言之，没有一定的知识和学养作基础，就难保德行不偏离正道，不流于表浅。《论语·阳货》中所谓的"好仁不好学，其蔽也愚；好知不好学，其蔽也荡；好信不好学，其蔽也贼；好直不好学，其蔽也绞；好勇不好学，其蔽也乱；好刚不好学，其蔽也狂"，说的正是这个意思。离开了学的滋养，任何德性都会枯涩。只有具备一定的学识，才有可能知道什么是真正的德性和德行，把问题看得深刻，对道理理解得透彻，才能有效地克服行为的盲目性和偶然性。所以，学识既以德行为依归，又是德性的保证。

对于一个教师来说，拥有丰博的学识，本身就是一种美德，所谓"博学而笃志，切问而近思，仁在其中矣"。作为教师"祖师爷"的孔子，他好学的精神、丰博的学识和以身作则、以己示范、热爱学生、诲人不倦的师德，共同构筑了"万世师表"的风范。他号召人们"博学于文"，认为只有和学问广博、见识丰富的人做朋友才有意义。他鄙薄饱食终日的懒惰，蔑视无所用心的自满，谦称有德性比他好的人，自信没有比他更好学的人。他忘情于学，以至于"发愤忘食，乐以忘忧"，甚至"不知老之将至"。他学而不厌，老而弥笃，一部《周易》，就被他读得"韦编三绝"。他不以"生而知之"自居，不以"不学自知，不问自晓"自诩，本着学无常师、"三人行，必有我师"的态度，一以贯之地"每事问"，随时随地不耻下问，以开放的心态增益自己的知识，扩充自己的眼界。正是因为这样以学为志业，好学乐学，他不仅通晓并有能力整理《诗》《书》《礼》《乐》《易》《春秋》等文化典籍，而且多识鸟兽草木之名。面对博学多通的孔子，人们一方面由衷地感佩，称颂"大哉孔子！博学而无所成名"，另一方面把他当作一部百科全书而请益问疑。汉代的扬雄在《法言》中直接说："圣人之于天下，耻一物之不知。"

实际上，一个"授经且句读不明，问难则汗颜莫对"的胸无点墨之人，往往会沦为人们的笑柄。《笑林广记》等民间笑话书中，记载了大量这样的故事。比如，把《论语》中的"郁郁乎文哉"念成"都都平丈我"的念白字；把《大学章句序》的开篇句"大学之书，古之大学所以教人之法也"，读为"大学之，书古之，大学所以教人之"的读破句；把《百家姓》的开篇句，解释为"不过姓李的小猢狲，有了几个臭铜钱，一时就精赵起来"的臆测杜撰、强作解人。这样的嘲讽，从另一个方面也说明了丰博的知识对于教师的重要。古人不仅有人师、经师之分，还有硕师、庸师之别。硕师和庸师最大的不同，就在于硕师有抱负，有学识，合则留，不合则去，不丧失原则，不迁就东家；庸师最大的特点是没有学问，只得不顾师道，佞谀谄媚，以固栖身，以图馆谷，以获束脩。

(三)尽心敬业

教师从事的教育工作，是一桩良心活。姑且不说我国古代课程观念极弱，一年、一天上多少时间的课，一部书用多少时间学完，几乎完全由教师自行决定；即便是在同一单位时间内，教师也有用心和不用心、以及用心到什么程度的区别。所以，教师的工作量无法精确测算，教学质量也难以准确考核，教学效果更是要多年乃至几十年后才显现出来。教师工作效益隐性而不是显性、长期而不是即时的工作特点，也就要求教师除了具备高尚的道德、渊博的学问之外，还要求有对自己工作的忠诚，对东家信任和托付的负责，对他人子弟前途乃至家族命运的郑重。这样的自律，这样的情怀，用古代的话来说是尽心，用现代术语来表述就是敬业。

　　敬业就是崇敬自己的职业，不苟且，不懈怠，以一种敬畏的态度、一种虔诚的心情对待自己的工作，忠于职守，把自己的职业和一种高远而神圣的目标联系在一起，以主人翁的责任感，全身心地忘我投入，努力做好分内的事情。教育的对象，被寄予了读书明理、延续家业的使命，肩负着通过读书来改变家族命运、光大门楣的重任。他们的身后，或许是寡母的"饮冰茹蘖，艰苦万端，举目无依，专望其子成立"；或许是"单传之子，累世宗祧关系一身，……其先代更无可属望之人"；或许是没有文化的父母，"苦不知学，辛勤拮据，令子从师，专心相托，望眼欲穿"。即使为了这些殷切的希望不至于落空，也有必要尽心加意，全力以赴；何况还有东家的礼待，子弟的崇敬，就使得这种冀望更加深切乃至沉重。诚如石成金在《新订训诲辑要》中所说："父母为子延师，竭力措办束脩，加意供奉饮馔，安心委付，即如托孤寄命的一般，日望其子明理醒事成人。子弟就拜门墙，尊称之曰先生，亲称之曰师傅，俯躬听受，即如投胎望生的一般，日求其师傅传道授业解惑。盖人家一代之兴替，全关子弟，而子弟终身之成败，系于师长。西席一位，并干天地君亲之列。其责任之重，为何如哉？"一个家庭的盛衰在子弟，而子弟的成败在教师。子弟秀良，则家道昌盛；教师失教，则子弟愚顽而家道衰败。一个教师，实在是一个家族"数世所依赖"。这样看来，教师的工作就不再是一桩简单的事情，而是事关他人前途命运的神圣事业。正是基于这样的意识，石成金在《传家宝》中，专列《师范》一章。其中既有《随时用功》，提醒塾师启蒙教育不是一件轻易的工作，不可一刻放松，对于童蒙"一切内外事体，都宜时加提拔，不是教伊句读识字，便足塞责"；更有专门的《时刻尽心》，告诫老师"督课必须严紧，讲贯必须透彻。文艺之外，必须一切人情世事、品行心术，俱当一一指示，令其朝夕熏习，庶有裨益。若喜其聪明，更不督责；恶其顽钝，便不鼓励；或作文不加评阅，或读书不立课程；悠悠忽忽，误人子弟，问心岂不缺然？至于旷馆闲荡，一曝十寒，其过不可不戒"。

　　尽心是师道的核心内容，也体现在教师生涯的全过程之中。如果别人延请之初，自己不愿意接受，或者自量才疏学浅，难当此任，就不应该贸然应允，而要勇毅地推辞。做了教师之后，如果和东家的教育理念严重冲突，那就不应该贪恋自己的职位，因循苟且，循人之私，阿谀主人，奉承学生，全然不尽为师的本分，而有必要从东家的长远利益出发，从子弟健康成长的大局着眼，做自己认为正确的事情，直道无隐，尽心无愧。为了获得脩金，不顾实情，轻率应承，草率应付，就是欺心。"不思受人之托，必当终人之事；不惟管束不严，且纵放以市恩；不惟督课不勤，更姑息而避怨。冒滥时名者，会文拜客之事多；经营俗务者，离家进馆之日少。即有株守者，勤于自课，懒于教人，存心苟同，涂饰是事，暮四朝三，一曝十寒。既鲜日进之功，焉有日计之效？"这种误人子弟的罪过，等同于图财害命。又由于它不只是害人身，而且害人心，不只是害一人，而且累及人家数代，这样不尽心的"欺心"，甚至是比害人一命更重的罪过。

教育是需要有爱心和热情的工作，是一项必须投注全部心力的事业。如果缺乏对于教育事业的敬重与热忱，缺乏对于教育对象的热爱和负责，以简单的完成任务、应付差事的心态从事这一工作，就是不称职、不合格的。教师受聘执教和设学施教，为了谋得馆谷，获取脩金，以仰事俯育，当然有其合理性。但教学不是单纯赚取束脩的手段，不是一项为了谋生而不得已的活动。古人一方面强调做东家的、为父兄的，不可吝惜学费，轻慢教师；另一方面也劝谕教师，"不可计较学贽，而阻人殷殷求教之心"。束脩的多少，主人礼遇的厚薄，不应该成为是否尽心的考量要素。真正的尽心，就是不计报酬的竭尽所能。即使遇到贫寒人家，不能筹办学贽，"亦宜体大道为公之心，竭力施教"。甚至有的子弟，根本没有随自己受学，从与人为善的角度出发，也有必要指导提携，曲为成就。作为教师，最不应该的就是因为贽薄而倦教；在自己的所得和自己的付出不匹配时，不尽心尽力。"既嫌贽薄，应不受人之请。既受人请，即当忠人之事。岂可草率为教，而误人子弟哉？"（石平士《童蒙急务》）可以选择推辞和婉谢，不做教师，但既然做了，就要尽一切可能做好。

(四)善教有方

教学是一门艺术，是一个教师性格气质和学识素养的集中体现。对于同样的教学内容，不同的教师有着完全不同的教学方法。在中国古代，没有统一的教学大纲和课程标准。教什么，由教师根据自己的认识和能力自主选择；怎么教，更是百花齐放，各不相同；如何教，不仅直接影响了学生能否产生学习的兴趣，从内在产生一种驱动，自我强迫地走进教育的过程之中，变"要我学"而为"我要学"，而且决定了教学效果的好坏，决定了教学目标的实现与否。所以，教师的善教和学生的乐学，有着直接的关联。"弟子称师之善教，曰如坐春风之中；学业感师之造成，曰仰沾时雨之化。"在论及一个人有所成就的因素时，旧时说得最多的是个人的天资聪颖，刻苦勤学，此外就是教师的训导有方，高明善化，让学生如坐春风之中，仰沾时雨之化。

善教有方因此成为教师的重要品质，师道的核心内容。一个称职的教师，不仅应该能教、可以教，而且必须会教、善于教。在古代，更换教师是一件大事，人们通常反对轻易更换，认为这不仅是对教师个人的不尊重，而且是对师道的亵渎和轻慢。但是，如果遇到实在不善教的教师，就连"木铎老人"余治这种极端保守的人，也主张辞退另请："延师一事，最宜审慎。倘不善教导，即应辞却另请。"而那些有学有识尤其是善教的老师，也就能够获得学生的好感，成为家长们争相迎致延请的对象。不仅如此，一些地方官员也深知教师的教法对于教学和学生的意义，很注意教师的"训读之方"。比如，叶镇在《作吏要言》中曾建议：地方官员在下乡经过学校时，"不妨到馆，先与馆师讲究训读之方，示以学徒应读之书。下次经过，复至馆查问奖劝。不徒知馆师学问教法，学徒内有资性可以上进者，亦可物色"。

在长期的教学实践活动中，广大教师总结出了许多行之有效的教学原则和方法。比如，在古代有关启蒙教育的文献中，除了蒙书即教材之外，流传最多的就是关于教育方法的文献。如宋代王日休的《训蒙法》，明代沈鲤的《义学约》、吕坤的《蒙养礼》和《社学要略》、佚名的《教子良规》，清代王筠的《教童子法》、陈芳生的《训蒙条例》、唐彪的《父师善诱法》、石平士的《童蒙急务》、陈惟彦的《幼学分年课程》、陈介祺的《授蒙浅语》、王廷鼎的《彪蒙语录》、锡山三素居士的《蒙筏》、方浏生的《蒙师箴言》、黄庆澄的《训蒙捷径》、计恬的《训蒙条要》等。其他如明代王守仁的《训蒙大意示教读刘伯颂等》，各种各样的义学章程、学塾规条，以及家谱中众多的塾规、塾铎等，也有很多相关的论述。

一个教师，如果能有效运用这些文献中所总结的原则和方法，就属于善教。这其中既有教育的一般原则，如以豫为先、及早施教，德教为主、蒙以养正，教之以事、培养习惯，宽严有节、宽猛相济，不动火性、不轻扑责，择一顽劣、惩一警众，多说恭敬、少说防禁等；也有教学的原则，如识字为先、目标单一，量资循序、少授专精，诵读为主、适当讲解，可法宜戒、引导践行等；还有具体的教学方法，如学习礼仪与习惯养成、讲说故事与日长月化、认字仿写与识字教育、诵读为主与记忆教育、作诗作对与写作教育、歌谣舞蹈与游戏放松等。这些原则和方法，贯穿在我国传统教育的各个环节和各个方面，既是传统教育教学经验的总结，也指导了千百年来我国的教育教学实践，可以说是中国传统教育的精华所在。作为古代教育珍贵的遗存，很多在现今的传统文化教育中，依然具有不朽的价值和旺盛的生命力。

原载《人民政协报》2018 年 9 月 10 日

 延伸阅读

国将兴，必贵师而重傅

"国将兴，必贵师而重傅"一句，语出《荀子·大略》。荀子指出，是否尊重教师，是一个国家盛衰的晴雨表。不仅如此，荀子还通过反面的说明，以突出正面的意义："国将衰，必贱师而轻傅；

贱师而轻傅则人有快，人有快则法度废。"国家在走向衰败时，必然会轻贱老师。老师被轻视，社会失去了约束力，人人放纵自己的情志欲望，法律就会成为具文。荀子这一说法的提出，既立足于丰厚的传统资源，又有他个人独具特色的诠释。

尊师在中国有着悠远的历史。最早在《国语·晋语》中，就将师与君、亲并列，看作是百姓万民的根本，倡导要将这三者同等对待。在《礼记·学记》中，则有"建国君民，教学为先""化民成俗，其必由学"的说法。而教学的主导是教师，教育工作需要教师来实现和完成。由教育的重要，进而强调要给予教师崇高的礼敬。

先秦诸子百家尽管在如何治疗社会乱象上开具的处方不同，但在尊师上则完全一致。道家的创始人老子说："不贵其师，不爱其资，虽智大迷。"墨家的创始人墨翟强调，弟子后生对于老师，应当"修其言，法其行，力不足，知弗及而后已"。在法家著作《管子》一书中，收录有《弟子职》，详细规定了学生对老师恭敬的态度和服侍的礼仪。杂家代表作《吕氏春秋》中，更有专门的《尊师》一章，认为无论是什么人，无论是富贵还是贫贱，尊师都是义务，是使命。

作为儒家代表人物的荀子，对先秦诸子尊师的思想做了集大成的阐释。他进一步将"师"与天、地、君、亲并列，最早提出了"天地君亲师"的序列："天地者，生之本也；先祖者，类之本也；君师者，治之本也。无天地，恶生？无先祖，恶出？无君师，恶治？"在他看来，天地是生存的根本，祖先是族类的根本，君师是政治的根本。没有天地、祖先和君师，就没有人的存在，没有天下的太平。礼仪的意义，在于它通过敬祀天地、尊崇祖先、推重君师，以树立它们在人们心目中的神圣感和权威性。

荀子高度尊崇礼法，认为老师是礼法的守望者，是社会秩序的看护人。他认为学习就是要学习懂得礼法，遵守礼法，而老师就是以身作则、以己示范的人，是礼法的代表者和体现者。

在荀子看来，如果没有师教，不懂得礼法，一个人即便有其他能力，也只能偏离正道，流于匪辟。如果有智慧，就会偷窃；如果勇敢，就会抢劫；如果有才能，就会作乱；如果明察，就多奇谈怪论；如果善辩，就会大言欺诈。相反，一个人要是有了老师，懂了法度，有了准则，知所行事，再具有智慧、勇敢、才能、明察和善辩，就会是另一番风景，成为社会的正能量。

"国将兴，必贵师而重傅"一语，精辟总结了中华民族尊师的思想渊源，也对此后中国社会尊师重教风习的形成，起了至关重要的推进作用。它既是我国古代社会尊师传统的提炼，也是鉴察历代政治得失的一个重要指数，今天依然是我们社会文明程度的风向标。

原载《光明日报》2015 年 9 月 10 日

人才有高下，知物由学

"人才有高下，知物由学"，语出王充的《论衡》。《论衡·实知》说："人才有高下，知物由学。学之乃知，不问不识。"在这句话中，"知物由学"是整句话的核心。"学之乃知，不问不识"可以看作是"知物由学"的具体阐释。而"人才有高下"是前提，是条件，是用来强调"知物由学"的。也就是说，无论生来如何，尽管他们性情有差异，才智有高下，能力有大小，但"知物由学"，别无他途。

这里，王充旗帜鲜明地主张"学知"，反对"生知"。在他看来，天地之间，根本就没有什么生而知之的人，后天的学习，才是获得知识的唯一途径。在这个问题上，即便是所谓的"圣人"也不例外。如果"圣人"是可以生而知之的，那孔子何必说自己"十有五而志于学"，而且"学而不厌"呢。"圣人"尚且不能"生而知之"，那无论是泛泛的"智能之士"，还是凡夫俗子，就更是"不学不成，不问不知"。由此，王充得出了"知物由学"的结论，即要想了解事物、知道事情、懂得事理，学习才是唯一的途径。

"知物由学"的提出，具有很强的针对性。它所针对的，正是兴起于西汉武帝时期、盛行于东汉时代的谶纬学说。在知识的来源问题上，谶纬神学主张生而知之，先知先觉，不学而知。《白虎通义》中就有这样的说法："圣人所以能独见前睹，与神通精者，盖皆天所生也。"当时普遍认为，圣人之所以是圣人，就在于他有独异于众的眼力和听力，能前知千年以前的事，后知万年以后的事。

王充坚决反对并彻底批判了这种观点。他犀利地指出："天地之间，含血之类，无性知者。"举凡天地之间，所有体内有血的动物，没有天生就知道的。即便是所谓的圣贤，也必须依靠耳听、眼看来弄清事情的真相。要想"不学自知，不问自晓"，遍览"古今行事"，是"未之有也"的事情。一个人能够预见到未来的事情，并不是因为他有过人的视力和听力，而是通过考察事情的征兆和迹象，根据事物内部的规律推论得来。"如无闻见，则无所状。"如果根本没有听说或看到过，那就不可能描摹出事物的形状。圣贤先知的奥秘在于，他们能暗中留心观察，而且默记于心。可见，"所谓圣者，须学以圣"。圣人的成圣之路，同样离不开学，同样要借助学。

王充之所以能得出"知物由学"这一迥异流俗的结论，还与他的个人经历密切相关。王充的祖上，本是豪族。但祖父几代，因为好勇斗狠，仗势欺人，四处树敌，到处结怨，反复迁徙，导致家道破落。而年幼的王充"有巨人之志"，年少老成，不好狎侮。"父未尝笞，母未尝非，闾里未尝让。"八岁进乡校书馆，书馆中学童百余人，都因过失和书法不工受罚，唯有王充书法日进，未曾受责。后又负笈千里，游学于京师洛阳。"受业太学，师事扶风班彪。好博览而不守章句。家贫无书，常游洛阳市肆，阅所卖书，一见辄能诵忆，遂博通众流百家之言。"艰苦卓绝的求学经历，使他不仅具有了"涉浅水者见虾，其颇深者察鱼鳖，其尤深者观蛟龙"的胸襟器识，真切感受到了"人有知学，则有力矣"这一与"知识就是力量"最切近的说法，而且也得出了"知物由学"的结论。

中华传统文化特别注重"学"及其意义。《论语》开篇就表明，学习是一件快乐的事情，是人生的一种享受。曾子也说"君子爱日以学"，荀子则说"学不可以已"，学习被看作是一个人终身的使命。周秦两汉六朝诸子，则不乏《劝学》《勉学》《勖学》的篇章。王充的

"知物由学"，为这些众多的劝学文章，做了一个简明而精到的诠释。

原载《光明日报》2016 年 7 月 6 日

一物不知，深以为耻

在中国古代社会，学者有追求博学的传统。博学之所以重要，诚如王充在《论衡·别通篇》中所说："人不博览者，不闻古今，不见事类，不知然否，犹目盲、耳聋、鼻痛者也。"古人认为，一个学者只有博学多识，才能学有本源，根深基厚，才能胸次自高，气象自大，才能文章有根据，下笔知取舍，这也就是所谓的"见博则不迷，听聪则不惑"。

追求博学的传统，是由孔子开创的。孔子不仅号召人们"博学于文"，主张和学问广博、见识丰富的人做朋友，而且身体力行，给世人树立了榜样。于学，他学而不厌，老而弥笃，单是一部《易》，就被他读得"韦编三绝"。他鄙视饱食终日的懒惰和无所用心的自满，谦称有德性比他好的人，自信没有比他更乐学好学的人。他醉心于学，忘情于学，"发愤忘食，乐以忘忧，不知老之将至云尔"。他不以"生而知之"自居，本着学无常师的态度，一以贯之地"每事问"，随时随地周咨博访，不耻下问，以一个开放的心态，增益自己的知识。正是因为这样，他不仅通晓并有能力整理《诗》《书》《礼》《乐》《易》《春秋》等文化典籍，而且多识于鸟兽草木之名。面对博物多通的孔子，当时的人们，一方面由衷感佩称颂"大哉孔子！博学而无所成名"，另一方面把他当作一部百科全书而请益问疑。为此，汉代的扬雄在《法言》中说："圣人之于天下，耻一物之不知。"

从此以后，很多人把对博学的追求，进一步凝练为"一物不知，深以为耻""一事不知，儒者之耻"这样高度精练的语句。在《河间相张平子碑》中，崔瑗称张衡"资质懿丰，德茂才美""亦何不师，焉所不学""一物不知，实以为耻。闻一善言，不胜其喜。包罗品汇，禀受无形"。《晋书》称刘渊幼好学，经传诸子，兵法史书，无不综览，曾对同门说："道由人弘。一物之不知，固君子之所耻也。"《南史》记载陶弘景，"读书万余卷，一事不知，以为深耻"。刘知几在《史通》中说："一物不知，君子所耻。是则时无远近，事无巨细，必籍多闻以成博识。"

对于学者来说，"一物不知，深以为耻"不只是一个口号、一面旗帜，更是一种引领、一种激励。明代学者徐光启和利玛窦熟识之后，因为《几何原本》"未译，则他书俱不可得论"，于是向利玛窦提议合作翻译此书。利玛窦则因为翻译此书颇有难度，劝他搁置此事。徐光启回答说："吾先正有言，一物不知，儒者之耻。"毅然以"吾避难，难自长大；吾迎难，难自消微，必成之"的气概，迎难而上，开始了这部著作的翻译工作。

清朝学者阎若璩，幼年体弱多病，资质鲁钝，兼有口吃，读书至千百遍，往往还不了解书文的大意。但他立志博览群书，曾将"一物不知，以为深耻；遭人而问，少有宁日"题于柱上，以此来鞭策自己勤学不怠。水滴石穿，积思自悟，终于在15岁那年的一个冬夜，他因为"读书有所碍，愤悱不肯寐"，沉思良久，"心忽开朗，自是颖悟异常"。他继承了清初学者博学多通的学风，只要"一意未析"，就会"反复穷思"，甚至是"饥不食，渴不饮，寒不衣，热不扇，必得其解而后止"。每论一事，每立一说，都要穷原竟委，力求精核，"大抵事必求其根柢，言必求其依据，旁参互证，多所贯通"。他的《尚书古文疏证》，用120多条证据将所谓孔安国传《古文尚书》判定为伪书，"祛千古之大疑"，成为一代名著。

"吾生也有涯，而知也无涯。"现代社会，各种资讯海量增加，一个人再勤勉，也不可能遍索尽读、周知万物。这就要求我们不仅要善取，而且要善弃，博观约取。但无论如何，传统士人"一物不知，深以为耻"的精神追求不能轻易抛弃，仍然要继承吸收、转化创新，实现"博通"和"专长"的有机统一。

原载《光明日报》2016年11月30日

第十一讲

如何对待传统文化经典

一、 我为什么反对删节古典文本

山东省教育厅在 2010 年 12 月 28 日发出通知，要求全省中小学在开展经典诵读活动时，遵循"取其精华，去其糟粕"的原则，不可不加选择地全文推荐如《弟子规》《三字经》《神童诗》等的内容。通知甫一发出，即引起了广泛的争议。我曾应《光明日报》记者的采访和作为凤凰卫视"一虎一席谈"的嘉宾，就这一问题发表了自己的意见。但因为发表和播出时，编辑出于整体的考虑，只能是着眼某个侧面，并做了较大幅度的删减，不能完整体现我对这一问题的看法，这里进一步申述如下。

"取其精华，去其糟粕"是我们很长一个时期主流意识形态对待传统文化的态度，但这实际上是一种理想主义的说法，是一种毫无操作性可言的虚幻的原则，是一个"崇高的梦"。因为精华和糟粕从来不是截然二分，而是水乳交融的，是一个铜板的两个面。一个人眼中的精华，在另一个人眼中就是糟粕；一个人眼中今天的精华，明天有可能会变为糟粕。正所谓"今日为是，明日为非；法国之喜，英国之悲"。传统文化作为一个有机的价值整体，对它进行非此即彼、非黑即白的分类，给这一部分贴上精华的标签，将另外一部分归为糟粕，这根本就是虚妄的。根据"取其精华，去其糟粕"的原则，我们所有的人都可以根据自己的好恶，对历史文献上下其手，你删节一段，我裁撤一篇，今天除去这一部分，明天又剪去那一部分，一代又一代的人都根据自己的标准这么做，长此以往，我们就没有经典可传，没有经典可读。

作为体现我们民族性格和气质、包括我们民族的历史地理、风土人情、传统习俗、生活方式、文学艺术、行为规范、思维方式、价值观念等众多内容的传统文化，是一个内容极其驳杂的整体。时代在变化，历史在前行，人们的认识也在进步，我们的眼光变化了，传统文化及其价值也就会随之变化。其中肯定会有一些不适应特定时代、甚至与特定时代主流价值观相背离的内容。但这些内容很可能在另一个时代是支撑其精神风貌的核心价值，在未来也可能是实现创造性转化的有效资源。糟粕是传统文化丰富性和完整性的有机组成部分，没有"糟粕"的传统文化，不是一个真实的存在。进而言之，糟粕并不是像人们所想象的那样一无用处，或者是只有消极的意义。它与精华相需为用，相辅相成，相互滋养。糟粕的一方一旦被废除，精华也会随之瓦解。正如张若渔先生在《〈三字经〉里有糟粕，新启蒙中无精华》中所说的那样："今人将'糟粕'绑去杀头，留下的不是'精华'，而是'精华'的危如累卵和朝不保夕。循着切除的逻辑，最终导致的是文化虚无主义，带来的是中小学生对于传统文化的碎片化认识和空洞理解。"所以，对待传统文化，即便是能区分为精华和糟粕，那应有的态度也该是"取其精华，存其糟粕"。简单地删除去取，只能表明我们的武断和不宽容。

　　无论基于怎样的目的删节，都会破坏历史文本的完整性，把一篇经典文本割裂得鸡零狗碎，肢解得面目全非，这绝非尊重历史的态度，也会使一篇文献难以卒读。比如，在提倡"取其精华，去其糟粕"的人士那里，说他们删去了"书中自有黄金屋，书中自有颜如玉"两句。实际上，这两句话出自宋真宗的《劝学谕》，它的全篇只有 10 句话。"富家不用买良田，书中自有千钟粟；安居不用架高堂，书中自有黄金屋；娶妻莫恨无良媒，书中自有颜如玉；出门莫恨无人随，书中车马多如簇。男儿欲遂平生志，五经勤向窗前读。"比照全文人们不难明白，如果"书中自有黄金屋""书中自有颜如玉"两句删去了，历代为人所诟病的以高官厚禄诱导人们向学的糟粕并没有删尽，而这篇诗文也就根本没法诵读了。既然这种"能金多粟富、兼妻妾车马之奉"赤裸裸的劝诱，让儿童诵读不合适，那就不是删除其中两句的问题，而是全篇根本就不该选用。所以，我们的态度是，要么不读，要么就尽可能地读全篇。

　　作为传统价值体系的载体，任何一种历史文献特别是经典文献，都有其内在的逻辑，正是这种逻辑决定了材料的选择去取和章节的分合布局。不了解这种逻辑，我们的删节就只能是无的放矢，隔靴搔痒，在懵懂不知中斫丧历史文本的关键之处，使其丧筋失骨，结果背离作者的匠心，远绝作者的旨趣。比如，有人以远离学生生活的实际为由，删除了《三字经》中"三才者，天地人；三光者，日月星"。实际上，传统中国的知识序列，都是根据天、地、人、事、物的顺序排列的，无论是大型的类书，还是综合性的童蒙读物，都是如此。在学科还没有分化的"潜学科"的古代社会，传统士人的知识结构也是上知天文，下知地理，还要了解岁时节令、朝廷大事、历史人物、各种仪节、疾病死丧、文事科第、器用珍宝乃至制作技艺、释道鬼神、鸟兽花木等。作为一篇劝学文献，《三字经》不仅劝导向学，而且具体指出了学习的内容。"三才"和"三光"之所以位居学习内容的篇首，就是因为它们体现了传统中国人的敬天意识，代表了传统士人所必须掌握的天文知识。这与《三字经》只是列举"香九龄，能温席""融四岁，能让梨"两个事例，来代表传统中国人注重以孝悌为核心的伦理道德，具有同样的意义。武断地删除，是不了解传统知识序列和古人的知识结构所致。

在我看来，今天我们诵读国学经典，不是要把它当作一种"心性之学"来习得、固守和践行，而应该把它当作一种"知识之学"来看待。也就是说，我们是把国学经典当作古典文献、人文论著来读，通过它来了解我们民族的历史，学习传统文化知识，而不是把它当作一种道德规范、意识形态指导来读，不是冀望通过诵读国学经典，使儿童成为道统的载体，成为传统文化的守望者。换句话说，我们学习的目的，不是想在儿童心中种下成圣成贤的种子，使幼童就怀抱"为天地立心，为生民立命，为往圣继绝学，为万世开太平"那样高远的理想，而是要通过学习，使学生掌握优雅、精致的祖国语言，引领学生走进我们的历史，体认我们的传统，亲炙我们的祖先，认同中华民族共有的精神家园，成为一个既有知识又有文化的现代中国人。以这样的眼光看来，《三字经》这部劝学文献，并不是像一些浅学之人所说的那样，是在宣扬三从四德，是在鼓吹不平等的君君臣臣、父父子子。它不过是告诉读者何为"三纲"、什么是"十义"，"三纲"和"十义"包括什么具体内容，而不是鼓励去实践它；它是陈述，说的"是什么"，而不是提倡，倡导"应该是什么"。以这样的情怀来看待历史文献，就更加没有删节的必要。

很多人之所以主张对历史文献"取其精华，去其糟粕"，是担心诵读的学生受到毒害，希图为学生创造一个真空、无菌的学习环境，制造一个一尘不染、纯洁无瑕的乌托邦。我们姑且不说这是否可能，这种做法本身就是背离教育旨趣的。在这种环境下成长起来的学生，其实最弱不禁风，最不能适应社会。割裂了传统，远离了生活的实际，人为地破坏了学生成长的生态环境，我们只能培养出不能经风雨、见世面的豆芽菜，不能培养学生分辨善恶、美丑、真假、是非的能力，批判性地阅读、独立地思考、任何时候都能自觉地运用自己理性的习惯就无从养成。所以，真正的危险不是我们的孩子接触到了所谓的糟粕，而是在人为虚构的"精华"环境中，无可救药地沉沦陷溺，丧失了基本的辨别能力。

原载《中国教师》2013 年 1 月上半月版

二、 今天， 我们该如何读《弟子规》

中山大学要求新生入学时，须向院系辅导员提交阅读《弟子规》的感想，招致争议一片。反对者如袁伟时教授，直斥《弟子规》是文化垃圾，是培养奴性的工具，是毫无操作性可言的陈腐教条；中山大学的所作所为，不过是现代大学校园的一出笑剧，也是一出令人心痛的悲剧。赞同者认为重温那些朴素的道理与准则，能使现代大学生懂得做人做事的道理，有益于他们的行为方式，既有利于传统文化的承传继绝，也是现代大学自主办学的有益尝试。在我看来，问题的关键不在于现代大学生该不该读《弟子规》，而在于以怎样的情怀对待《弟子规》，以怎样的态度阅读《弟子规》。

把包括《弟子规》在内的古典文本当作心性之学、当作道德之学来看待，认为诵读这些道德色彩极为厚重的古代典籍，有助于世道人心的改善，有助于和谐社会的建构，甚至能够疗治当今社会的乱象，这是现今很多倡导和参与读经活动人们的主要目的。中山大学的用心显然也基于此。实际上，这种愿望注定是要落空的。国民素质的提高、当今社会的道德建设是一项系统工程，需要方方面面的合力。在政治的因素几乎渗入社会生活的每个细胞的当代中国，政治的性格气质和官员们的表率作用尤为重要。冀望于弘扬传统文化或者背诵《弟子规》来解决形形色色的社会问题，不过是一些人不切实际的一厢情愿，是一种虚妄的想法。

中国传统社会是一个读经的社会，即便是全社会的读经，既没有能提升人们的道德境界，没有能净化社会风气，没有能治疗社会的乱象，也没有能挽救一个又一个王朝的危亡。我们应该客观看待、审慎评估古代经典在当代道德建设中的作用，不能过高估计它的价值，不能过分夸大它的功用，不能对它寄予过高的期望。阅读《弟子规》并不能解决当今大学生的一切问题，甚至也不能解决他们不孝敬父母、不尊重师长、不宽容同学等具体的问题。特别是我们不能不顾变化了的情势，不分辨其一般原则和具体内容，不加转化地生搬硬套，原封不动地拿来就用。

如果把《弟子规》当作道德之学来看待，学习《弟子规》是为了了解和掌握其中的规条，用来指导自己的日常行为，在生活中践行，那么，对于《弟子规》只能是虔诚地敬畏和恭谦地接受。既然它的原则出自"圣人"之口，具体仪则源于贤者之手，是道德的指南和行为的准则，除了记诵、践行之外，是别无审视、探究的空间的，更不必说质疑和批判了。虽然一些人会说"取其精华，去其糟粕"这样一些毫无操作性可言的抽象原则，但实际上，这里对学生的要求，首先还是不加怀疑地相信和接受。因为有了这样的前提——学习《弟子规》会有益于我们的言行，学校不接受自由的思想，学生不敢有独立的精神，所以，这才有很多学生从网络上复制读后感的状况。于是就出现了很滑稽的现象，在道德教育的名义下，干的却是自欺欺人、背离道德的勾当。浪费大量的资源不说，这还导致了普遍的对道德的轻忽和亵玩。不适当的道德教育，造成了道德的虚伪，其恶果甚至比道德教育的缺失还严重。包括中山大学在内的我们社会普遍的这种做法，实在是得不偿失。正是在这个层面上，我认同袁伟时教授的"耸听危言"。

还有一种视角，这就是把《弟子规》当作一种知识之学、文化之学来看待。也就是说，学习《弟子规》不是为了践行其中的众多规矩，不是为了力行其中的"劝"、力戒其中的"禁"，尽管这里的训诲劝诫会对我们的道德心性有潜移默化的作用；而是把它当作透视清朝初年道德教化的一扇窗口，理解古代道德教育内容和方法的一条途径，认识传统礼仪和习俗的一个渠道。这样，即便是已僵死的教条也有了生机，哪怕是最陈腐的道德也就有了意义。比如，人们一再作为诟病例子的"亲有疾，药先尝；昼夜侍，不离床。丧三年，常悲咽；居处变，酒肉绝"，其实就是告诉我们：在父母生病时，侍候汤药，要谨慎小心，汤药在喂进父母口之前，要先尝尝是否太烫；要日夜服侍生病的父母，不离病床。父母去世后，要服丧三年，其间念及父母的恩情，难免会为永失至亲而悲泣；服丧期间，要搬到简陋的丧庐居住，不食酒肉。这是古代的礼制，是古人的习惯或道德准则，与现代人是否践行无关。而学习《弟子规》，正是为了认识古代中国的礼仪规范，了解中国传统的伦理道德，探究中国的古代文化。

从这个意义上说，《弟子规》就不是一个遵奉的对象，而是一个探究的对象。遵奉的取向重在记取和掌握，并用于约束自己的行为，在生活中践行，这种取向的前提是相信和接受。而探究则是为了了解和认知，明白它说了什么，为什么会这么说，这么说的意义何在，这种取向的前提是质疑和批判。而让学生学会批判性思维，在任何时候、任何情况下都能独立自主地运用自己的理性，为此不惜超越这样那样墨守成规的条条框框，这正是大学教育的意义所在。从这个意思上说，《弟子规》这个历史上与《三字经》争夺启蒙课堂的读物，现代大学生不仅应该读，而且必须读。它的那些规条在现代具有怎样的价值，对于我们当今的文化建设是否有和有怎样的价值，这些都是值得探究的问题。甚至，《弟子规》凭什么能与《三字经》争锋，并在特定的地区一度使《三字经》"几废"，它的魅力何在，这本身就是值得探究的问题。

千万不要以为传统的启蒙教材就不应该进入现代大学的校园，也完全没必要因为现代大学生读过去五六岁小孩念的蒙书而觉得可笑。我们这么说，还不是因为现代大学生的国学素养普遍较低、传统文化知识较为缺乏，而是因为传统的启蒙课本知识丰博，编写得体，很多读物简直就是一部百科全书，是传统知识结构的缩影。说得直白一点，现在很多人小看它，是因为并不了解它，简单地把它与现代儿童读物画等号。实际上，它深厚的人文意蕴、丰赡的知识结构、精致优雅的祖国语言、巧妙精工的组织形式，都是有知识、没文化的现代启蒙读物难以望其项背的。它们之所以能进入启蒙的课堂，并深得一代又一代儿童的喜爱，不是因为它内容的狭隘简陋，而主要是它表现形式的浅显通俗。它过去培育了包括众多杰出学者和优秀文人在内的一代又一代中国人，现在依然是人们了解传统文化、学习传统知识的有效途径。我曾在课堂和各种场合，力劝人们读读《幼学琼林》，认为如果把这本书读熟了，传统文化知识会比自己的同学和同事丰富很多；如果把这部书读通了、读精了，国学素养甚至会高出很多教授。

在某个特定时代为什么而教学，特别是教或学些什么内容，往往是特定社会意志和追求的反映，是一个时代性格气质的最典型、最集中的体现。通过考察历代启蒙读物的发展和社会变革的关系，我们可以看到这些旧时儿童阅读的小玩意儿，其实是了解中国传统文化的一扇非常有效的窗口。透过这扇窗口，我们可以领略特定时期的文化风貌，感受这个时代的性格和气质，把握这个时代的脉动，倾听到这个时代的心声，读懂这个时代的精神。说到底，传统启蒙读物是传统文化的一个非常重要的载体。通过传统的启蒙读物，我们可以了解一代又一代中国人从最初走进学堂开始，读的是什么样的书，接受的是什么内容的教育，这样的教育内容，又是根据什么样的原则、通过怎样的方法进行的。了解了这些，就能了解我们的历史和文化，了解我们身上的文化基因，了解我们为什么会成为我们现在这个样子。

所以，现代大学生读过去的启蒙教材并不可笑，视这种现象为可笑的人才真正可笑。

原载《中国教师》2013 年 11 月上半月版

人为的"精华"才是真正的危险

究竟该怎样面对古代经典中不适应当今时代需要的内容？是否

该删去所谓的"糟粕"以免对学生造成不良影响？当下，教育工作者对此类问题的看法存在很大分歧。为此，本报记者对北京师范大学教育历史与文化研究院教授、山东省地方课程《传统文化》教材主编徐梓进行了专访。

作为潜心研究我国传统文化、在蒙学研究上有很深造诣的学者，多年来，徐梓一直致力于提倡并推广国学教育。相信他的见解应该对深陷"删经典"迷雾的人们有所启发。

（一）去除"糟粕"没有可操作性

记者：时代在变化，人们对古代经典及其价值的认识也会随之不断发生变化。那么，我们究竟该如何看待经典中的精华与所谓的"糟粕"？

徐梓：在古代经典中，精华与糟粕从来都是水乳交融的，是一个铜板的两个面。一个人眼中的精华，在另一个人眼中可能是糟粕。一个人眼中今天的精华，明天也有可能会变为糟粕。这也就是所谓的"今日为是，明日为非；法国之喜，英国之悲"。其实，糟粕并不像人们想象的那样一无用处，或者只有消极的意义。它与精华相需为用，相辅相成，相互滋养，是传统文化丰富性和完整性的有机组成部分。没有"糟粕"的传统文化，不是一个真实的存在。糟粕一旦被废除，精华也会随之瓦解。

记者：既然精华与糟粕密不可分，那么，"取其精华，去其糟粕"这样的说法是否具有可操作性？

徐梓："取其精华，去其糟粕"实际上是一种理想化的说法，没有操作性可言。如果将其当作一种操作原则，那么所有的人都可以根据自己的好恶，对历史文献上下其手，你删节一段，我裁撤一篇，今天除去这一部分，明天又剪去那一部分。如果一代又一代的人都根据自己的标准这么做，那么，我们就没有经典可传，没有经典可读了。因此，对待古代经典，即便能区分精华和糟粕，那也应该是"取其精华，存其糟粕"。简单地删除糟粕，只能表明我们的武断和不宽容。

(二)学什么不代表就提倡什么

记者：有人认为，在经典阅读教学中，一些内容远离学生的生活实际，也不具备现实意义，如《三字经》中的"三才者，天地人；三光者，日月星"等，学生学起来很难理解，不如删去。您如何评价这种说法？

徐梓：作为传统价值体系的载体，任何一种历史文献特别是经典文献，都有其内在的逻辑，正是这种逻辑决定了材料的取舍和章节的布局。不了解其内在逻辑，删节就只能是鲁莽行事，恣意妄为，在懵懂无知中斫丧历史文本的关键之处，使其丧筋失骨。

我们就以"三才者，天地人；三光者，日月星"为例。实际上，传统中国的知识序列，都是根据天、地、人、事、物的顺序排列的，无论是大型的类书，还是综合性的童蒙读物，都是如此。在学科还没有分化的"潜学科"的古代社会，传统士人的知识结构也是上知天文、下知地理，还要了解岁时节令、朝廷大事、历史人物、各种仪节、疾病死丧、文事科第、器用珍宝乃至制作技艺、释道鬼神、鸟兽花木等。

作为一篇劝学文献，《三字经》不仅劝导向学，而且具体指出了学习的内容。"三才"和"三光"之所以位居学习内容的篇首，是因为它们体现了传统中国人的敬天意识，代表了传统士人所必须掌握的天文知识。这与《三字经》列举"香九龄，能温席""融四岁，能让梨"两个事例，来代表传统中国人注重以孝悌为核心的伦理道德，具有同样的意义。武断地删除，就是不了解传统知识序列和古人的知识结构所致。

记者：古代经典中，不可避免地会有一些不适应特定时代，甚至与特定时代相背离的内容。那么，在当今时代，我们应该以怎样的态度来面对经典中的这部分内容呢？

徐梓：要回答这个问题，我们首先需要明确学习古代经典的目的和意义。现在，社会上包括教育领域，对古代经典有一种过高的期待，认为读经可以弥补现代教育的缺失，解决所有问题，包括净化学生的心灵，帮助他们养成良好的行为习惯，并进而树立高远的志向，在他们心中种下成圣成贤的种子，使他们从小怀抱"为天地立心，为生民立命，为往圣继绝学，为万世开太平"的人生理想。实际上，这些是现代公民教育要做的事情，不能与经典阅读混为一谈。

在我看来，没有必要把古代经典当作一种"心性之学"来习得、固守和践行。在课程中引入古代经典，最重要的目的是使学生通过诵读和学习，掌握优雅、精致的祖国语言，引领学生走进历史、体认传统、亲炙祖先，认同中华民族共有的精神家园，并有意愿和能力参与到这个精神家园的建设过程中去，成为一个既有知识又有文化的现代中国人。

以这样的眼光看来，《三字经》这部劝学文献，并不是像一些浅学之人所说的那样，是在宣扬"三从四德"，是在鼓吹不平等的"君君臣臣、父父子子"。它不过是告诉我们何为"三纲"、何为"十义"，"三纲"和"十义"包括什么具体内容，而不是鼓励我们去实践它。它在陈述"是什么"，而不是提倡应该"怎么做"。以这样的情怀来看待历史文献，就更加没有删节的必要。

(三)虚构"精华"比"糟粕"更有害

记者：对于古代经典来说，删除其中的章节、字句会产生怎样的影响？

徐梓：无论基于什么目的的删节，都会破坏历史文本的完整性，这绝非尊重历史的态度，也会使一篇文献难以卒读。比如，据报道，湖北有些学校在自编校本教材时，删去了"书中自有黄金屋，书中自有颜如玉"。实际上，这两句话出自宋真宗的《劝学谕》，全篇只有10句话："富家不用买良田，书中自有千钟粟；安居不用架高堂，书中自有黄金屋；娶妻莫恨无良媒，书中自有颜如玉；出门莫恨无人随，书中车马多如簇。男儿欲遂平生志，五经勤向窗前读。"比照全文，我们不难明白，即使删去了"书中自有黄金屋""书中自有颜如玉"两句，历代为人所诟病的以高官厚禄诱导人们向学的"糟粕"，也并没有删尽，诗文本身就更没法诵读了。

记者：在不删除传统篇目章节、字句的前提下，怎样才能在有限的学习时间里，使古代经典对学生的正面影响最大化呢？

徐梓：首先，教材的编选者必须把好关。我仍然举《劝学诗》这个例子，既然"能金多粟富、兼妻妾车马之奉"这样赤裸裸的劝诱，不适合儿童诵读，那就不该只删除其中的两句，而是全篇都不能选用。有些内容不能选，有些短小精悍的内容可以选全篇，有些篇幅较长的内容可以节选。比如《二十四孝》就不适合学生学习，再比如小学阶段学生最好先学蒙书、唐诗和宋词。其次，教师的作用也不可忽视。熟读经典、理解经典并拥有一定教学能力和方法的教师，可以帮助学生认识到国学经典的价值，增进对国学经典的兴趣，提高国学的素养。

记者：您如何评价为净化学生思想而删节经典的做法？

徐梓：很多人之所以主张对历史文献"取其精华，去其糟粕"，是担心诵读的学生受到毒害，希图为学生创造一个真空、无菌的学习环境，制造一个一尘不染、纯洁无瑕的乌托邦。我们姑且不说这是否可能，这种做法本身就背离了教育的旨趣。在这种环境下成长起来的学生，其实最弱不禁风，最不能适应社会。割裂了传统，远离了生活的实际，人为地破坏了学生成长的生态环境，我们只能培养出不能经风雨、见世面的豆芽菜，不能培养学生分辨善恶、美丑、真假、是非的能力，批判性地阅读、独立地思考、任何时候都能自觉地运用自己理性的习惯就无从养成。所以，真正的危险不是我们的孩子接触到了所谓的糟粕，而是在人为虚构的"精华"环境中，无可救药地沉沦陷溺，丧失了基本的辨别能力。

原载《中国教育报》2011年3月4日，记者张滢

《弟子规》并非文化垃圾

很多人对《弟子规》推崇备至，过去称它是"开蒙养正之最上乘"姑且不论，现在也有人说它是"圣学的骨干"，是传统文化的根本。很多地方在实施国学教育时，往往从教授《弟子规》开始。坦率地说，在众多传统的蒙书中，我并不喜欢《弟子规》。但是，对于一些人无底线地贬斥《弟子规》，直斥《弟子规》是文化垃圾，是培养奴性的工具，是毫无操作性可言的陈腐教条，现代人读《弟子规》不过是闹剧、笑剧和悲剧，我也很不赞同。

在我看来，问题的关键不在于该不该读《弟子规》，而在于以怎样的情怀对待《弟子规》，以怎样的态度阅读《弟子规》。学习经典有两种方法，一种是知识之学，一种是心性之学。所谓知识之学，就是把它当作一门知识，当作了解传统文化的一个文本，通过它知道古人对孩子的日常生活行为有哪些要求；所谓心性之学，是指将其作为修身养性的指南，作为培养道德的原则，要在日常生活中践行。这是两种不同的学习态度，很多人对《弟子规》的批评，着眼的是后一种意义。

实际上，《弟子规》中的很多内容，我认为即便是在今天，也具有积极意义。我们甚至可以说，它不仅有普时性，而且具有普世性。"父母呼，应勿缓；父母命，行勿懒""缓揭帘，勿有声；宽转弯，勿触棱。执虚器，如执盈；入虚室，如有人""见未真，勿轻言；知未的，勿轻传。事非宜，勿轻诺；苟轻诺，进退错"，如此等等，无论是古代君子，还是现代公民，都有必要据此做，依此行。即便我们以一种挑剔的眼光，也很难说它哪句就是绝对错误的。但它通篇这个不许，那个不要，简短的篇幅中，就有数十个"勿"字。这对于养成学生批判的精神、质疑的习性、任何时候都独立自主运用自己理性的能力和习惯，的确无益。

《弟子规》之类的蒙学读物，对孩子天性的发挥和创造性的培养，或许有抑制作用。但正如美国爱家协会主席杜布森博士所说：

"没有堤岸的河流，不过是一片沼泽。"河流是需要有堤岸去约束的，孩子良好行为习惯的养成，也是需要规范和引导，而不能完全放任，这也是教育二字的应有之义。

对《弟子规》的评议，往往针对的不是《弟子规》本身，而是因为提倡得不得法，批评也不到位。比如，一些老师和家长之所以让学生读《弟子规》，是基于学生读后更加听话，习惯更好，容易管理。这种心性之学的学习方法，功利性的用心，都容易招致批评。同时，有的专家在不了解其本旨的情况下就率尔批判，比如说"亲有疾，药先尝"不科学、是把孩子当作实验品，也遗人笑柄。

还有观点认为，《弟子规》不适合孩子的认知水平。实际上，《弟子规》之所以能流传广、影响大，能够在儿童少年的课堂上风行，就是因为它特别适合孩子的认知水平。三字一句，短小精悍，形式整齐，连贯流畅，读起来朗朗上口，听起来铿锵悦耳，孩子们喜闻乐道。

原载《凤凰周刊》2015 年第 11 期

第十二讲

传统文化教育与现代私塾

一、 现代私塾的意义

近年来，现代私塾在全国各地如雨后春笋般地出现，如北京的"国学馆""日日新学堂"、上海的"孟母堂"、武汉的"今日学堂"、沈阳的"九雯学堂"、广州的"六艺私塾"、苏州的"菊斋私塾"、深圳的"童学馆"，还有遍布全国的"一耽学堂"等。这类私塾旋生旋灭，而又旋灭旋生，现今全国究竟有多少这类私塾，还没有一个即便粗略的统计，但现代私塾在全国各地普遍开设，已经是不争的事实。

私塾是一种传统的教学组织，严格地说，称之为学塾要更加确切一些。我国古代的学塾，可以分为三种类型：一是东家延请塾师来家教授自家或亲属子弟的家塾；二是富商显贵、地方政府或家族倡议并出资兴办、免费向特定学童开放的义塾；三是塾师在自己家里，或借祠堂庙宇，或租借他人房屋，设馆招收学童就读的私塾。可见私塾不过是学塾的一种，但由于它最为普遍，所以很多人不加分析地把各种类型的学塾都称之为私塾。现代私塾主要是由塾师或特定的组织开设的，虽然大都不是在自家，更不是租借祠堂或庙宇，但就办学的主体来看，称私塾是贴切的。

传统的私塾教育，有很多值得我们现在借鉴的做法，比如，提倡"教子婴孩，教妇初来"，强调早期教育的重要性，要求在"血气未充，精神未定"的幼年时期就要及时施教；主张教学过程中，要体现爱教结合、宽猛相济的精神，切实遵循识字为先、少授专精、因材施教、循序渐进的原则；教学内容上注重学生良好行为习惯的培养，以"收其放心，养其德性"为目标；在教材的编写上，注重适应儿童的性情，做到句子短小、形式整齐、和谐顺畅、有韵便读；在教材的选择上，选择那些读起来朗朗上口、听起来铿锵悦耳的读物，以引起儿童的兴味，使之易于接受、乐于接受。这些做法，是私塾在现代社会依然具有强大生命力的根由所在。

现代私塾的创办者和把孩子送进私塾的家长普遍认为，学校教育采用大班教学的方式，尤其越是优质校、优质班，班级就越大，学生也越多，教师不能因材施教，学生接受不到个性化的教育。教学以知识的传授为主，在升学的压力之下，冷落了德育，轻忽了做人的培养。由于现代社会受功利的左右和意识形态的影响，学生花费了很大气力所习得的内容，往往有知识没有文化。学校教育的目的，不是为了学生的素质得到彰显，不是为了使个体的创造力、天赋、潜能、性格、气质等得以呈现，而单纯是为了博取高分，为了升学的功利目的。说到底，这是一种狭隘地以获得高一层次、拥有优质教育资源学校的录取通知书为目标，以单一的分数尺度来考察和评价学生的应试教育。而传统的私塾教育，可以一定程度地疗治现代学校教育的病症。

　　"以最经济、最节约的方法，让每一位同学，拥有结实的人身修养和更丰富的知识。"这是上海孟母堂所追求的目标。北京日日新学堂的组织者则这样阐述他们的办学目标："我们是一群新式教育的探索者，致力于培养会思考、爱生命的健全的人！"有关调查表明，虽然很多人表示不会将自己的孩子送到私塾上学，但对现代私塾的尝试依然给予认可，认为这一教育形式对学校教育有补充作用。新华网就"你认为私塾教育是文化创新还是文化复辟？"进行的网上调查显示，认为私塾教育是"文化创新"的占 53%，是"文化复辟"的占 29%，回答"说不清"的占 17%。有人甚至宣称："我不是私塾的支持者，但我是一个对现行教育制度的坚决反对者。"可以说，现代私塾的出现，是对现今学校教育的挑战甚至反动，是对现今根深蒂固的功利教育、应试教育弊端的讽刺和嘲弄，是不满现行教育体制的人们和有一定文化素质的家长们的自助和自救，是将教育引向个性化、多样化的探索和尝试，是人们对教育体制改革失望之后的无奈之举。

二、　现代私塾的局限

　　我们在肯定现代私塾的出现有一定的合理性的同时，也要注意到它的局限。

现代私塾的办学目的侧重点各不相同，承继传统，弘扬国学，传习礼仪，养正童蒙，说到底是冀望让传统文化熏陶现代的孩子们，给学生夯实一生的道德基础。的确，在我国古代文化典籍中，蕴藏着丰富的人生哲理和为人处事的道德标准，但这些人生哲理和道德标准并不具有超越特定时代的永久价值。比如《增广贤文》中的那些人生哲理，《弟子规》中的那些道德标准，其中一些内容，早已和现今的时代圆凿方枘，不相契合，传授给那些分辨能力还很弱的儿童就尤其不合时宜。另外，希图通过学习传统经典来改善人心、转移世风的努力，也只能是一些人不切实际的一厢情愿。在现代历史上，满腹经纶而大节有亏的不乏其人；在现实生活中，一些新儒家的学人道德败坏的也所在皆有；在经典占据绝对尊崇地位的传统社会，人心不古、世风日下的慨叹更是比比皆是。所以，简单地背诵国学经典，并不能把传统文化的根留住，也不能提高国民素质，解决当今社会的乱象。

在学习内容上，现代私塾根据主办者的志趣、喜好和能力，各不相同，差异很大。如上海的孟母堂秉承"读经典、尊孔孟、诵莎翁、演数理"的宗旨，以背诵《周易》《弟子规》《论语》以及莎士比亚的《仲夏夜之梦》《十四行诗》等为主，兼学微积分等高等数学内容。苏州的菊斋私塾根据德、文、言、行的施教原则，开设的课程以蒙学、经学、韵文为主体，并穿插讲授古乐、书画、茶道的相关知识。但在具体的教学过程中，现代私塾的问题主要有两个：一是没有体现循序渐进这一行之有效的教学原则，将那些就连古代教育家也主张暂时缓一缓、等到学生由"蒙馆"升入"经馆"之后才读的"四书"尤其是"五经"灌输给儿童；让儿童将这些佶屈聱牙、晦涩难懂、就连专家学者也难以理解的文献生吞活剥。二是这种对古代经典的过分倚重，排斥全面的现代教育，可能会从一个极端走向另一个极端，让儿童远离现代社会生活的实际，难以和下一个阶段进一步的学习对接，不适应现代社会的需要。

在现代私塾里，背诵是最为普遍的教学方式。的确，记忆和背诵是被历史证明行之有效的学习方法，学习过程中的记诵，无论是对知识的积累，还是心性的陶冶都是十分必要的。但是，单纯地死记硬背而全然忽视理解，那就应验了批评者所说的食古不化，只是用古代的经典来占据儿童的大脑，堵塞儿童的想象力，湮没儿童的灵性。我们承认，儿童最擅长的就是记忆，但这并不是意味着儿童喜爱背诵和记忆。不能为儿童所接受的东西，哪怕有再高的价值，也不应该施之于儿童。即使生硬地向儿童灌输了，也是不能持久的；即使儿童一时记住了，也是易忘的。更重要的是，记忆和背诵要有适合记诵的材料。像儒家经典之类的读本，古人尚且认为"颇棘唇吻"，读起来已很困难，是不适合背诵的，尤其不适合儿童背诵。

　　所以，现代私塾无论是教学目标，还是教学内容和教学方法，虽然有现代学校教育可以借鉴的成分，但也不乏可议之处，特别是全日制私塾与既有的《义务教育法》相抵触，在当下被取缔也是应有之义。虽然法律应该得到尊重，即使它已经过时了，然而，无论是从国际教育的发展趋势来看，还是就探索多元化教育模式的必要性而言，现代私塾都不应该简单地被取缔。有关部门有必要、也有责任修改已经过时的法律，满足学生和家长多样化的教育需求。给予一定的发展空间，合理引导，有效监管，使现代私塾规范发展，成为学校教育的有效补充和现代教育的一部分，才是教育主管部门该做的工作。

　　原题《现代私塾的意义和局限》，载《中国教师》2009 年第 23 期

 延伸阅读

现代私塾，有利也有弊
——访北京师范大学教授徐梓

　　私塾，这个在 20 世纪初已经消失在中国教育体系里的概念，今天又被重提。"国学馆""日日新学堂""儒愿学堂""今日学堂""九雯学堂"……一个个点染着中国传统文化色彩的名字，开始行走在现代教育边缘，叩击着少儿教育的大门。7 月 6 日，长期关注私塾

教育的北京师范大学教育学部的徐梓教授，就如何看待当下的私塾
教育接受了记者的采访。

(一)私塾重生的缘由

记者： 目前各种私塾在我国大量出现，它们跟历史上的私塾有
何异同？

徐梓： 我国古代的学塾，可以分为三种类型：一是东家延请塾
师来家教授自家或亲属子弟的家塾；二是富商显贵、地方政府或家
族倡议并出资兴办，免费向特定学童开放的义塾；三是塾师在自己
家里，或借祠堂庙宇，或租借他人房屋，设馆招收学童就读的私
塾。现代私塾主要是由塾师或特定的组织开设的，就办学的主体来
看，称之为"私塾"是贴切的。

传统的私塾主要从事启蒙教育，称为"蒙馆"，在教学内容上主
要是识字。现在的私塾则因为创办者目的的不同，所学内容表现出
很大的差异，但总的看来，多是以学习国学经典为主，不过比古代
私塾中所学内容要宽泛许多。

记者： 很多家长选择送孩子到私塾读书，而放弃了学校教育，
私塾对他们的吸引力主要在哪里？

徐梓： 传统的私塾教育有很多值得我们现在借鉴的做法。比
如，提倡"教子婴孩，教妇处来"，强调早期教育的重要性，要求在
幼年时期就要及时施教；主张教学过程中，体现爱教结合、宽猛相
济的精神，切实遵循识字为先、少授专精、因材施教、循序渐进的
原则；教学内容上注重学生良好行为习惯的培养，以"收其放心，
养其德性"为目标；在教材的编写上，注重适应儿童的性情，做到
句子短小、形式整齐、和谐顺畅、有韵便读；在教材的选择上，选
取那些读起来朗朗上口、听起来铿锵悦耳的读物，以引起儿童的兴
味，使之易于接受、乐于接受。这些做法，是私塾在现代社会依然
具有强大生命力的根由所在。

现代私塾的创办者和把孩子送进私塾的家长普遍认为，学校教

育采用大班教学的方式，教师不能因材施教，学生接受不到个性化的教育。教学以知识的传授为主，在升学的压力之下，冷落了德育，轻忽了做人的培养。很多家长认为，学生花费了很大气力所习得的内容，往往有知识没文化。

在讲究实用的当今社会，那些将自己的孩子送进私塾的家长，大都是一些有一定文化素养的人。他们不满现代的学校教育，不满单纯的应试教育，但又无力改变这种状况，只好另觅蹊径。

(二)私塾能否实现家长的教育愿望

记者：私塾在得到一些家长的追捧时，反对之声也不绝于耳。现代私塾存在合理性的同时，是否也存在先天不足？

徐梓：的确，在我国古代文化典籍中，蕴藏着丰富的人生哲理和为人处事的道德标准，但这些人生哲理和道德标准并不具有超越特定时代的永久价值。其中一些内容，早已和现今的时代圆凿方枘，不相契合，传授给那些分辨能力还很弱的儿童，尤其不合时宜。

另外，在历史上，满腹经纶而大节有亏的不乏其人；在现实生活中，一些新儒家的学人道德败坏的也所在皆有；在经典占据绝对尊崇地位的传统社会，人心不古、世风日下的慨叹更比比皆是。所以，简单地背诵国学经典，并不能提高国民素质，也不能改良社会风气。

在学习内容上，现代私塾根据主办者的志趣、喜好和能力，各不相同，差异很大。但在具体的教学过程中，现代私塾的问题主要有两个：一是没有体现循序渐进这一行之有效的教学原则，让儿童将佶屈聱牙、晦涩难懂、就连专家学者也难以理解的文献生吞活剥。二是这种对古代经典的过分倚重，排斥全面的现代教育，可能会从一个极端走向另一个极端。让儿童远离现代社会生活的实际，难以和下一个阶段进一步的学习对接，不适应现代社会的需要。

记者：无论是古代私塾，还是现代私塾，诵记都是一种主要的学习方法。您觉得这种方法是否合理呢？

徐梓：在现代私塾里，背诵是最为普遍的教学方式。的确，记忆和背诵是被历史证明行之有效的学习方法。但是，单纯地死记硬背而全然忽视理解，那就应验了批评者所说的食古不化，只是用古代的经典来占据儿童的大脑，堵塞儿童的想象力，湮没儿童的灵性。不为儿童接受的东西，哪怕有再高的价值，也不应该施之于儿童。即使生硬地向儿童灌输了，也是不能持久的。更重要的是，记忆和背诵要有适合记诵的材料。像儒家经典之类的读本，古人尚且认为"颇棘唇吻"，读起来已很困难，是不适合背诵的，尤其不适合儿童背诵。

(三)私塾能否容于教育体系

记者：现代私塾和《义务教育法》有抵牾之处，而且有些私塾已被取缔。您怎么看待这一现象？

徐梓：我个人认为，开办私塾、学习国学经典的主要目的，应该着眼于让学生掌握优雅、精致的祖国语言，成为一个既有知识、又有文化的现代中国人；让学生走进我们的历史，体认我们的传统，亲炙我们的祖先，认同中华民族共有的精神家园，形成对它的情感皈依，并有意愿和能力参与到这个精神家园的建设过程当中；让学生认识国学的价值，增进对国学的兴趣，提高国学的素养，把自己作为一个自然的生物学意义上的人，变成一个自觉的文化意义上的中国人。说到底，国学经典是我们和历史之间的一座桥，缺乏经典教育，我们就无法找到回到自己家园的路，只能是一个文化上无家可归的流浪儿。

现代私塾无论是教学目标，还是教学内容和教学方法，虽然有现代学校教育可以借鉴的成分，但也不乏可议之处，特别是全日制私塾与既有的《义务教育法》相抵触，在当下被取缔也是应有之义，法律应该得到尊重。

然而，无论是从国际教育的发展趋势来看，还是就探索多元化教育模式的必要性而言，现代私塾都不应该简单地被取缔。有关部门有必要也有责任修改已经过时的法律，满足学生和家长多样化的教育需求。对现代私塾要给予一定的发展空间，合理引导，有效监管，使现代私塾规范发展，成为学校教育的有效补充和现代教育的一部分。

原载《光明日报》2010 年 7 月 8 日，记者柳霞

第十三讲

传统文化教育与蒙学

一、 蒙学与传统文化

我们要从一首称之为《村学诗》的诗，开始今天的蒙学讲座。大家知道，诵读是传统启蒙教育中最经常的情形。为了更加贴近我们的对象，感受传统启蒙教育的实情，我们一起将这首诗朗读一下：

村学诗

[清]郭臣尧

一阵乌鸦噪晚风，诸生齐逞好喉咙。

赵钱孙李周吴郑，天地玄黄宇宙洪。

千字文完翻鉴略，百家姓毕理神童。

就中有个超群者，一日三行读大中。

想想看，这首诗说的是一天中什么时候的情形呢？是的，傍晚。傍晚时分，村头的那棵老树上，成群的乌鸦在晚风中鼓噪。学堂里，即将结束一天学习的孩子们，怀着就要回家的兴奋心情，扯开喉咙，卖劲地、最后一遍地大声朗读着课文。读的是什么呢？读的是"赵钱孙李周吴郑"，读的是"天地玄黄宇宙洪"，读的是《百家姓》和《千字文》——这是中国古代的两种识字读本，中国传统的启蒙教育正是从识字开始的。

"千字文完翻鉴略"，《鉴略》是明朝万历年间李廷机编写的有关中国历史的启蒙课本，因为用五字一句编写而成，所以又名《五字鉴略》，或者叫《五言鉴》。"百家姓毕理神童"，《百家姓》读完了读《神童》。《神童》指的是相传北宋神童汪洙所作的《神童诗》。"就中有个超群者，一日三行读大中。"其中有个特别优秀的学生，他读的与众不同，是"大中"，也就是"四书"中的《大学》和《中庸》。这些儒家经典，本来不是启蒙教育阶段学习的内容，所以即便是聪明的孩童，初学时也不过是"一日三行"，进度非常缓慢。

这首诗把中国传统启蒙课堂里的情形表述得非常典型和集中，传达得非常生动和形象。传统启蒙教育的教学内容和方式，在这首诗中描述得很清楚。我们也可以说，这首诗是了解中国传统启蒙教育的活标本。

这首诗出自清朝郭臣尧的《捧腹集》，这本书我只在北京大学图书馆看到了一个手抄本。它包括 14 首七律，即每首八句，每句七字，共 56 个字，全书也不过 784 个字。所谓"捧腹"是用手捧着肚子，形容大笑的情态。实际上，郭臣尧的《捧腹集》描写的都是塾馆中的生活，特别是塾师居处简陋不堪，教学条件艰苦，远离亲人，孤苦寂寞，饮食粗劣，蒙童顽皮，描写的是塾师的艰难困苦，辛酸苦痛，一点也不好笑。

中国传统启蒙教育也被称之为蒙学。"蒙学"这个词，最早出自清朝末年的孙诒让，是一个较晚才出现的词语。什么是蒙学？我们先看两部权威辞书的定义："中国封建社会对儿童进行启蒙教育的学校。"(《中国大百科全书》)"蒙学又称蒙馆，是中国封建时代对儿童进行启蒙教育的学校。"(《辞海》)

这两本辞书的定义都把蒙学的概念狭隘化了。实际上，"蒙学"是一个特定层次的教育，是传统启蒙教育的省称。所以，蒙学不是一栋建筑，不是单纯的教学组织机构，不是一所学校，而是特指我国古代对儿童所进行的启蒙教育，其中包括教育的目的、教学的内容、教学的原则和方法、教学的主体和对象等多方面的内容。所以，《中国大百科全书》和《辞海》的定义都是不全面的，甚至可以说是错误的。由此可见，对再权威的专家和辞书，我们都不能盲从，不能轻信。任何时候、任何情况下，我们都必须保持警醒，独立自主地运用自己的理性。

接受启蒙教育的儿童称作童蒙，这两个字互乙，称蒙童也成立。"童"说的是儿童，说的是幼稚，"蒙"则强调的是无知少识。

承担启蒙教育的老师，被称为塾师。在旧时，塾师有众多不同的称谓。一般称塾师、馆师、蒙师、学师、蒙馆先生、训蒙先生、教书先生、书师、教读，这些称谓着重塾师的工作性质而言，属于没有褒贬的中性词。家塾中尊称塾师为西席、西宾、馆宾，更正式的则称西席夫子。传统的学塾，往往位于人烟稀少的穷乡僻壤，塾师因此有村学究、三家村夫子的谑称。学塾中的学生，小的四五岁，大的十多岁，正是好动顽皮的年龄，塾师也被戏称为猢猴王、孩子王。在很多人眼里，塾师年老力衰，学问浅薄，眼光狭隘，思想固陋，因而以老学究、冬烘先生相讥讽。

传统启蒙教育中的用书，无论是曾经用于教学的教材，还是一般的读本，在过去统称作蒙书，也称之为蒙养书、小儿书，也有像陆游那样，称作村书的。因为在启蒙教育阶段，识字是基本的、主要的内容，也有的称之为"字书"。

有一种说法，说蒙学又称小学，这种说法不错。但我们也不能把传统的小学和蒙学完全等同，不能在历史文献中，只要遇到小学，就把它理解为蒙学。这是因为在中国传统社会，"小学"这个概念，内涵和外延都在不断变化，在不同的历史时期，有不同的所指。按照我的老师张舜徽先生的说法，小学在春秋战国时期，是指 8 岁离家外出就学，学习儿童要掌握的各种最基本的礼仪；汉代则是指学习《苍颉篇》《急就篇》这样的识字读物；宋代则特指朱熹和他的学生刘清之(字子澄)合辑的《小学》一书；而清代则是指文字、音韵、训诂之学，也就是弄清楚每个文字的字形、字音和字义。当时的人认为，这是治学特别是研究经学的基础，所以称之为小学。如果说前三种"小学"与我们所说的启蒙教育都有或多或少的关系的话，那么，清代的小学则与这一概念相去甚远。

(一)《三字经》

《三字经》全书只有一个主旨、一个灵魂，那就是劝学，也就是劝导人们学习的意思。直言之，《三字经》就是一篇劝学文献。

《三字经》开篇讲："人之初，性本善。性相近，习相远。苟不教，性乃迁。教之道，贵以专。"从人性开始强调教育的必要，说明教育的原则和方法。在中国历史上，所有有关教育的目的、教育的意义等问题的讨论，都是从人性论开始的。无论是孟子的性善论，还是荀子的性恶论，无论是孟子的"求放心"，还是荀子"化性起伪"，都在强调善良本性的保持、光大需要教育，恶的人性的驯化、遏制更是离不开教育。此后的思想家和教育家，大都依沿孟子和荀子的逻辑，展开教育必要性的论述。

《三字经》很显然承袭的是孟子"性本善"的思想。"苟不教",如果不加教育;"性乃迁",善良的本性就会发生变化。以上都是谈论教育的重要性。"教之道,贵以专",谈的是教育的原则和方法,教育最重要的原则就是要持之以恒、坚持不懈。接下来就是以孟母教子和五代窦禹钧教成五子的事例,说明父教师严的意义。

《三字经》不仅劝导人向学,而且指出了具体的学习内容,并且这部分篇幅特别大。由于这一部分内容过大,以至于很多人简单地把它的内容逐一论列,使得长期以来,人们对《三字经》是一部什么样的书,反倒认识不清了。

传统启蒙教育以养成儿童良好的行为习惯为目标,对蒙童进行道德伦理教育,特别是日常生活习惯教育,一直是传统启蒙教育的核心内容。但《三字经》在这方面着墨不多,只是强调了传统道德的核心"孝悌",而且只是分别举了孝和悌各一个例子,这就是"黄香温席"和"孔融让梨"。这两个事例一方面具有贴近日常生活、亲切可行的特点,另一方面 9 岁的黄香和 4 岁的孔融,也适合做刚接受启蒙教育学童的榜样。《三字经》极少伦理道德的说教,而主要以知识的传授为主,使得这篇文献具有跨越时代的生命力,以至于时过境迁之后,传统的伦理道德日渐陈腐之时,它也依然能成为人们学习传统文化知识的有效入门书。

"一物不知,儒者之耻。"中国古代学人有追求博学的传统,为了方便记忆,往往将各种知识"以数为纲"编排。所谓的"以数为纲"编排,就是用数字式的题目对知识的主题作出提示性概括,然后详细列出具体的知识内容。数字式的题目如"三才""三光""四时""五行""六谷""六畜""七情""八音""九族""十义"等,简单明了,便于记忆。《三字经》还将相关的知识,巧妙地组织在正文中,如"三才者,天地人;三光者,日月星"。这些内容,是中国传统知识浩瀚海洋中的一粟,但也是最常见、最有必要首先掌握的基础知识,具有举要的性质。

有必要指出的是,《三字经》说到了"三纲""五常",如"三纲者,君臣义,父子亲,夫妇顺""曰仁义,礼智信,此五常,不容紊",但并不像一些人所指斥的那样,《三字经》是在宣扬三纲五常,而重点是告诉人们,什么是"三纲""五常",它的具体内容是什么。

以劝学为旨归的《三字经》，在说及学习的内容时，自然不会遗漏我们民族的经典。《三字经》关于经典的学习，有两点值得注意：一是强调经典的学习，要遵守循序渐进的原则，"《小学》终，至'四书'""《孝经》通，'四书'熟，如'六经'，始可读"，后一种经典的学习，要以前一种作条件，为基础。二是《三字经》作者视野开阔，没有把学习的范围局限于几部儒家典籍之上。除了《小学》《孝经》、"四书"和"五经"等儒家经典之外，也号召阅读荀子、扬雄、文中子以及老子、庄子"五子"的著作。

《三字经》通过叙述历代王朝更替，具体说明了历史学习的内容。《三字经》用较大的篇幅，讲述了王朝兴替、历代变革，一部中国史的基本线索尽在其中。人们称《三字经》是一部"袖里《通鉴》"，说它是一部高度浓缩的、袖珍本的中国通史，就是针对这部分内容而言。由于王朝不断更替，有必要在朝代变革之后，继续利用它有效的形式，进一步充实和完善内容，以适用变化了的形势。所以，后世人们对《三字经》改编、增补最多的，也集中在这一部分。

《三字经》不仅强调学习的必要，而且用了大量的篇幅说明要学什么，由于这个内容的出现，而且分量特别大，使人们忘记了《三字经》的宗旨，忘记了它是干什么的。《三字经》的作者好像考虑到后人会有这样的遗忘，最后列举了各式各样人的勤学故事。在这些事例中，有不耻下问的圣人孔子，有持续研读《论语》并用于经国济民实践的贤臣赵普，有家庭极其贫穷、因陋就简学习的路温舒、公孙弘，有"囊萤映雪"的车胤和孙康，有在艰苦条件下勤学不辍的朱买臣和李密，有悬梁刺股、警心自励的孙敬和苏秦，有27岁始发奋读书的苏洵，有82岁才考中状元的梁灏，更有7岁的李泌和刘晏、8岁的祖莹，还有蔡文姬和谢道韫这样的女子。这里有圣人，有重臣，有平民，有富豪，有老人，有小孩，有男人，有女人。《三字经》在这里之所以殷切致详，来回反复，不过是要以此说明无论男女老幼，也无论富贵贫贱，都有学习的必要，都不能以任何借口规避学习。这样广为列举事例的做法，既能教授历史知识，也能激劝学童，而且与开篇的主题相呼应，使得全文劝学的主题更加凸显和鲜明。

这还不够，在这些事例讲完之后，《三字经》又用一段近似格言警句的句子，作为全篇的总结："犬守夜，鸡司晨。苟不学，曷为人？蚕吐丝，蜂酿蜜。人不学，不如物。幼而学，壮而行。上致君，下泽民。扬名声，显父母。光于前，裕于后。人遗子，金满籯；我教子，惟一经。勤有功，戏无益。戒之哉，宜勉力。"除了再一次强调学习的必要性之外，也呼应主题，突出主题。所以，从整体来看，《三字经》是一部劝学文献的性质是非常明显的。

(二)《百家姓》

《百家姓》是一部介绍姓氏的蒙书。我们中国的姓氏，除了极个别的复姓之外，一般都不重复，所以它也很适合用作启蒙识字。可以说，《百家姓》具有介绍姓氏和识字教学的双重功用。

我们说"三百千"，《三字经》通篇用三字一句写成，所以叫《三字经》；《千字文》全篇用了一千个字，所以叫《千字文》。《百家姓》为什么叫《百家姓》呢，是它收录了一百家姓氏吗？

《百家姓》收录的姓氏数量，各种不同的版本不同。最早的、字数最少的《百家姓》，只有 472 个字，除了篇末的"百家姓终"之外，还剩下468 个字。这 468 个字，包括 30 个复姓和 408 个单姓，可见《百家姓》至少收录了 438 个姓氏。所以，千万不能望文生义，认为《百家姓》收录有一百个姓氏。

《百家姓》收录了 438 个姓氏，它不叫 438 家姓，也不取整数叫四百家姓，为什么叫《百家姓》呢？这里涉及古人计数的特点。

古人对于人物之多，事务之繁，最常用的办法，就是"约之以百"，比如说百工、百物、百货乃至百姓。其他如百废俱兴、百发百中、百战百胜等。如果这样还不足以形容其多，古人就往往用三百或三千来表示。比如《礼记》说"经礼三百，曲礼三千"、《史记》说孟尝君自称有食客三千人，平原君"得敢死之士三千人"，春申君有门客三千人，吕不韦"至食客三千人"，唐代白居易的《长恨歌》则有"后宫佳丽三千人，三千宠爱在一身"之说。这里所谓的三千，是用来表示数目之多，并不一定限于三千之数，也不一定足于三千之数。孔子"三千弟子"，也是如此。

这时是不能胶柱鼓瑟，拘泥于文字，把虚数当作实指的。《百家姓》的得名，也是如此，是形容姓氏众多，是虚指，而不是实指有一百家。

(三)《弟子规》

用韵语编成的传授伦理道德的蒙学读物，以《弟子规》的影响最大。我们还可以说，在清代后期所有的蒙学读物中，没有一部比它更风行的。许多地方政府都曾饬令所属州县，把它列为私塾和义学的童蒙必读书。清人周保璋在《童蒙记诵编》中说："近李氏《弟子规》咸行，而此书（指《三字经》）几废。"

《弟子规》原名《训蒙文》，经贾有仁修改之后才改易今名。"弟子"是为人弟者与为人子者，泛指年幼的人，所以多用来指学生、徒弟；"规"是规矩、规则和规范。

《弟子规》的最大特点：第一，不是谈论为什么要孝父悌兄，而是如何孝父悌兄，也就是说，孝悌是人的义务，人的本能，是一个人不得不做、没有疑问、可以悬置的问题。它是在肯定"十月怀胎苦，三年养育勤""十月怀胎苦，一生育我辛""谁言寸草心，报得三春晖"的前提下开始论述的，所以，它很直接从"父母呼，应勿缓，父母命，行勿懒"开始。它不做讨论，甚至不是陈述，而是宣判。第二，它不是抽象地讲孝悌，不是讲孝悌的原则，而是具体的方法，用我们现在的说法，就是具有可操作性。而且这些方法，就体现在我们的日常生活中，体现在我们的视听言动中，不虚悬，不高妙，尤其切合儿童。我认为，这是《弟子规》具有生命力的主要原因所在。它把儒家伦理道德的要求，落实在了实处，贯彻在了日常生活中。

(四)《千字文》

我们习惯说"三百千"，即《三字经》《百家姓》《千字文》。这一排序的逻辑，是按照数字大小、从小到大排列的，同时，从学习的先后次第来说，这样的排列也体现了从易到难的原则。但如果按照写作年代、成书先后来说，顺序正好相反，《千字文》其实最早成篇。

几篇蒙学经典，它们作者的情形各不相同。《三字经》的作者有争议，《百家姓》的作者我们根本不知道，相对而言，只有《千字文》的作者最为确定可信。它是南北朝时期梁朝的周兴嗣受梁武帝之命，为梁武帝的儿子们编写的一部习字、识字读本。

周兴嗣是一位才学之士，以学问渊博、善作文章著称。相传，他早年游学时，曾在姑苏（今江苏苏州）一家旅店住宿，夜里听见有人对他说："你才学盖世，不久就会结识到尊贵的大臣，最后被圣明的君主重用。"可是一直到声音消失，他也不知道说话人在哪儿。后来果然为梁武帝欣赏和重用，朝廷凡有制作，梁武帝往往会想到周兴嗣。而周兴嗣每写成一篇，都会受到梁武帝的称赞和赏赐。如果是多个文人同时写作，梁武帝也总是用周兴嗣所写的。

魏晋南北朝时期，编写《千字文》或《千字诗》的人很多，钟繇、萧子范等人都做过这样的工作，梁武帝也跟风，亲自动手编写了一部《千字诗》。但显然，他对自己所作并不满意，所以，他又命令周兴嗣来做这件事。一些唐宋笔记，记叙这件事颇为神奇：唐朝人李绰的《尚书故实》说："梁武教诸王书，令殷铁石于大王书中，拓千字不重者，每字片纸，杂碎无序。武帝召兴嗣谓曰：'卿有才思，为我韵之。'兴嗣一夕编缀进上，鬓发皆白，而赏赐甚厚。"这段话把《千字文》成篇的前因后果及全部经过，叙述得非常详尽和生动。尽管"一夕编缀进上，鬓发皆白"有夸大的成分，但《梁书》中也说："次韵王羲之书千字，并使兴嗣为文。"可见，周兴嗣编写《千字文》是没有疑问的。

在我们现在看来，《千字文》是一篇构思精巧、知识丰赡、音韵谐美、精彩绝伦的华美文章，但从它的成书经过来看，《千字文》又绝对是一篇习字、识字读物。

这是一篇很独特、很神奇的习字、识字读物。

第一，它全篇用 1000 个字写成，一个不多，也一个不少。它之所以叫《千字文》，就是因为这篇文章是由 1000 个字构成的。

第二，《千字文》形式整齐，通篇以四言写成，凡 250 句，共计 1000 字。它是完整保存至今的第二部启蒙读物，第一部是《急就篇》。

《急就篇》或者三言，或者四言，或者七言，经常变化句式，而以七言句式为多。《千字文》通篇用四字句写成，句子更加短小，形式也更加整齐，更适合儿童诵读。

第三，押韵便读。与其他传统启蒙教材比较起来，《千字文》受到的限制最多，但它依然在很艰难的情势下，保留了传统启蒙教材押韵便读的特点。这使得它读起来朗朗上口，听起来铿锵悦耳，无论儿童，还是成人，都喜闻乐道。

第四，《千字文》全篇虽然只有有限的 1000 个字，而且每个字都不得重复，但这 1000 个字并不只是简单的堆积，而是组织成了通畅且有文采、并能表达一定意义的 250 个句子。其中叙述了天文岁时、上古历史，渲染了帝都宫殿的雄伟、达官显贵的豪华，讲述了周秦时期政治家和军事家的功绩、中华大地上的名胜古迹等，而且前后语义连贯，很有条理。

国学经典的诵读，不仅能让人感受祖国语言的优雅和精致，而且能给人开阔的气势和想象力。像《千字文》这样的启蒙读物，如开篇"天地玄黄，宇宙洪荒。日月盈昃，辰宿列张"，就给人以壮阔之美。

（五）《幼学琼林》

《幼学琼林》在知名度上，远远不能与《三字经》《百家姓》和《千字文》相比，但我个人认为这是我们现在最该学的一部蒙书，也是我最喜欢的一部蒙书。

大家都知道毛泽东年少时，在多个私塾接受过传统启蒙教育。毛氏家族认为《百家姓》《增广贤文》等是格调不高的俗书，发蒙从《三字经》开始，接着读《幼学琼林》；继而读《论语》《孟子》和《诗经》等儒家经典。可见，在启蒙阶段，毛泽东主要读的是《三字经》和《幼学琼林》这类知识性强的蒙书。毛泽东对"四书五经"不感兴趣，因为老师不讲解，只是要求学生死记硬背。所以他"背得，可是不懂"。但他对《幼学琼林》却非常喜欢，以至于在后来的文章、诗词和讲话中，很多地方都引用了《幼学琼林》。

　　南怀瑾也是一个《幼学琼林》的推崇者。对各界人士推荐国学书籍，《幼学琼林》往往在列。他在给中国人民大学国学院的学生讲话时这样说："还有一本书《幼学琼林》，你们国学院的同学们要特别注意。你把这一本书会背的话，什么天文、地理、政治、军事、经济，你大概都会知道了。"他强调"这是我们小时候读的书，会背的"。而他到海外，也一直带着这本书。

　　在我看来，《幼学琼林》有以下四个特点：第一，它以传授知识为主，很少进行伦理道德说教；第二，它知识丰博，是一部典型的百科全书；第三，《幼学琼林》采用偶句编写而成，形式自由，并为人们喜闻乐道；第四，《幼学琼林》的正文部分就有解释的文字，而且非常恰切允当，一般人读起来没有滞碍。所以说，《幼学琼林》是一部非常长知识的书。我在很多场合也说过，《幼学琼林》是中国古代的一部百科全书，中国传统士大夫要求掌握的知识类型，都能在《幼学琼林》中找到，它是古代读书人知识结构的一个缩影。

　　关于这部书的书名，"幼学"不用说，我们讲的是启蒙教育，我们的启蒙教育针对的就是幼童。"琼林"从它字面意义上理解，"琼"是大玉、美玉，那么琼林就是美玉林立的意思。"美玉成林，谓之琼林。"当你读《幼学琼林》这部书的时候，你会觉得，其中的每一句话，都犹如一块美玉，全书美玉林立，琳琅满目。

原载《人民政协报》2017 年 2 月 20 日

二、　传统启蒙教育的发展阶段及特征

　　全部教育教学的问题，可以归结为为什么教学、教学什么和如何教学三个方面。这其中，教育教学的方式方法通常具有跨越时代的生命力，在各个时代普遍适用。这也就是说，一些有效的教学原则和方法，会被人们一直尊奉和坚守；一些容易出现的问题，时过境迁之后也难以克服。比如，距今 2300 多年的《学记》所提出的长善救失、藏息相辅、豫时孙摩、启发诱导等教学原则，在现今依然有意义；而"教之所由废"的发然后禁、时过然后学、杂施而不孙、独学而无友、燕朋逆其师、燕辟废其学和"或失则多，或失则寡，或失则易，或失则止"的"学者四失"，迄今依然存在。

至于教或学什么，往往从属于为什么教或学，或者说，教学的内容是由为什么而教学决定的。而为什么教学、教学什么，则具有鲜明的时代特色，在不同的历史时期，往往迥然异趣。一般的情形是，历史刚刚翻开新的一页，教学用的教材已经与此前大相径庭。

根据为什么教学、教学什么的不同，我们可以将中国传统的启蒙教育，划分为周秦两汉六朝、隋唐五代两宋和元明清三个历史时期。显然，这三个阶段的划分，不是按照王朝的自然更代，而是依据传统启蒙教育发展的内在逻辑做出的。因为这三个阶段，传统启蒙教育的教育目的不同，教学内容有别，分别主要是识字教育、各类知识教育和伦理道德特别是日常生活行为习惯教育。

(一)周秦两汉六朝时期：识字教育

"蒙养之时，识字为先，不必遽读书。"(王筠《教童子法》)识字是启蒙教育最基础的工作，在开始读书之前，"在儿童入学前后用比较短的一段时间(一年上下)集中地教儿童认识一批字——两千左右"(张志公《传统语文教育教材论》)，是传统启蒙教育的普遍做法，也是传统启蒙教育的经验总结。不仅如此，我国传统启蒙教育在起步之后的很长一个历史时期，都集中于识字教育。可以说，在隋唐以前，启蒙教育毫不旁骛地专心做着一件事，那就是识字。

这一时期的启蒙教育，分为特征明显不同的两个阶段：一是周秦两汉时期，一是魏晋南北朝时期。

周秦两汉时期的蒙书数量有限，概括起来，可以这样说：脱胎于《史籀篇》，在《苍颉篇》的名义下演化，而以《急就篇》对后世的影响最大。

《史籀篇》是现在可考的我国最早的蒙书。这部书早已不存，有关它的书名、作者、成书时代、字数、字体、编写体例在学术界都有不同的看法。汉代学者刘向、刘歆、班固、许慎都认为，《史籀篇》的作者是周宣王时的太史籀，两千年来学者们沿袭此说，没有异议。王国维认为：这其实是汉朝人"不知太史籀书，乃周世之成语，以首句名篇，又古书之通例"所造成的错误。具体地说，王国维认为此书的开篇句是"太史籀书"，汉朝人把这句话错误地理解成了"太史籀的书"。实际上，"籀"是"讽读、讽诵"的意思，"太史籀书"的意思是"太史读书"。《史籀篇》的性质，可以归纳为两点，而且是大家一致认可的：第一，它是"字书之祖"；第二，它是"周时史官教学童书也"。

关于《苍颉篇》，既有残篇断简存留，又有《汉书·艺文志》的详细说明，所以，我们对它的认识要更加清楚一些："《苍颉》七章者，秦丞相李斯所作也；《爰历》六章者，车府令赵高所作也；《博学》七章者，太史令胡母敬所作也：文字多取《史籀篇》而篆体复颇异，所谓秦篆者也。是时始造隶书矣，起于官狱多事，苟趋省易，施之于徒隶也。汉兴，闾里书师合《苍颉》《爰历》《博学》三篇，断六十字以为一章，凡五十五章，并为《苍颉篇》。"（《汉书·艺文志》）可见，《苍颉篇》有两部，一是秦丞相李斯所作，只有 7 章；另一种是汉初乡村启蒙老师合辑秦朝的三部字书，并在此基础上删繁并重、断字分章而成，多至 55 章。

《苍颉篇》成篇之后，同时成为其他字书的取材依据。《汉书·艺文志》说："武帝时司马相如作《凡将篇》，无复字；元帝时黄门令史游作《急就篇》，成帝时将作大匠李长作《元尚篇》，皆《苍颉》中正字也。《凡将》则颇有出入矣。至元始中，征天下通小学者以百数，各令记字于庭中。扬雄取其有用者以作《训纂篇》，顺续《苍颉》，又易《苍颉》中重复之字，凡八十九章。臣复续扬雄作十三章，凡一百二章，无复字。六艺群书所载略备矣。"其中以《急就篇》对后世的影响最大，它也是我国现存最早的蒙书。全书 2144 字，分为 34 章。之所以要分章，是由于教学的需要，与我们现在分第几课相同。此书主体内容分为三部分，一是姓氏名字，二是服器百物，三是文学法理。它"包括品类，错综古今，详其意趣，实有可观"。成篇后就受到人们的重视，"元成之间，列于秘府"。

在社会上流传得就更广。尽管"缙绅秀彦，膏粱子弟，谓之鄙俚，耻于窥涉"，但"蓬门野贱，穷乡幼学，递相承禀，犹竞习之"（颜师古《急就篇原序》），成为东汉魏晋时期最重要的蒙书。

周秦两汉时期的蒙书都是识字读物，从"周时史官教学童书"的《史籀篇》，到汉代"闾里书师合《苍颉》《爰历》《博学》三篇"而成的《苍颉篇》，从"立语总事，以便小学"的《凡将篇》，到"蓬门野贱，穷乡幼学，递相承禀，犹竞习之"的《急就篇》，都是如此。反过来我们也可以说，在《说文解字》之前，所有的字书都曾经用作蒙书。而且，由《汉书·艺文志》的叙述可知，我国早期的这批蒙书，相互之间存在着一种因承关系，如《苍颉篇》《爰历篇》和《博学篇》，均取材于《史籀篇》，而《急就篇》和《元尚篇》，又取材于《苍颉篇》，而《十三章》和《滂喜篇》则是《训纂篇》的续作。

魏晋南北朝时期的所有蒙书，依然都是识字教材，与前一个时期不同的是，这些蒙书之间不再有因承关系，不再有一条单一的发展线索，而呈现出一种发散性的发展格局，各自独立，互不统属，但识字的性质没有变化。比如，在《隋书·经籍志》中，就著录有晋下邳内史王义的《小学篇》一卷、晋高凉太守杨方的《少学》九卷、无名氏的《始学》一卷、吴侍中朱育的《幼学》二卷、晋散骑常侍顾恺之的《启蒙记》三卷。从书名上看，这些书的启蒙性质非常明显，它们被著录在经部小学类，列在《急就章》（即《急就篇》）到《千字文》之间，字书的性质非常清楚。《隋书·经籍志》除在经部小学类著录"晋著作郎束皙《发蒙记》一卷"之外，又在史部地理类互著，并注明为"载物产之异"，可见它具有双重的性质。蔡邕的"《劝学》一卷"，著录在无名氏的《始学》和束皙的《发蒙记》之间，可知它既具有识字的功效，又具有劝学的意义。

这一时期的一些蒙书，很多直接用"杂字""要用字"等命名。这类读物主要有东汉郭显卿的《杂字指》、晋李彤的《字指》、宋谢康乐的《要字苑》、晋殷仲堪的《常用字训》、梁邹诞生的《要用字对误》、隋王劭的《俗语难字》、李少通的《杂字要》等。如果说它们启蒙的性质有些隐晦不彰的话，那么识字读物的性质就更加凸显。

虽然隋唐以前的所有蒙书都具有识字的性质，无一例外，但有两个特例需要予以讨论：一是《弟子职》，一是《千字文》。

《弟子职》是今本托名管仲所著的《管子》中的第五十九篇，《汉书·艺文志》在诸子略道家类中，著录了"《莞子》八十六篇"之外，又在六艺略孝经类中，著录了"《弟子职》一篇"及"《说》三篇"。郑玄的《曲礼注》也曾引用，可见此篇在汉代曾单行。全篇用四言韵语写成，记弟子事先生之礼，包括蚤作、受业、对客、馈馈、乃食、洒扫、执烛、请衽、退习等内容。

关于《弟子职》的性质，历代学者有表述不同但意思相近的说法。朱熹说它"言童子入学受业事师之法"（《仪礼经传通解》篇第目录）。朱长春说："《弟子职》是古左塾师学规，以养蒙求者，故韵格相协，便于童儿课读。……此专属书堂教条，子游示洒扫应对进退，此足略具格式矣。"（见黄彭年《弟子职考证》）清代的庄述祖则说："《弟子职》在《管子》书，古者家塾教子弟之法。……记弟子事师之仪节，受业之次叙，亦《曲礼》《少仪》之支流余裔也。"（《弟子职集解》序）今人郭沫若则认为："当是齐稷下学宫之学则。"我们认为，《弟子职》是学规学则，而且是关于童蒙的，否则就不必有那么详尽的细节，与后来的《蒙养礼》《家塾常仪》《重订训学良规》等一样，只不过是为了便于童蒙掌握和记忆，所以用韵语写成，与作为教材的蒙书具有完全不同的性质。

我们通常把《千字文》看作识字读本，实际上它是习字教材，也就是说，从编写的目的来看，它的功用是为了练习把字写好，而不是为了识字："梁武教诸王书，令殷铁石于大王书中，拓一千字不重者，每字片纸，杂碎无序。武帝召兴嗣谓曰：'卿有才思，为我韵之。'兴嗣一夕编缀进上，鬓发皆白，而赏赐甚厚。"（李绰《尚书故实》）可见，梁武帝是为了"教诸王书"，而不是"教诸王字"，否则，也就用不着让人"于大王书中，拓一千字不重者"。但这一千个不重的字，实际上也是识字的绝好材料，所以，它流传开来之后，也被普遍用作识字教材。在敦煌文献中，《千字文》的写本有近 50 个卷子之多，并有不少是儿童习字作业的写卷，可知其兼具识字和习字的双重功用。至于用作计数的工具，则是明清时期的事情。

(二)隋唐五代两宋时期：知识教育

在我国蒙书发展史上，隋唐五代两宋时期是一个转折和过渡时期。一方面，受前一个阶段发展惯性的影响，识字类的蒙书仍然占有很大的分量；另一方面，蒙书突破了过去那种相对单一的发展模式，在传统的识字读本之外，又创编了一些形式新、内容更是全新的蒙书。

在教学实践中，隋唐五代两宋时期的启蒙教育，不仅利用旧有的识字蒙书，诸如《急就篇》，尤其是《千字文》，也新编了很多有特色的识字读本，如《俗务要名林》《碎金》《杂集时用要字》等，而《开蒙要训》和《百家姓》两书，可以称得上是最为杰出的代表。《百家姓》在后世广为流传，为人所熟知，以至于和《三字经》《千字文》并驾齐驱，大行于世。《开蒙要训》早已佚失，借敦煌石室卷子的发现，我们才能一睹它的原貌。但它的作者不详，撰作时代也难以考证。由于《隋书·经籍志》没有著录此书，四个敦煌卷子中注明的抄写时代，均属于晚唐和五代时期，我们认为它作于唐代的可能性很大。它以四字一句、整齐押韵的形式依次介绍山岳河海、君臣宴乐、歌舞乐器、道德人伦、衣饰寝处、身体疾病、铁器工具、动作操持、饮食烹调、树木瓜果、鸟兽虫鱼、六畜弓矢等内容。它以"开蒙"名篇，启蒙的性质非常明显，除了首尾少数几句连贯可读、能表达一定的意义之外，主干部分堆砌诸如"讽诵吟咏""箧簏箱柜""齿舌唇口""珊瑚琉璃""骂詈嗔责""凤凰鸡鸭""豺狼驴马"等文字，语义不连贯，有"分别部居"的味道。它收录了许多日常所用的俗语俗字，文辞不是很雅驯，组织得也有些呆板，但有很强的实用性。

历史教学一直是传统启蒙教育的核心内容，这一时期出现了大量历史类的蒙书，而且体裁多样。归纳而言，可以分为四类：一是通过歌咏历史人物、历史事件和历史遗迹，借以表达思想感情和议论见解的"咏史诗体"。如唐代胡曾的《咏史诗》，以150首七绝这样一种非常新颖而浅显的形式，向人们讲述了"博学"所必备的历史知识。二是通常限用一千个不重复的字、四字一句的"千字文体"，如宋朝胡寅的《叙古千文训荆门童蒙》。朱熹曾予以"表揭"，说它"叙事立言，昭示法戒，实有《春秋》经世之志。至于发明道统，开示德门，又于卒章深致意焉。新学小童，朝夕讽之，而问其义，亦足以养正于蒙矣"（《叙古千文》跋）。三是"类而偶之，联而韵之"即用形式整齐的韵语写成，并且前后句对偶，或者只是单纯地取"童蒙求我"之义的"蒙求体"。继唐朝李翰的《蒙求》之后，两宋时期王邹彦有《春秋蒙求》，王舜俞、杨彦龄、吴化龙分别有《左氏蒙求》，刘珏有《两汉蒙求》，柳正夫有《西汉蒙求》，佚名有《汉臣蒙求》《三国蒙求》《晋蒙求》，程俱有《南北史蒙求》，白廷翰有《唐蒙求》，宋朝的范镇有《本朝蒙求》，徐子复有《圣宋蒙求》。此外，宋黄日新的《通鉴韵语》，"大略如李瀚《蒙求》四言体，而列其事于左方"。宋文济道的《左氏纲领》，"排比事实为俪句，《蒙求》之类也"（《郡斋读书志》卷十四）。宋戴迅的《晋史属辞》，"用蒙求体以类晋事"。佚名的《唐史属辞》，与《两汉蒙求》《南北史蒙求》，"皆效李瀚"。数量之多，难以枚举，是历史类蒙书的大宗。四是形式整齐、押韵便读、读起来朗朗上口、听起来铿锵悦耳的"歌诀体"。如宋朝杨简的《历代诗》，共有诗 20 首，有的是五言，有的是七言，句数的多少各不相同；主要是介绍帝王世系，而很少及于重大历史事件。黄继善的《史学提要》用四言韵语写成，篇幅长达一万多字，除了王朝更替、帝王世系之外，也简略介绍各种重大事件，乃至文化业绩。

经学是中国传统学术中的显学，宋元是理学的形成和发展时期。由于这一时期的学者治经多以阐释义理、兼谈性命为主，所以有理学或性理学这样的名称。经学的基本知识和理学的基本观点虽然颇为晦涩难懂，但不少人尤其是朱熹和他的弟子们，试图用童蒙可以接受的形式，施之于启蒙教育，为此编写了不少蒙书。比如，朱熹的《训蒙绝句》又称《训蒙诗》，"病中默诵'四书'，随所思记以绝句，后以代训蒙者五言七言之读"，"上自天命心性之原，下至洒扫步趋之末，帝王传心之妙，圣贤讲学之方"（见束景南《朱熹佚文辑考》）。今本 100 首，均用七言写成，始于《天》，而以《闻知》终。又有《性理吟》七律 49 首，也题为朱熹所撰，旧时与《训蒙绝句》并行于世，但一般认为是后人伪作。

朱熹晚年的得意门生陈淳，除了《经学启蒙》之外，还有《初学经训》，前者"集经书中语，启童蒙往学圣"，后者"檃栝经书训语，举群圣为标准，训之使养其良知良能，以先入之言为主"（见熊大年《养蒙大训》目录）。朱熹的再传弟子饶鲁，则有《训蒙理诗》，"咏天地、日月、四时、八节、人物、人伦为六篇，训之使其耳目习熟，由粗入精"（见熊大年《养蒙大训》目录）。此外，朱熹的学生和女婿黄榦的再传弟子王柏编写的《伊洛精义》，"辑伊洛诸大儒训释经书中精义要语，末则归道学大明之功于朱子，训之以为它日穷理基本"（见熊大年《养蒙大训》目录）。以四言一句的形式，解说理学的概念和基本观点。朱熹的学生程端蒙所撰《毓蒙明训》，用四言写成，全篇有 155 句，主要内容是讲官员的职守、忠奸善恶的分别和国家政治的盛衰危亡，集中表达了中国古代的政治观，有很厚重的理学色彩。程端蒙首先撰作、宋元之际的程若庸又广为增订，明初的朱升增加"善"字一条的《性理字训》，每句 4 字，每条少或 2 句，多则 8 句，这个"不但多棘唇吻，且亦自古无此体裁"的读本，专门阐释性理概念。由于人们视之为"经学之总，修为之次第具焉"，或"它日造道穷源，皆由是出"，所以旧时颇为风行。元代的程端礼在《程氏家塾读书分年日程》的卷首，就告诫教子弟者，在小儿八岁未入学以前，先读《性理字训》，每天读三五段，"以此代世俗《蒙求》《千字文》最佳"。

除了识字、历史、经学性理教育三大宗的蒙书之外，隋唐五代两宋时期蒙书还有多方面的内容。真德秀的《对偶启蒙》虽然早已佚失，内容无从知晓，但从名题上看，可知它是《声律发蒙》《训蒙骈句》《启蒙对偶》之类的先声。至于诗歌类的蒙书，除了宋周子益的《训蒙省题诗》、宋寿翁的《省题诗》等之外，更有著名的题为汪洙所作的《神童诗》、宋刘克庄辑的《分门纂类唐宋时贤千家诗选》等。天文则有题为丹元子的《步天歌》，算学则有《宋史·艺文志》著录的《求一指蒙算术玄要》《发蒙算经》，医学则有宋周守忠的《历代名医蒙求》，各种名物常识则有宋方逢辰的《名物蒙求》，欧阳修的《州名急就章》等。至于王应麟的《小学绀珠》，则具有百科全书的性质，可以看作是古代士人知识结构的缩影。作者在自序中说："君子耻一物不知，讥五谷不分。七穆之对，以为洽闻；束帛之误，谓之寡学。其可不素习乎？乃采掇载籍，拟锦带书，始于三才，终于万物，经以历代，纬以庶事，分别部居，用训童幼。夫小学者，大学之基也。见末知本，因略致详，诵数以贯之，伦类以通之，博不杂，约不陋，可谓善学也已。"(《小学绀珠》卷首)可以看作是古人追求博学这一传统的集中体现。

托王应麟之名、实则为同时期人区适子所编写的《三字经》，与《小学绀珠》性质和形式近似，很大一部分内容也是"以数为纲"编排，即用数字式的题目对知识的主题作出提示性概括，如"三才""三光""四时""五行""六谷""六畜""七情""八音""九族""十义"等，然后详细列出具体的知识内容。《三字经》是一篇劝学文献，但它不仅强调学习的必要，不只是劝人向学，而且具体指出了学习的内容，用了大量的篇幅说明要学什么，其中包括算数、经典、历史以及百科知识和历史上的勤学事例。《三字经》主要以知识的传授为主，使得这篇文献具有跨越时代的生命力，以至于时过境迁之后，传统的伦理道德日渐陈腐之时，它也依然能成为人们学习传统文化知识的有效入门书。

隋唐五代两宋时期是科举制度发生发展的时期，从唐代开始，中国社会进入了所谓的科举时代。科举牵动着全社会的神经，全社会都高度瞩目科举。有一分天分的子弟，往往被寄予家族的厚望，以"龙马的精神、骡子的体力，又要像土鳖虫那样麻木不仁和骆驼那样吃苦耐劳"(〔英〕莱芒·道逊《中华帝国的文明》)，肩负向科举发起冲刺、以光大门楣的重任。然而，要在科举考试的各个环节一帆风顺，在科举考试的路途上高奏凯歌，就必须具备杜林所说的"中国式的博学"，或者韦伯所谓的中国"文人的修养"。这包括熟读乃至背诵"四书五经"全文，通晓历史，擅长写作策论，能作诗填词。步入仕途之后，为了独立处理形形色色而又不同类型的各种问题，一个宰制一方、肩负重任的官员，必须知识渊博，做事干练，具备全方位的素养，而不只是拥有某一个方面的专业知识。刘知几在《史通》中说："一物不知，君子所耻。是则时无远近，事无巨细，必籍多闻以成博识。"古人认为，一个学者只有博识多知，才能"见博则不迷，听聪则不惑"。这是导致隋唐五代两宋时期的蒙书，以教学各种知识为主要内容的原因所在。

（三）元明清时期：道德教育

元明清时期，是我国传统启蒙教育的兴盛时期。这主要表现为各类学塾遍地开花，各种蒙书大量涌现，有通行全国的，有适应于特定地区的，有限于某一学塾的，更有专门为某个特定的孩子之需而编写的。如朱熹的学生陈淳，为他自己孩子编写《训蒙雅言》和《启蒙初诵》（熊大年收录到《养蒙大训》中时，改题为《经学启蒙》和《初学经训》），王守仁的《示宪儿》或《训儿篇》，具有家训和蒙书的双重性质。据不完全统计，我国传统蒙书和有关蒙学的著述大约有 1300 种，其中绝大多数都出现在这一时期。蒙书的内容在越来越广泛的同时，分类专写的趋势也越来越明显，如道德伦理、经学性理、历史知识、典章制度、诗词歌赋乃至天地山川、姓氏名物、历法算学、医药科技等。其中，有关伦理道德教育特别是日常生活行为习惯教育的蒙书则最为繁富，除了在综合类的蒙书中有所涉及之外，还有众多的专书介绍。

为了养成童蒙良好的行为习惯，这时出现了大量的相关蒙书。就其体裁而论，就多种多样。其中有形式整齐、押韵便读的韵语体，如《幼仪杂箴》《弟子规》《蒙养诗教》《小学诗》《小学韵语》《童蒙须知韵语》《伦理学歌》《节韵幼仪》《四字经》《教儿经》等。还有不少教诫女德的蒙书，如《女儿经》《闺门女儿经》《闺训千字文》等。也有尽量贴近儿童口语的"小儿语体"，如《小儿语》《续小儿语》《女小儿语》《小儿语补》《老学究语》《家常语》等。还有广泛采录经传子史中的格言至论，兼收在民间广为流传的俗言谚语的格言谚语体，如《增广贤文》《名贤集》《一法通》《治家格言》等。用语体文编成的散文体的蒙书，虽然不顾及儿童的特点，不适合儿童的兴趣，在启蒙的课堂上难以流传开来，但也著述不乏，如《童子礼》《仪小经》《初学备忘》等。

在很多综合性的蒙书中，也都有大量关于伦理道德的内容。清中期刘沅的《蒙训》（又名《槐轩蒙训》），内容与《三字经》近似，主要传授各种知识，尤其是历史知识，但也有大段篇幅涉及伦理道德："未生性即心，既生拘气质，以人合天心，养性最为急。性是天之根，命是地之质，分之名五常，其实一性毕。仁义礼智信，为人当体贴，慎之在一心，言行要修饬。大者在五伦，君臣尊卑别，父母即是天，兄弟如手足。夫妇要谐和，朋友忠信切，五伦果然敦，天地一气接。"在知识性的叙述中，夹杂有厚重的伦理色彩。如在介绍历史知识后这样说："旷观古今来，兴衰如旦夕，有德则昌荣，无德则消灭。苍天爱生民，亶聪建皇极，念念体天心，乃是人君职。"在介绍传统的文人雅艺时，是这样表述的："近人重章词，词章何可蔑？忠孝为本源，文章光日月。诗以道性情，天籁岂容阒？心正而身修，风雅无人及。若但务淫夸，悖逆伤天德。书法泄菁华，圣人递造作，可以正人伦，可以详物则。点画要分明，六体循古法，无德徒精工，术艺亦何益？世上万千途，修己治人毕，己正亦正人，礼乐文为集。文莫吾犹人，躬行须心得，责在君亲师，养教功能密。世无圣人师，学述遂衰息，天理与人情，临政多忽略。"所有的"艺"，都立足于"道"，一句"无德徒精工，术艺亦何益"，典型地传达了道与艺的关系。而一反《三字经》以介绍知识为主的做法，清佚名所作的《四字经》专讲为人处世、孝亲敬长之事。

这一时期的启蒙教育，之所以注重伦理道德教育特别是日常生活行为习惯教育，与朱熹的主张和倡导有关。

我国传统教育，分为小学和大学，而没有中学，更没有初中和高中之分。在很长一个历史时期，小学和大学的分界，根据的是年龄，即"八岁入小学，十五入大学"。朱熹显然注意到了在入学的年龄问题上，并没有一个整齐划一的硬性规定，实际上存在着或早或晚的问题。所以，他没有像前代学者那样，在大小学的年龄问题上做文章，更多的是根据小学和大学不同的教学内容，而将二者区别开来。

在朱熹看来，小学"只是教之以事"，进入大学以后，则是"教之以理"。"小学者，学其事；大学者，学其小学所学之事之所以。""小学是直理会那事，大学是穷究那理。"(《朱子语类》卷七)小学阶段学的是什么，大学阶段则要弄明白为什么；小学阶段是要知其然，大学阶段则必须追究所以然；小学要掌握的是形而下的事，而大学要弄明白的是形而上的理。小学之所以被称之为小学，就是因为它与学生较小的年龄相适应，教的都是一些浅显、具体而微的事情，是一些日常生活中诸如事亲敬长、洒扫应对之类的事情。"小学之事，知之浅而行之小者也；大学之道，知之深而行之大者也。"大学之所以被称为大学，就是因为要引导学生透过事情的表象，深入其本质，搞清楚事情背后的大道理。清初学者陆世仪显然理解并赞同这一说法，他予以引申发挥说："小学之设，是教人由之；大学之教，乃使人知之。"（《论小学》）

朱熹所谓的事，是指礼乐射御书数，是指孝弟忠信、事亲敬长，是指洒扫应对进退，是指父子之亲、君臣之义、夫妇之别、朋友之交、长幼之序、心术之要、威仪之则、衣服之制和饮食之节。归结到一点，就是儿童日常生活的规范。朱熹认为，一个接受启蒙教育的儿童，只要按照要求，依照规范，哪怕是依样画葫芦地把事亲敬长、待人接物的具体事宜掌握了，就能养成儿童良好的行为习惯，就模铸了一个"圣贤"的坯璞，也就完成了启蒙教育的使命。

元明清时期，朱学不仅是整个社会居支配地位的学术思想，而且是具有权威性质的官方哲学。从元代开始，读朱子之书，学朱子之学，已不单纯是一种学术风气，而可以说是一种社会时尚。"上自公卿大夫，下至齐民之子，莫不家传而人诵。"（冯福京《翁州书院记》）"凡六经传注、诸子百氏之书，非经朱子论定者，父兄不以为教，子弟不以为学也。"（赵汸《商山书院学田记》）"群经、'四书'之说，自朱子折衷论定，学者传之，我国家尊信其学，而讲诵授受，必以是为则。而天下之学，皆朱子之书。"（虞集《考亭书院重建朱文公祠堂记》）不仅是读朱子之书，学朱子之学，而且以朱子之是非为是非，朱学甚至被定为科举考试的标准答案。

"人情役于所利，风俗变乎所尚。"在这种情势下，朱熹有关启蒙教育使命的论述，也就在元明清时期的启蒙教育中得到具体落实，从而给这一时期的蒙书编写烙下了深重的印记。启蒙教育中也就特别注重道德教育，特别是日常生活行为习惯教育。比如，清朝万斛泉在《童蒙须知韵语》之《杂细事宜》其六中说："举匙必置箸，举箸必置匙，食已皆置案，须令常整齐。"其十四则是："凡从长者行，步履须安妥。行居路之右，住必居之左。"种种规定极其翔实，非常具体。胡鼎的《蒙养诗教》，以七言律诗的形式，全面规范了童蒙的立行坐卧、穿衣吃饭、事亲敬长、洒扫应对、读书写字等日常生活的各个方面，细而至于静声敛气、便尿时的方位等都有规定。大量的有关伦理道德尤其是规范日常生活行为习惯的蒙书，就是在这样的背景之下出现的。这类蒙书，以《弟子规》最为典型。

传统启蒙教育，特别是作为启蒙教材的蒙书，是了解中国传统文化的一扇非常有效的窗户。通过这扇窗户，我们可以领略到特定时期的文化风貌，感受这个时代的性格和气质，把握这个时代的脉动，倾听到这个时代的心声，读懂这个时代的精神。或者说，传统蒙书是传统文化的一个非常重要的载体，是一个时期文化的风向标和晴雨表。了解传统蒙书的发展及阶段性特征，既是把握传统文化流变的一个有效视角，也是整体把握中国传统启蒙教育的前提条件，是准确认识传统启蒙教育最基础性的工作。

原载《首都师范大学学报》(社会科学版)2018 年第 1 期

第十四讲

传统启蒙教育的借鉴意义

一、 传统启蒙教育的使命

传统的启蒙教育，通常被称之为小学。但小学的意义，并不仅仅指启蒙教育。张舜徽先生《清人笔记条辨》卷三指出："大氐古初小学，幼仪、内则而已。所谓八岁出就外傅，学小艺，履小节，此周末之所谓小学也。刘歆《七略》，以《史籀》《仓颉》《凡将》《急就》诸篇列为小学，不与《尔雅》《小雅》《古今字》相杂。寻其遗文，则皆系联一切常用之字，以四言七言编为韵语，便于幼童记诵，犹今日通行之《千字文》《百家姓》之类，此汉世之所谓小学也。迨朱熹辑录古人嘉言懿行，启诱童蒙，名曰《小学》，其后《文献通考·经籍考》列之经部小学类，此宋人之所谓小学也。清乾隆中，修《四库全书》，以《尔雅》之属，归诸训诂；《说文》之属，归诸文字；《广韵》之属，归诸声音；而总题曰小学。此清儒之所谓小学也。"显然，清儒所谓的小学，说的是文字、音韵和训诂之学，是经学的基础，并不是我们所说的启蒙教育。作为启蒙教育的小学，是相对于大学而言的，关于小学的目的和意义，亦即传统启蒙教育使命的论述，往往也在和大学相关论述的比照中突显出来。

把小学和大学的教学内容、教育目的以及二者的区别论说得最充分、最精彩的是朱熹。可以说，朱熹在总结前代启蒙教育经验的基础上，确立了传统启蒙教育的使命，并为以后启蒙教育的理论和实践奠定了基调。

(一)小学"只是教之以事"

在朱熹之前，有关小学和大学的区别，主要集中在入学的年龄上。无论是《大戴礼记》所说的"小艺""小节"和"大艺""大节"，还是《公羊传》注所说的"小道""小节"和"大道""大节"，抑或是《白虎通义》所谓的"书计"和"经籍"，这些有关教学内容的叙说都过于笼统而含混，流于抽象而不具体。它们的着重点在学童的入学年龄问题上，而且都很整齐一致，这就是"八岁入小学，十五入大学"。

朱熹改换了论述的重点，他没有像前代学者那样在大小学的年龄问题上做文章。说到入学年龄问题时，他只是轻描淡写地说，古代的人"初年入小学""自十六七入大学"。时间上的这种含混而不确切，表明了他对入学年龄问题的淡漠。与"八岁入小学，十五入大学"的经典说法的异趣，与其说他是想故作新奇，毋宁说他是想说明，在入学的年龄问题上，并没有一个整齐划一的硬性规定，实际上存在着或早或晚的出入。

朱熹论说的重点在小学教育的内容上，而且这一论说也是在辨析和大学的关系中展开的。

在朱熹看来，小学阶段，"只是教之以事"，如礼乐射御书数之类的技艺、日常生活中孝悌忠信这样的事情。进入大学以后，则是"教之以理，如致知、格物"（《朱子语类》卷七），以及对谁孝悌忠信、为什么要孝悌忠信、何以这样而不是那样才算得上是孝悌忠信等。他坚定地抱持小学教之以事、大学教之以理的观点，以至于在各种场合、通过各种形式一再反复申说。

小学之所以被称之为小学，主要不在于学生年龄小，更主要在于与这种较小的年龄相适应，教的都是一些浅显、具体而微的事情，是一些日常生活中诸如事亲敬长之类的事情。"小学之事，知之浅而行之小者也；大学之道，知之深而行之大者也。"（张伯行《小学集解》卷首）大学之所以被称为大学，也不在于学生的年龄稍大，而是因为在这个阶段，要引导学生透过事情的表象，深入其本质，搞清楚事情背后深奥的大道理。

而且，小学和大学的这条界限应该划分清楚，各自的教学内容不容混淆。小学阶段要摒绝理，不过问理，只是学事。学会日常生活中诸如事亲敬长之类的切近事情，是小学阶段的主题。"小学者，学其事；大学者，学其小学所学之事之所以。"（《朱子语类》卷七）如果不切实际，不顾蒙童多记性、少悟性的特点，教一些超越于事之上的理，不仅无益，而且有害。所以，朱熹特别强调："天命，非所以教小儿。"即使说义理，也只能说一个大概，没有必要也不应该深入，并且要和日常生活中显而易见的事情结合起来解说。"教小儿，只说个义理大概，只眼前事。或以洒扫应对之类作段子，亦可。"（《朱子语类》卷七）只要按照要求，依照规范，把事亲敬长、待人接物的礼节掌握了，就完成了小学阶段的教学任务，完成了从事这种教育应尽的义务。"小学是事，如事君，事父，事兄，处友等事，只是教他依此规矩做去。大学是发明此事之理。"（《朱子语类》卷七）通过"只是""直"（仅仅）等字眼，朱熹把小学教育严格限定在具体的事情上。

朱熹所谓的事，是指礼乐射御书数，是指孝悌忠信，是指事亲敬长，是指洒扫应对进退，是指父子之亲、君臣之义、夫妇之别、朋友之交、长幼之序、心术之要、威仪之则、衣服之制和饮食之节。归结到一点，就是儿童日常生活的规范。如果说他所编的《小学》一书，"多穷理之事，则近于大学"，还不足以说清楚什么是他所说的事的话，那么，在他为启蒙教育另编的一部小书——《童蒙须知》中，就体现得极为典型和充分。朱熹认为，童蒙应该了解的知识，不外乎穿衣戴帽、说话行走、洒扫清洁、读书写字以及诸如睡眠、吃饭、称呼、礼让等杂细事宜。所以《须知》一篇，就衣服冠履、言语步趋、洒扫涓洁、读书写文字和杂细事宜，逐条列名，一一诠释，极为具体。如《杂细事宜第五》中这样说："凡饮食于长上之前，必轻嚼缓咽，不可闻饮食之声。凡饮食之物，勿争较多少美恶。"

这样教习日常生活中的规范，也是中国启蒙教育的传统。朱熹认为，《礼记·曲礼》和《列女传》中一些短小而押韵的语句，诸如"衣毋拨，足毋蹶；将上堂，声必扬；将入户，视必下"之类，诸如"将入门，问孰存"之类，可能"皆是古人初教小儿语"（《朱子语类》卷七）。这样的教育，都是日常言动中切近的事情，不虚玄，不高妙，切于实用，也适合蒙童的理解能力，体现了小学"只是教之以事"的特点，显然抓住了启蒙教育的根本。

总的说来，"小学是直理会那事，大学是穷究那理"（《朱子语类》卷七）。小学阶段学的是是什么，大学阶段则要弄明白为什么；小学阶段只要知其然，大学阶段则必须追究所以然；小学要掌握的是形而下的事，而大学要弄明白的是形而上的理。

清初学者陆世仪显然理解并赞同朱熹的说法，他依样立说："小学之设，是教人由之；大学之教，乃使人知之。"具体地说，小学是要懂得"文"，"习其事"，大学则要明了"义"，"详其理"。他通过辨析"文"和"义"的不同，来离析小学和大学的分别。在他看来，礼乐射御书数之"文"与礼乐射御书数之"义"是有明显区别的。"'文'是习其事，'义'是详其理。"（陆世仪《论小学》）任何一件事情，即使像精微的礼乐，也存在着"文"与"义"的不同。学习的过程，有一个"由粗以及精，自有因年而进"的次第。清康熙时的学者李塨，也主张把启蒙教育严格限制在"童幼事"的范围内。当他不满朱熹所辑的《小学》涉及"天道性命"的"郛廓"之理，另编《小学稽业》的时候，有人对他说："小学使之先知其理耳，奚必事之为？"李塨对此很不以为然，论定这样做"将以误学术也"，有害于教育事业，不利于蒙童的成长。

(二)大学小学"只是一个事"

朱熹以前，大学和小学的关系被看成是在不同的对象上做工，在不同的范围内用力，看作是学习过程中前承后继的两个环节，因而它们的关系可以说是平行并列或前后衔接的。如果说"小艺"和"大艺"、"小节"和"大节"、"小道"和"大道"在抽象的意义上还存在着包容关系的话，那么《白虎通义》所说的小学学书计，大学学经籍，《汉书·食货志》所说的小学"学六甲五方书计之事，始知室家长幼之节"，大学"学先圣礼乐，而知朝廷君臣之礼"，《后汉书·杨终传》所说的小学"教之书计，以开其明"，大学"教之经典，以道其志"，其间大小学并没有内在的联系，而完全是一种平行并列的关系。

直到宋代，关于小学和大学关系的论述，依然沿袭着这样的模式。比如，在吕大临看来："小学之教，艺也，行也；大学之教，道也，德也。"小学教学的主要内容，是诸如礼乐射御书数的艺，诸如孝友睦姻任恤的行。而大学教育中德的内容，是从致知到修身的一系列内容，至于道，则是关于治国平天下的原则和方略。在他看来，小学和大学的关系，是前承后继的递进关系。"古之教者，学不躐等。必由小学，然后进于大学。自学者言之，不至于大学所止则不进；自成德者言之，不尽乎小学之事则不成。"(《小学集解》卷首)就道德的培养而言，小学的基本功非常重要，就认识的全面和深刻来说，大学的引申和发展绝对必要。在这样的序列中，按部就班，循序渐进亦即所谓的"不躐等"就至关重要。

朱熹将这一平行关系改变为了交叉关系，将前承后继的关系改变为了立体关系。在他看来，小学和大学的关系，并不是作为构成"经籍"元素的"书计"和由"书计"所构成的"经籍"之间的关系，不是一个大概念和小概念的问题，不是局部和整体的关系。小学和大学的区别，也不是"室家长幼之节"和"朝廷君臣之礼"的区别，不是两种完全不同的礼节。在朱熹看来，小学和大学不过是一个问题的两个方面，区别不在于对象不同、范围有异，而在于对同一问题认识的程度有深有浅。

"小学是学事亲，学事长，且直理会那事。大学是就上面委曲详究那理，其所以事亲是如何，所以事长是如何。"(《朱子语类》卷七)小学从有形的表象，大学从无形的本质，对同一件事情用力。小学限于习得和掌握，大学则做进一步致思和理解。所以，大学和小学针对的是同一个对象，服务的是同一个目的。正是在这个意义上，朱熹说："古之教者有小学，有大学，其道则一而已。"(《小学集解》卷首)他的学生显然是深刻理解并十分赞同"小学是学其事，大学是穷其理"的观点的，因而在向朱熹请教时也说："大学与小学，不是截然为二。"

由于小学和大学"只是一个事"，基础打好了，蒙养正了，大学就易为功，所谓的"圣功"就可期。"古人便都从小学中学了，所以大来都不费力，如礼乐射御书数，大纲都学了。及至长大，也更不大段学，便只理会穷理、致知工夫。"(《朱子语类》卷七)大学不是小学学习范围的进一步扩大，而是在既有的框架内，工夫更加绵密，认识更加深邃。不是另行开疆拓土，而是在现有的领域内，认识更加纯熟，更加深刻。有人不明白这个道理，问朱熹说：有这样一种说法，"君子务其远者大者，小人务其近者小者"，你的目的分明是想告诉人们《大学》之道，也就是所谓的"在明明德，在亲民，在止于至善"，为什么又编一本《小学》，并不遗余力地提倡在洒扫应对进退和礼乐射御书数上下功夫呢？朱熹这样回答："学之大小，固有不同，然其为道，则一而已。"(《小学集解》卷首)

他不认为小学和大学有什么本质的不同，不认为二者是可以割裂的，更不认为是完全对立的。"方其幼也，不习之于小学，则无以收其放心，养其德性，而为大学之基本。及其长也，不进之于大学，则无以察乎义理，措诸事业，而收小学之成功。"（《小学集解》卷首）大学和小学名目的不同，只是因为不同年龄阶段的人，适合其学习的内容有差异，这才有了与之相关联内容的高下浅深和先后缓急。这种差别，是同中之异，本质相同，表象有别而已，而不是像古今之辨、义利之分那样决然对立，如香臭、水火、冰炭那样不可调和。"今使幼学之士，必先有以自尽乎洒扫应对进退之间，礼乐射御书数之习，俟其既长，而后进乎明德新民，以止于至善，是乃次第之当然，又何为而不可哉？"（《小学集解》卷首）

这样来看待小学和大学的关系，它们就不再是平行并列或前后递进的关系，而是立体交叉的关系。小学是大学的基础，大学是小学的升华。小学以大学为依归，大学以小学为前提。朱熹之后，很多人都继承了这一说法，如元代学者许衡说："先之以小学者，所以立大学之基本；进之于大学者，所以收小学之成功。"大学和小学就是这种一为基础、一为旨归相互依倚的关系。小学教育，限于懂得洒扫应对进退之节，并在其中体现出父子之亲、君臣之义、夫妇之别、朋友之交、长幼之序，学会谨守心术之要、威仪之则、衣服之制和饮食之节。而在大学阶段，则要把这些仪文的道理考究清楚，把这些礼节的原则探求明白，在知道了应该怎么做的基础上，进而弄明白为什么要这么做，并把这样的道理和原则推广到人际关系的一切方面，用以指导在其他领域的实践。换言之，小学教育是要学会并遵循传统的行为规范，大学教育则是要把这种行为规范深化为内在的自觉，形成道德意识，并推广运用，达到"从心所欲不逾矩"的境界。

通过改变大小学关系的模式，朱熹突出了小学教育基础性的意义。反过来，我们也可以说，正是因为朱熹高度重视小学，他才得以改变传统的小学和大学关系的论述，用启蒙教育来为大学乃至整个人生奠基。

（三）敬包得小学

在以阐释义理、兼谈性命为特征的宋明理学那里，敬或主敬，也就是自我抑制的能力，是一种重要的道德修养方法。作为程朱理学的集大成者，朱熹也不遗余力地主敬，并把它落实在了启蒙教育中。

朱熹认为："'敬'之一字，圣学之所以成始而成终者也。"（《小学集解》卷首）敬应该体现在学习的各个环节，贯彻在大小学教育的始终。"为小学者不由乎此，固无以涵养本原，而谨夫洒扫应对进退之节与夫六艺之教；为大学者不由乎此，亦无以开发聪明、进德修业，而致夫明德新民之功也。"（《小学集解》卷首）大学的进德修业需要敬，小学的涵养本原更是离不开敬。

不错，小学是习其事，知其浅，行之小，但这并不意味着可以只是依样画葫芦地完成礼节的形式。儒家从来都认为，完成严肃庄重的礼节，首先是要心存敬畏，满怀虔诚。比如，向尊长揖让，真正的崇敬要比任何小心谨慎地完成每一个仪式都重要得多。在这个问题上，哪怕是蒙童，也不容打折扣，恰恰相反，要趁年幼，在"心知未有所主"的时候，就学会庄重和虔诚。蒙养蒙养，一个"养"字，正是要在"敬"字上着力。

如果说洒扫应对进退、礼乐射御书数是小学教育的内容，那么，敬就是小学教育内容的核心。有人问朱熹，《大学》的开篇就说，"大学之道，在明明德，在亲民，在止于至善"，并不曾说主敬，是不是主敬属于小学的工夫、已经为小学所具备了呢？朱熹回答说：是这样的，敬正是小学的灵魂。在启蒙教育中缺失了敬，无异于釜底抽薪。

当时启蒙教育中存在的最大的问题，在朱熹看来就是失去了敬。敬的缺失，也就从根本上动摇了小学的基础，彻底戕害了小学的本质和核心，最终导致"小学不传"。从小就让蒙童学做对，以用作将来对股、表启和诗联的张本，年纪稍大，"即教作虚诞之文"，从一开始，就以高官厚禄诱导蒙童，把启蒙教育纳入科举考试的轨道，这种而今自小失了"意诚心正""庄敬诚实"的颓靡风习，尽管填补起来"实是难"，但也非补上这段工夫不可，非革除这种陋俗不行。有人请教朱熹，我年幼的时候没有能读《小学》，现在能不能就教我《大学》呢？朱熹回答说："授《大学》，也须先看《小学》，只消旬月工夫。"无论如何，基础不可或缺，小学的工夫必须要有。当"屡叹年岁之高，未免时文之累"的李周翰向朱熹请教的时候，他依然劝李"子细去看""某所编《小学》"（《小学集解》卷首）。"如今全失了小学工夫，只得教人且把敬为主，收敛身心，却方可下工夫。"（《朱子语类》卷七）没有敬，小学就没有了灵魂；没有了小学，大学就失去了依凭，所谓的"作圣"也就会流于虚妄。

朱熹所说的"小学不传"，显然并不是指小学的组织形式，在教育普及的宋代，小学比周代无论如何要繁盛得多，"小学不传"指的是它的本质和精神，也就是没有能养成蒙童的虔敬之心。朱熹是如此强调敬，以至于他把敬和小学看作是一个大概念和小概念的关系，看作是具有包容性的关系。针对"敬当不得小学"的说法，他回答说："某看来，小学却未当得敬，敬已是包得小学。敬是彻上彻下工夫。虽做得圣人田地，也只放下这敬不得。如尧舜，也始终是一个敬。"（《朱子语类》卷七）在歌颂尧的德行时，说"钦明文思"，这里劈头的"钦"，也就是敬。其他"如说'恭己正南面而已'，如说'笃恭而天下平'"，说的也都是敬。圣人也只是一个敬，小学就更不在话下了。

正因为朱熹是如此注重敬在小学中的作用，以至于后来一些学者如清代的熊赐履甚至认为，朱熹所编的《小学》，"全是主敬之方"。薛瑄也说："《小学》只一'性'字贯之。《立教》者，所以教此也；《明伦》者，所以明此也；《敬身》者，所以敬此也。""是则性也者，其《小学》之枢纽也与。"

朱熹如此强调启蒙教育中的敬，与他所谓的小学"只是教之以事""小学是直理会那事""小学者，学其事""小学是学其事"等说法是否矛盾呢？说完全没有矛盾是不符实情的。朱熹时而强调小学"只是教之以事"，"直理会那事"，一幅置理于启蒙教育之外、不管不顾的决绝，时而又认为可以"说个义理大概"，尽管限定以当下眼前的事情，或者要求用洒扫应对之类的具体事例作例子，但也突破了"只是"或"直"（仅仅）的限定。陆世仪就不同意这样的做法："文公有言，古有小学，今无小学，须以敬字补之。此但可为年长学道者言，若童子则可由不可知。"(《论小学》)陆世仪也主张"小学之设，是教人由之；大学之教，乃使人知之"，与朱熹不同的是，他恪守甚谨，不越雷池一步，为此，他不惜对人们"敬信如神明"的《小学》展开批评："今文公所集，多穷理之事，则近于大学。又所集之语，多出'四书五经'，读者以为重复。且类引多古礼，不谐今俗。开卷多难字，不便童子。此《小学》所以多废也。"(《论小学》)清康熙时的学者李塨，也批评《小学》一书讲"天道性命"，认为这种"殊郛廓"的"上达"，"皆非童幼事"(《小学稽业》序)。

实际上，把《小学》说成"全是主敬之方"未尝不可，但把敬理解为"天道性命"则有违朱熹的初衷，没有契尽朱熹学说的本质。

对敬，朱熹曾有专门的解释："恭主容，敬主事。有事着心做，不易其心而为之，是敬。恭形于外，敬主于中。自诚身而言，则恭较紧，自行事而言，则敬为切。"恭是就容貌上说，敬是就内心而言。"敬，主于中者也；恭，发于外者也。"恭是敬的表现，敬是恭的根本。但朱熹不同意简单地把二者理解为工夫浅深，相反，他认为："本领虽在敬上，若论那大处，恭反大如敬。若不是里面积盛，无缘发出来做得恭。""凡言发于外，比似主于中者较大。盖必充积盛满，而后发于外，则发于外者岂不如主于中者。"(《朱子语类》卷六)所以朱熹所谓的敬，特别是针对启蒙教育所说的敬，固然是"收敛而不放纵"，但更是身心的检束和庄重，甚至可以说是道貌岸然，与吕祖谦回答"教小儿何以为先"时所说的"教以恭谨，不轻忽"是一个意思。恭谨而不轻忽，可以看作是对朱熹的"敬"最精确的解释。洒扫应对进退的礼节之所以不到位，童蒙的规范准绳之所以没有能起到约束作用，归根到底是由于敬的缺失，是轻忽而不恭谨所致。"小童添炭，拨开火散乱。先生曰：'可拂杀了，我不爱人恁地，此便是烧火不敬。所以圣人教小儿洒扫应对，件件要谨。某外家子侄，未论其贤否如何，一出来便齐整，缘是他家长上元初教诲得如此。只一人外居，气习便不同。"(《朱子语类》卷七)心中有了敬，事情就会做得谨慎。添炭续火，弄得火星四溅，表面是火堆的散乱，实际上是心中没有敬。一个小孩外出时，衣服冠履，端正妥帖，表面是仪容整齐，实则是家长教子有方，孩童的心中有了敬。有了敬，说话做事，就会面貌顿改，气象一新，让人爽心悦目。

(四)养得圣贤坯璞

应该说，《周易》中所谓的"蒙以养正，圣功也"的说法，对朱熹把启蒙教育的使命确定为模铸圣贤坯璞有一定的启示意义。对《周易》的说法，朱熹是这样解释的："蒙昧之时，先自养教正当了，到那开发时，便有作圣之功。若蒙昧之中已自不正，他日何由得会有圣功。"(《朱子语类》卷七十)可见，无论是日后的"做圣之功"，还现实的圣贤坯璞，都要有一个前提条件，这就是"先自养教正当"。他之所以编辑《小学》，就在于为这种教养树立榜样，提供方法，铸就一个栩栩如生的圣贤坯璞。"《小学》体现了作者惊人的信心：他相信这些雄心勃勃的理想和挑战性十足的作品不但能够被初学儿童所理解，并且可以作为一个普遍教育体系的基本方案。"([美]狄百瑞《〈大学〉作为自由传统》，见《儒家与自由主义》)

圣贤坯璞不是自然生成的，而有赖于养教，而养教的重点除了洒扫应对进退的规范之外，还在于实践和操作这些规范时，养成恭谨而不轻忽，也就是敬。朱熹说："古人由小学而进于大学，其于洒扫应对进退之间，持守坚定，涵养纯熟，固已久矣。大学之序，特因小学已成之功。"(《小学集解》卷首)正因为小学不仅包括了外在的行，而且涵容了内在的敬，所以小学的功效就非同一般。古代的蒙童，通过学习礼仪之事，在洒扫庭除、应对尊长、进退揖让中，在礼乐射御书数的日常社会生活实践中，不仅习得了外在的行，而且培养了内在的心。"古人小学教之以事，便自养得他心，不知不觉自好了。到得渐长，渐更历通达事物，将无所不能。"(《朱子语类》卷七)遇到事情，便从早已娴熟的心上理会，一切应对从心中流出，于是就有运用之妙。而今人"只去事上理会"，难免就事论事、流于皮相的肤浅。

小学的事虽然小，也不具备圣贤的许多知见，但在洒扫应对进退的日常生活规范中，日与性成，习与渐长，日就月将，涵养纯熟，也就铸就了圣贤的坯璞。所以，生活中任何细小的事情，如果满怀恭敬虔诚地按照礼仪规范去做，也就是在圣贤的金庙上不断地在添砖加瓦。"古者，小学已自暗养成了，到长来，已自有圣贤坯模，只就上面加光饰。""古人于小学存养已熟，根基已深厚，到大学，只就上面点化些精彩。古人自能食能言，便已教了，一岁有一岁工夫。到二十时，圣人资质已自有十分，大学只出治光彩。"（《朱子语类》卷七）只有从圣贤的坯璞中，才能走出圣贤，也只有圣贤，才能建树圣贤的功业。从圣贤坯璞中走出来的，具有了成为圣贤的可能性，大学所要做的，不过是在这个坯璞的基础上，稍加打磨，"只就上面加光饰"，"只就上面点化出些精彩"。如此，教育便完成了自己的使命。

"只就上面加光饰""只就上面点化出些精彩"的说法，虽然针对的是大学，但高度肯定了启蒙教育的作用。这一说法是基于这样的前提：启蒙教育不仅对一个人一生的成长，具有示以准绳、匡其趋向的意义，而且完成了传统社会理想人格的初步塑造。大学所要做的，是在业已具备的坯璞上，做画龙点睛的工夫，只要稍加光饰，就非常完满，一经点化，就展现精彩。

任何教育活动，都包括了知识的传授，而不纯粹是道德的实践。在理学的祖师程颐那里，"涵养须用敬，进学则在致知"。朱熹让主敬和致知交互为助，把道德修养和求知活动有机地结合在了一起。但这并不是说圣人只是道德的楷模，知识水平可以停留在小学的层次。"古者小学已自养得小儿子这里定，已自是圣贤坯璞了，但未有圣贤许多知见。及其长也，令入大学，使之格物致知，长许多知见。"（《朱子语类》卷七）朱熹认为，圣贤坯璞之所以是坯璞而不成其为圣贤，主要就在于他缺少圣贤应有的知见。在小学的基础上，通过格物致知，通过逻辑推导，就能生长出圣人应该具备的"许多知见"。"古人小学养得小儿子诚敬善端发见了，然而大学等事，小儿子不会推将去，所以又入大学教之。"（《朱子语类》卷七）在这里，朱熹其实为大学指出了另外的目的，在搞清楚为什么要事亲敬长，弄明白为什么只有这样而非那样是事亲敬长的合宜行为的同时，还要有一定的逻辑推导能力。把由最基本、最切近并为社会公众所认可的道德行为所立足的那个理，推演到包括日常言动在内的社会生活的各个方面，并以这个推演而来的理，作为权衡和判定言论和行为是否合宜的标准，这也是《论语》中所谓的"举一隅而以三隅反""以一知十""告诸往而知来者""温故而知新"的能力。而这种能力的获得，是大学阶段的任务。

（五）《小学》是"做人底样子"

《小学》可以说是朱熹启蒙教育思想的典型体现，其中不仅寄寓着朱熹关于启蒙教育使命的观点，而且引导着传统启蒙教育的发展路向，是一份最典型体现传统启蒙教育功过是非、利弊得失的文献，也是一扇最佳的窥视传统启蒙教育风貌的窗口。

按照小学"只是教之以事""小学是直理会那事""小学者，学其事""小学是学其事"原则，编辑一部启蒙读本，以规范蒙童的日常言动，一直是包括朱熹在内的当时许多人的意愿。朱熹为此编过一部《童蒙须知》，很可能是在编辑《小学》之后，他自己也认为《小学》过于繁难，不适合童子，才又编写了这部相对简洁通俗的读物。陆九龄曾对朱熹说："古者教小子弟，自能言能食，即有教，以至洒扫应对之类，皆有所习，故长大则易语。……某当思欲做一小学规，使人自小教之便有法，如此亦须有益。"朱熹建议说："只做《禅苑清规》样做，亦自好。"（《朱子语类》卷七）我们不知陆九龄的想法是否见之于行动，朱熹倒是实实在在地编了一部用以规范蒙童日常行为、用于启蒙教育的《小学》。

这部书是朱熹指导他的弟子刘清之编辑的，凡六卷："分内外二篇，合三百八十五章，以《立教》《明伦》《敬身》《稽古》为纲，以父子、君臣、夫妇、长幼、朋友、心术、威仪、衣服、饮食为目，使夫入大学者，必先由是而学焉，所谓做人地样子是也。"（张伯行《小学集解原序》）全书完全是选录前人文献编辑而成，其中内篇主要选自儒家经典，外篇则是历代贤德之人的嘉言善行。"衍内篇之言以合外篇，则知外篇者，《小学》之支流；约外篇之言以合内篇，则知内篇者，《小学》之本源。合内外而两观之，则《小学》之规模节目，无所不备。"（《小学集解》卷首）

朱熹本人对这部书偏爱有加，他曾这样夫子自道："后生初学，且看《小学》之书，那是做人底样子。"（《朱子语类》卷七）他的学生也尊其所教，在《小学》上颇为用力，《朱子语类》中有很多他们讨论《小学》的记载。不仅是后生初学，而且当一些"蹉过"小学教育的成人向他请教时，他也建议这些人读《小学》，以"补填前日欠缺"。

元明清三代政府也十分推尊此书。元末明初学者宋讷曾说："高后尝命女史诵而听之，既而奏曰：'《小学》书言易晓，事易行，于人道无所不备，真圣人之教法，盍表章之?'高皇帝曰：'然。已令亲王、驸马、太学生咸讲读之矣。'由是内而京师，外而郡邑，莫不家藏人诵，而圣贤之教，复明于天下矣。"(《小学集解》卷首)清朝的龙启瑞则说："国家以实学取士，自'十三经''四书'外，特表章朱子《小学》。凡童生入学，复试论题，务用《小学》，著在律令。"(《经德堂文集》卷二)

后代士大夫对此书更是推崇有加，元代的许衡，在给自己儿子的信中这样说："《小学》、'四书'，吾敬信如神明。自汝孩提，便令讲习，望于此有得，他书虽不治，无憾也。我生平长处，在信此数书。汝当继我长处，笃信而好之也。"(《小学集解》卷首)在清代学者张伯行看来，此书完全可以和《大学》比肩并立："孔子以前，大学未有书，自孔子作之，而入德之门在是矣。朱子以前，小学未有书，自朱子述之，而做人样子在是矣。学者读孔子之书，不以《大学》为之统宗，则无以知孔子教人之道。读朱子之书，不以《小学》为之基本，则无以知朱子教人之道。"(《小学集解》卷首)后代学者关于小学的论述，大都围绕这部书而展开。历代注解、论说、改编、节录之作也特别多，早在明朝弘治年间，就有人说："夫是书之疏释，予以所尝得者与宋元以来诸家著录考之，得其目殆七十余家焉。"([日]大草公明《小学旨意存是序》)

尽管朱熹自己偏爱，历代士人推崇，统治者提倡，但正如陆世仪所说，对于启蒙教育来说，这部书有几个致命伤。一是强调主敬，"多穷理之事"，超出了小学"只是教之以事"的范畴；二是全部内容都辑录自"四书五经"，求全责备，叠床架屋，多有重复；三是其中的内容，都是夏、商、周三代时的礼节，与宋代的风俗相去甚远，违背了朱熹自己以"眼前事"加以说明的原则；四是文字古奥，语句长短不齐，颇棘唇吻，既不便于读，更不适合诵。李塨也批评《小学》一书"殊郛廓。天道性命，上达也；亲迎觐朝，年及壮强者也，以至居相告老诸抚，皆非童幼事"

（《小学稽业》卷首）。远离蒙童生活的实际。这些问题使得它让国家的律令"徒为具文"，在启蒙的课堂上，不免"多废"的命运。但它流行在学者的书斋里，为影响和主宰启蒙教育的统治者和士大夫所尊崇，因而对我国传统的启蒙教育产生了深远的影响。

《小学》被看作传统学术文化的基础，众多的士人也的确按照这样的顺次和途径研习。明代学者施璜认为，"五经"以"四书"为阶梯，没有读好"四书"，就谈不上读"五经"；"四书"以《近思录》为阶梯，没有读好《近思录》，就谈不上读"四书"；《近思录》则以《小学》为阶梯，没有读好《小学》，就谈不上读《近思录》。要登进升入"五经"的堂室，就必须沿着"四书"的阶梯而上；要登进升入"四书"的堂室，就必须沿着《近思录》的阶梯而上；要登进升入《近思录》的堂室，就必须沿着《小学》的阶梯而上。"此《小学》一书，所以为万世养正之全书，培大学之基本者也。学圣人之学而不务此，如筑室无基，堂构安施乎？如种树无根，灌溉安施乎？故朱子特编是书，以为读书做人基本。要人先从事于小学，然后可以进于大学。即不幸时过而未学者，朱子亦惓惓教人，补此一段工夫也。"（《小学集解》卷首）由《小学》以至《近思录》，而后及于"四书"，驯致"五经"，这是明清时人所确立的读书为学的基本次第。

作为"做人底样子"，《小学》也对一代又一代的人产生了潜移默化、或显或隐的影响。明代学者枫山先生章懋，是一个强调要将《小学》"熟读玩味，字字句句，皆究极精微，务使其理贯彻于胸中，一一体之于身而力行之"的人。在他80岁的时候，一个已经考中了进士的人来向他请教"为学之方"。他没有犹豫，告诉这人还是要读《小学》。这个进士不服气，对他说："这书我年幼的时候就读过了，现在已经考中了进士，取得了功名，获得了官职，何必再读呢。"章懋告诉他："年幼时的记诵，并没有真正理解，算不得是读。"进士回家后，便听从章懋的告诫，开始阅读《小学》，觉得其味无穷。三个月后，他又去谒见章懋。章懋一见他就问："你最近是不是在读《小学》？"进士十分惊奇，反问道："您怎么知道的呢？"章懋回答说："看汝一动一静，一语一默，与前迥殊，吾固知读《小学》有得也。"听了章懋的话，进士惊异于《小学》神奇的功效，"乃大钦服而退"。（《小学集解》卷首）

　　中华民族有着注重启蒙教育的传统，早在《周易》产生的时代，就出现了"蒙以养正，圣功也"的说法，启发蒙昧，剔抉隐默，通过培养使蒙童获得正确的认识，被看作是圣人的功德。接受启蒙教育，被看成是一个人终身事业的根本，被看作是一个人一生成败之所系，因而被认为是大事，也是难事。正因为有这种意识，我国历史上著名的学者和有影响的思想家，大都参与了启蒙教育的工作。他们有的亲自编纂启蒙用书，或者对启蒙教育的方法和意义提出自己的意见，用以指导启蒙教育的实践。如宋代的吕祖谦、吕本中、陈淳、王令、胡寅、方逢辰、真德秀、王应麟等人，元代的许衡、程端礼、胡一桂等人，明代的吕坤、王守仁、方孝孺、陈继儒、袁黄等人，清代的陆世仪、张履祥、张伯行、陈宏谋、贺瑞麟、王筠等人，乃至民国时期的章炳麟等人，都曾在启蒙教育上投注过心力。这提高了教材的质量，保证了教材的权威性，也引起了人们对启蒙教育的重视，不再视其为"浅陋""鄙俚"而不屑一顾，是宋元明清时期启蒙教育能持续繁荣的重要保障。

　　在这些学者和思想家中，朱熹更是特立突出，作用非凡，影响深远。朱熹编著了众多的启蒙读物，或者说，他的许多著作都曾用作启蒙教材。如在贺瑞麟所编的《西京清麓丛书·蒙养书九种》中，就包括了朱熹所撰的《童蒙须知》《训子帖》《白鹿洞揭示》《敬斋箴》《训蒙诗百首》。在陈宏谋所辑的《养正遗规》中，除了以上所提到的篇名之外，还有《沧州谕学者》《论定董陈学则》《朱子读书法》。此外，熊大年辑的《养蒙大训》，则收录有朱熹的《孝经刊误》。在朱熹所有的蒙学读物中，最著名、影响最大的则是《小学》。以《小学》为示范，在相关的论述中，朱熹不仅确立了启蒙教育的使命，而且为传统社会后期启蒙教育的理论和实践奠定了基调。

　　原题《传统启蒙教育的使命——朱熹的论说》，载《中国书院》第5辑，湖南教育出版社2003年版

二、 从《小学》的命运评说当代儿童读经

　　《小学》是一部传统的启蒙教材，一般题为朱熹撰。实际上，这部书是朱熹指导他的学生刘清之编成的。不过，在编辑过程中，朱熹作了非常具体切实的指导。如他叮咛刘清之，收录前人的文章，不可太泛太滥；一些晦涩难懂的内容，如《叙古蒙求》之类，有必要进一步简约；而有关古乐府和杜甫的诗，意境很好，可适当多收一些。刘清之编成之后，朱熹又作了较大的修改。如刘清之原编中有《文章》一门，朱熹在最后定稿时，将这部分内容完全删去。

　　《小学》于淳熙十四年（1187）成书，此后对中国传统启蒙教育乃至整个教育和学术都产生了深远的影响。朱熹本人就对这部书偏爱有加，他曾这样夫子自道："后生初学，且看《小学》之书，那个是做人底样子。"（《朱子语类》卷七）当一些"蹉过"小学教育的成人向他请教时，他也建议读《小学》，以"补填前日欠缺"，从而"栽种后来根株"。他的学生大都遵其所教，在《小学》上颇为用力，《朱子语类》中有很多他们师生讨论《小学》的记载。

　　历代学者对于《小学》，更是"尊若六经"，推崇有加。元代著名学者许衡，在给自己儿子的信中这样说："《小学》、'四书'，吾敬信如神明。自汝孩提，便令讲习，望于此有得，他书虽不治，无憾也。我生平长处，在信此数书。汝当继我长处，笃信而好之也。"（《小学集解》卷首）明代著名学者章懋，强调要将《小学》熟读玩味，字字句句，都要考究清楚，除了使其道理贯彻于胸中，还要身体而力行。即使已经考中了进士的人向他请教"为学之方"时，他的意见是依然要读《小学》。清代学者张伯行，更是把《小学》和作为"四书"之一的《大学》等同看待："孔子以前，大学未有书，自孔子作之，而入德之门在是矣。朱子以前，小学未有书，自朱子述之，而做人样子在是矣。"（《小学集解》卷首）在他看来，读孔子之书，应该以《大学》为统宗；而读朱熹的书，则应该以《小学》为基本。他所辑录的《小学辑说》，辑录宋元明清 4 朝 18 家 68 则有关小学的

论述，其中大都是对《小学》的颂赞溢美之词。

元明清三代政府也十分推尊此书。明朝初年，"高后尝命女史诵而听之，既而奏曰：'《小学》书言易晓，事易行，于人道无所不备，真圣人之教法。'"建议明太祖朱元璋推广此书。朱元璋如其所言，令亲王、驸马、太学生讲读。"由是内而京师，外而郡邑，莫不家藏人诵，而圣贤之教，复明于天下矣。"(《小学集解》卷首)清朝政府在"十三经"和"四书"之外，对《小学》最为推重。"凡童生入学，复试论题，务用《小学》，著在律令。"(《经德堂文集》卷二)明确规定童生入学考试要用《小学》。

尽管朱熹自己偏爱，历代士人推崇，统治者提倡，但正如明末清初学者陆世仪所说，对于启蒙教育来说，《小学》有几个致命的问题："今文公所集，多穷理之事，则近于大学；又所集之语，多出'四书五经'，读者以为重复；且类多引古礼，不谐今俗；开卷多难字，不便童子。此《小学》所以多废也。"(《论小学》)李塨也批评《小学》一书，内容关乎天道性命、亲迎觐朝以至居相告老之事，都不是儿童切近的事情，远离了蒙童生活的实际。

这些问题，使得国家的律令"徒为具文"，在启蒙的课堂上，《小学》不免"多废"的命运。龙启瑞在强调国家明文规定童生入学要考试《小学》之后，紧接着说："乃行之既久，或徒为具文，承学之士，束书不观。然则古昔养正作圣之方，与圣天子造就人之意，胥于是而不可见。"(《经德堂文集》卷二)一方面是著在律令，要求考试用此书，另一方面是把律令视为"具文"，并不具体落实；一方面是对此书敬信如神明，另一方面又是束书不观。在旧时，它主要流行在学者的书斋里，而在启蒙的学堂中影响十分有限；主要为士人所称颂，而不为蒙童所接受。

《小学》这样一种尴尬的命运，对我们今天儿童读经的倡导，具有警示意义。

(一)学习的内容要切合儿童生活的实际

教育的内容，只有切合儿童生活的实际，才能引起学生学习的兴趣。兴趣是最好的老师，只有它才能把学生引进教育的过程。也只有贴近生活实际的学习，才能使学生将所学的知识和日常生活相印证，获得良好的学习效果。由于儿童多记性、少悟性的特点，小学阶段的教育应该主要围绕生活中具体的事情来展开，远绝深奥、抽象的"理"。传统的启蒙教育注意到了这一点，朱熹自己就一再强调，小学阶段，"只是教之以事"，如礼乐射御书数之类的技艺、日常生活中孝悌忠信这样的事情。在他看来，小学之所以被称之为小学，主要不在于学生年龄小，更主要在于与这种较小的年龄相适应，教的都是一些浅显、具体而微的事情。而且，小学阶段要摒绝理，不过问理，只是学事。如果不切实际，不顾蒙童多记性、少悟性的特点，教一些超越于事之上的理，不仅无益，而且有害。所以，朱熹特别强调："天命，非所以教小儿。"即使说义理，也只能说一个大概，没有必要也不应该深入，并且要和日常生活中显而易见的事情结合起来解说。

朱熹把小学教育的内容，严格限定在具体的事情上，可他为实施小学教育编写的《小学》一书，并没有限制在"童幼事"的范围之内。《小学》完全是选录现成的文献编成的。全书凡六卷，分内外篇。内篇包括《立教》《明伦》《敬身》和《稽古》，以选录儒家经书为主，"萃十三经之精华"；外篇则有《嘉言》和《善行》，辑录历代贤德之士的嘉言和善行，"采十七史之领要"。明代学者薛瑄在论及《小学》一书的结构时说："朱子《小学》一书，理与事而已。"内篇的《立教》《明伦》和《敬身》，说的是道理，《稽古》则举的是具体事例；外篇的《嘉言》说的是道理，《善行》则讲的是具体事情。"然理，精也，本也；事，粗也，末也。本末精粗，一以贯之，其《小学》之书乎？"由此可见，"朱子《小学》一书，详于义理"（《小学集解》卷首）。"理"或"义理"在《小学》中占有很大的分量。

这种超越儿童生活实际和认识能力，奢谈"天道性命"的"郭廓"之理，正是导致《小学》"多废"的重要原因。陆世仪所指出的《小学》的问题，具体地说表现在以下几个方面：一是强调主敬，"多穷理之事"，超出了小学"只是教之以事"的范畴。二是主要内容都辑录自"四书五经"，求全责备，叠床架屋，多有重复。三是其中的内容，都是夏、商、周三代时的礼节，与宋代的风俗相去甚远，违背了朱熹自己以"眼前事"加以说明的原则。这三个问题集中到一点，就是远离儿童生活的实际。清康熙时的学者李塨，也批评《小学》一书"殊郛廓。天道性命，上达也；亲迎觐朝，年及壮强者也，以至居相告老诸抚，皆非童幼事，且无分于大学"（《小学稽业》卷首）。他论定这种远离蒙童生活实际的做法，超越儿童认识能力的内容，施之于儿童，"将以误学术也"，会有害于教育事业，不利于蒙童的成长，为此他另编了《小学稽业》。

现代倡导读经的人士主张，要利用儿童期的记忆力，记下一些永恒的东西。无论这些东西与儿童的生活是否有关联，无论这些东西孩子是否理解，更不论这些东西儿童是否喜欢。他们要求儿童熟读背诵，并相信现在所学的内容，能为将来进入社会后所用；虽然与现实的生活没有关系，将来总有一天用得着。《小学》的命运告诉我们，不与儿童的生活实际相切合，不尊重儿童的认知特点，在启蒙的课堂上就不会有市场。不为儿童接受的东西，即使有再高的价值，也不应该施之于儿童。即使生硬地向儿童灌输了，也是不能持久的；即使儿童一时记住了，也是易忘的。不错，儿童的生活和学习需要引导，需要家长和全社会去设计，而不能完全放任让毫无自主能力的儿童去选择。但那也是在尊重儿童天性前提下的引导和设计，绝不是扭曲孩子的天性强使就范。教育的基本原则应该是尊重儿童，尊重儿童的兴趣和爱好，否则只会禁锢儿童的世界，戕害儿童的灵性，使儿童失去自身成长的根基。

我们不反对读经，但不主张儿童读经，特别是狭义的儒家经典。在这个问题上，我们应该抛弃成人本位的教育观念，不以成人的价值观念来评判和规划儿童的生活，暂时把经书从儿童面前移开。我们应该有足够的耐心，等到孩子大一些后、理解能力增强了，再让他们读经。实际上，古代 15 岁之前主要接受启蒙教育，以集中识字和学习一些文化知识、接受道德教育为主要内容，15 岁之后，才开始学习儒家经典，走上科举备考之路。这种做法，今天依然值得我们借鉴。

(二)学习应该顺应儿童的兴趣和爱好

我国流传久远、脍炙人口的启蒙教材，都是用韵语和对偶的形式编成的。这样的读物，或四字一句，或七字一句，文字简洁，形式整齐。

特别是合辙押韵，读起来朗朗上口，听起来铿锵悦耳，人们喜闻乐道，儿童也有兴趣阅读。如《三字经》《百家姓》《千字文》《声律启蒙》和《幼学琼林》等，无不如此。极个别的读物如《二十四孝》《日记故事》之类，虽然是用散文写成的，但都非常简短，少者一二十个字，多者也不过百余字，而且配有图画，通篇讲述故事，能引起儿童的兴味，为儿童所接受。这些特点使得它们流传千古，长盛不衰，成为我国传统启蒙教育中重要的遗产。

《小学》之所以为儿童所拒绝，就是因为它违背了这样的原则。《小学》内篇《立教》13 章、《明伦》117 章、《敬身》46 章和《稽古》47 章，外篇则有《嘉言》90 章和《善行》81 章，完全是辑录以前文献尤其是儒家经典而成的。"近世新安朱文公，以孔门圣贤为教为学之遗意，参以《曲礼》《少仪》《弟子职》诸篇，辑为《小学》之书四卷。"(《小学集解》卷首)这些古代的文献，离宋代已远，其中的很多内容，特别是古代的礼俗，是后来的人尤其是儿童难以理解的。尤其是这些古代文献的文字古奥，儿童认识和理解都有很人的困难。最令人头疼的是，它没有韵语，没有偶句，佶屈聱牙的语句，不谐唇吻，不符合儿童的阅读习惯，引不起儿童的阅读兴趣。

《小学》这样的编写形式，不适应儿童的阅读特点，引不起儿童的阅读兴趣，这是对它高度赞赏的人也不否认的。陆世仪就曾批评《小学》文字古奥，语句长短不齐，颇棘唇吻，既不便于读，更不适合诵。另一些学者虽然没有对《小学》直接批评，但通过各种方式，如注解、论说、改编（尤其是改编为韵语）、节录、图画等形式，力图将它通俗化、简明化，使它适应蒙童的兴趣和爱好。早在明朝弘治年间，一位日本学者就这样说："夫是书之疏释，予以所尝得者与宋元以来诸家著录考之，得其目殆七十余家焉。"([日]大草公明《小学旨意存是序》)在这之后，同类著作依然不断出现，如《小学诗》《小学韵语》等。这种一再改编的情形，既说明了《小学》的重要，也说明了这部启蒙教材不为蒙童所接受的实情。

现在读经名义下的所谓经典，有多种类型。除了脍炙人口的唐诗宋词和传统的启蒙读本之外，最主要的是儒家经典，特别是"四书五经"。

当代提倡读经的，几乎没有一个不提及这几部经书的。一些倡导读经的人士，最力荐的正是这几部经书。如在蒋庆看来，中华文化经典是由孔子整理编定的、由诸大儒阐发撰述的、被历代中国人公认享有神圣性与权威性的、在中国历史上长期作为课本教材的儒家文献。他甚至认为，传统蒙学用书和唐诗宋词，应放在读经之余诵习，反对将它们列入少儿读经的基本教材之中。另一位读经的倡导者王财贵则主张，儿童读经应该跳过传统的蒙学读本，跳过唐诗宋词，跳过古文，跳过诸子百家，从一开始就读"四书五经"。蒋庆和王财贵倡导所读的经，恰恰是《小学》取材的范围。如前所述，这是儿童所不能接受、没有兴趣接受的内容。在旧时行不通，在现代社会施行起来困难更大。

对于这些经典，读经倡导者提供的学习方法是背诵。蒋庆就明确指出，蒙学教育就是背诵教育；王财贵则认为，记忆是一切学习的基础，唯有趁现在死背多了，将来才能活用。读经的倡导者理直气壮地宣称，儿童最擅长的就是记忆，而最不擅长的就是理解，提倡儿童读经，恰恰是对儿童这一特质的尊重。所以，该死背的时候，就必须死背，人类原始的教育方法只有一个，那就是背诵。我们不否认，记忆和背诵是被历史证明行之有效的学习方法，学习过程中的记诵对知识的积累、心性的陶冶都是十分必要的。但是，单纯地死记硬背而全然忽视理解，那就应验了批评者所说的食古不化，只是用古代的经典来占据儿童的大脑，堵塞儿童的想象力，湮没儿童的灵性。更重要的是，记忆和背诵要有适合记诵的材料。像儒家经典和《小学》之类，读起来尚且困难，是不适合背诵的。只有那些偶句和韵语，"从声音上说，和谐顺畅，读来上口，听来悦耳；从内容上说，或者连类而及，或者同类相比，或者义反相衬，给人的映象特别鲜明突出，容易联想，容易记忆"（张志公《传统语文教育教材论》），才是合适的背诵材料。

传统的儒家经典，产生于我们民族文化奠基的"轴心时代"，离我们现今已经有约 2500 年的距离。时过境迁之后，其中佶屈聱牙的文字、晦涩艰深的义理，即便是专门的研究者也很难理解，更不必说年幼的儿童。所以，就连在经典具有至高无上地位、全社会读经的旧时，也没有要求儿童读经，而是明智地将读经滞后。古人把启蒙教育和读经教育的界限分得很清楚，将它们分属于小学和大学的范畴，并把从事启蒙教育的老师称为蒙师，教授儒家经典的老师称为经师。古人在长期的教学实践活动中总结出的一条重要的经验，就是不要过早读经。这同样是一个悠远而值得我们珍视的传统，如同经典本身一样值得我们珍视。

原载《课程·教材·教法》2007 年第 3 期

第 十 五 讲

传统书院的现代价值

一、 传统书院功能的式微

现代研究者将教学、藏书和祭祀归结为书院的三大功能，这三大功能支撑起传统书院走过千年的风雨，使书院成为中国传统社会研习学术的机构、传播知识的基地、实施教化的堡垒。但是，传统书院的这三大功能，由于现代社会结构性的变化，其价值渐趋式微。

在古代，书院也被称为祠学。如元代的宋禧曾说："国朝于天下祠学，所谓书院者，例设官置师弟子员，与州学等。"在古人看来，山长的职责，不过是教与祀而已。为了保证祭祀活动的顺利进行，许多书院专门设置有祭田、祠田、祀田等；田地里的收入所得，主要用作祭祀。实际上，书院祭祀的费用，往往可以和书院的维修、教师的薪俸和生徒膏火相提并论，是书院日常开销中较大的一笔支出，由此可见，祭祀在书院中的重要地位。

古人之所以这么重视祭祀，是因为书院祭祀具有多重意义，这是一种有意味的仪式。

首先，书院祭祀，有别于各级官学以"道冠古今，德参天地"的"先圣"孔子为对象，往往是与书院关系亲近的贤人。但是，平庸的人得不到尊崇，碌碌无为的人享受不到祭祀。书院祭祀的先贤，除了与本乡本土有切近的关系之外，还必须不是等闲之辈，而是或者立功，或者立德，或者立言，具有"不朽"意义的大贤大德。祭祀就是要表达对先贤及其功业的礼敬，不忘他们的恩情，回报他们的恩惠。所以，书院的祭祀，具有表彰圣贤、崇德报功的用心。

其次，祭祀的对象在被推上受人顶礼膜拜的祭坛之后，他们就是道德的载体、道统的象征和文化的符号。人们向他们执香行供，参拜祭祀，也不单纯是对其个人的感戴，而是基于对他们所代表的学说的尊信，所谓"书院设官，春秋命祀，并遵旧典，非徒尊其人，尊其道也"（蒋易《庐峰山长黄禹臣序送别》）。

再次，在书院里，人们祭祀的总是自己爱戴的大师和欣赏的学者，是自己仰慕的同道人。一种与自己的学术观点相左的学说，不可能被心悦诚服地长久研习；一个被自己视为"异端"的学者，绝对不可能受到顶礼膜拜。所以，祭祀对象的选择，其实意味着学术思想和学派归宿的选择。在这个意义上，祭祀起着强化学派认同的作用。正因为祭祀对象的不同，在一定程度上反映了特定书院的学说渊源和学术追求。

通过某个书院的祭祀，我们就能透视该书院的性格和气质。胡适甚至认为，由书院的祭祀，"即可觇某时代民意的趋向"，"一时代的精神，即于一时代书院所崇祀者足以代表"。

最后，祭祀活动本身，不仅仅是简单的朔望参拜，执香行供，而是寓教于其中的一种有意义的仪式。"抑书院之制，所以有教有祠者，非祠自祠、教自教也。盖教所以成德，以为后学之表，则祠亦为教设明也。"（唐肃《皇冈书院无垢先生祠堂记》）就是说，祀服务并服从于教的要求，或者说，祭祀不过是书院教育的一种特殊形式。书院祭祀是一种感性的教育，是一种榜样的教育，它使得书本知识更加直观形象，使教育形式更加生动有效。

祭祀对于传统的书院具有上述多方面的意义，但对于体现政教分离原则的现代教育而言，对于禁止学校安排宗教仪式、教义灌输在很多国家成为法令的现代大学来说，已经属于禁绝的对象。尽管一些学校、一些院系在特定的地方，还张挂着该校该院发展史上那些大贤大德的画像，以供后学观览和礼敬，但这与传统书院的祭祀已经具有全然不同的意义了。至少，祭祀的仪式已经彻底从学校里淡出了。

书院的性质和藏书紧密相关。在书院的三大功能中，教学和祭祀都不是书院与生俱来的属性，甚至不是与书院同时产生的，而是在书院的发展过程中逐渐被赋予的，只有藏书，才是书院最本质的属性。换言之，书院的成立和得名，和藏书有着必然的、内在的联系。

"院者，取名于周垣也。"（王应麟《玉海》卷一百六十七）同殿、观、阁、馆等一样，院是指建筑物而言。所谓书院，本义就是指有围墙、用来藏书的屋子。在历史上，也不乏将藏书之所称之为书院的例子。可见，书或藏书是书院与生俱来的属性。正是在这个意义上，陈谷嘉、邓洪波说："书院与书有着一种血缘亲情关系，可以说，没有书就没有书院。"

　　书院之名，最早出现在唐代。但在最初，甚至在整个唐代，书院都没有涉及教学活动，还不具有教育的功能，还不是教育机构。胡适"书院之有学校的价值，固自唐始"的说法，显然还没有足够的文献支撑。唐玄宗开元时设置的丽正书院，以及随后由丽正书院改名而来的集贤书院，一个是修书之地，一个为辑刊经籍之所。但无论如何，它们都关乎藏书，并因此而得名，而且正是在藏书这一基础上，派生出读书、修书、刊书之地的功能。这也就是清人袁枚所说的："书院之名，起于唐玄宗时，丽正书院、集贤书院皆建于朝省，为修书之地，非士子肄业之所也。"（《随园随笔》卷十四）元代欧阳玄在《贞文书院记》中，说得更加具体明白："唐宋之世，或因朝廷赐名士之书，或以故家积书之多，学者就其书之所在而读之，因号为书院。"可见，藏书与书院具有内在的必然联系，藏书是书院与生俱来的本质属性。藏书不仅决定了书院的名义，而且是书院开展教学活动的必要前提。

　　在现代社会，特别是在现代学校，由于教学的需要，藏书依然不可缺少。科学技术的发展，图书大量出版，海量印行，易于获得，藏书变得非常容易。现代教育教学和学术研究对于图书的依赖，丝毫也不逊色于传统书院对于图书的需要。而现代学校的藏书较诸传统书院的藏书，更是不啻万倍。我们虽然不能说现代学校藏书与传统书院的藏书没有一点继承的关系，但藏书是所有教育机构的属性之一，无论是西方的各级各类学校，还是古代中国的府州县学，都有一定数量的藏书，则是显而易见的事实。所以，传统书院藏书的功能，在现代的价值同样也已经式微，甚至可以忽略不计。

　　我们不能仅仅根据是否有教育教学活动就判定一所教育机构是否是书院，比如，两汉时期的"精舍"和"精庐"，在选址办学、私人兴建、延师授徒诸方面与后世的书院如出一辙，具有与后世书院完全相同的组织形式和教育教学属性。而且，这种私立精庐、开门授徒已不是个别现象，而是东汉以后普遍的社会风气。"自光武中年以后，干戈稍戢，专事经学，自是其风世笃焉。其服儒衣，称先王，游庠序，聚横（黉）塾者，盖布之于邦域矣。若乃经生所处，不远万里之路，精庐暂建，赢粮动有千百，其著名高义开门受徒者，编牒不下万人，皆专相传祖，莫或讹杂。至有分争王庭，树朋私里，繁其章条，穿求崖穴，以合一家之说。"（范晔《后汉书·蔡玄传》）尽管如此，我们最多只是把两汉的"精舍"和"精庐"，看作了书院的渊源，而没有人将它们等同于书院。但是，教育教学毕竟是书院最本质的属性，没有教育教学活动的书院是难以想象的。正是基于这一理由，我们把仅仅有书院之名的机构，比如或为修书之地，或为辑刊经籍之所，或为个人读书之处的所谓书院，都摒除在外。

一般认为，江州义门陈氏家族的教育机构东佳书堂，是最早有明确记载的、具有教育教学属性的书院。但它建于何时、始于何人，学术界有不同的说法。徐梓曾写有《东佳书堂小考》一文，通过对唐大顺元年陈崇订立的《义门家法》和宋初徐锴撰写的《陈氏书堂记》的分析，再加上其他佐证，说明了在唐末《义门家法》订立的时候，东佳书堂还只是陈崇心目中的一个蓝图、一个愿景、一个计划，直到五代时期，其子陈衮才将这一计划付诸实施，将这一愿景变为现实，中国古代书院于焉发轫。

与藏书一样，教育教学不独为书院所有，而是所有教育机构的主要活动，是一切教育机构的本质属性。所以，传统书院对于现代教育的独特价值，不是体现在是否具有教育教学活动上，是否具有教育教学活动本身并不能表现其独特性。书院的教育教学活动追求的是怎样的目的，依据的是什么原则，运用的是什么方式方法，才是书院教育教学的独特性所在。也就是说，不是具有教育教学活动本身，而是教育教学活动怎样开展，才是书院教育教学功能的价值所在。傅首清在《古代书院教育对创新型人才早期培养的启示》一文中，准确勾画了传统书院在教育教学上的特质，即设置"博学"课程，创设"审问"环境，培养"慎思"习惯，经历"明辨"过程，培养"笃行"品质，这才是书院教育教学的独特性所在。

既然传统书院的祭祀、藏书和教学三大功能，对于现代教育的价值已经式微，对于现代教育的资鉴作用已经大打折扣，那么，现代如雨后春笋般地新建或复修书院，是否只是徒有其名而注定没有任何结果呢？或者说，我们现在利用传统书院的名号兴办一些教育教学机构时，更应该注重的是书院怎样的精髓呢？换言之，书院最本质的精神是什么？传统书院对于现代教育的价值何在呢？

我们认为，人数不多的较小规模，和谐融洽的师生关系，朝夕相处地研究学问，师生能够营造一个有益于进行人文教育的良好氛围，是传统书院最强生命力之所在，是传统书院对于现代教育最有价值的地方。

二、 传统书院的员额和规模

传统书院由于资源所限，没有较高的收入，没有坚实的经济基础，很难持久供养庞大的师资和生徒，故书院规模一般都不是很大。很多书院在章程中，就对生徒员额多有规定，颇便于我们考察。我们根据邓洪波主编的《中国书院学规集成》（中西书局 2011 年 6 月版）所收录的资料，统计有关生徒员额的规定，并制表如下：

院名	院址	级别	员额	文献出处
燕平书院	北京昌平	州级书院	26	P5：生员正课八名，副课八名；童生正课五名，副课五名。
潞河书院	北京通州	州级书院	48	P7：超等十二名，特等十六名；上取八名，次取十二名。
大名书院	河北大名	府级书院	70	P21：生员五十名，童生二十名。
崇正书院	河北平乡	县级书院	36	P40：生监正课一十二名，附课十名；童生正课八名，附课六名。
焕文书院	河北唐县	县级书院	30	P48：正课生监二十名，童生十名；附课不计数。
定武书院	河北定州	州级书院	40	P51：生员取二十五名，童生取十五名。
文蔚书院	河北蔚县	州级书院	20	P53：书院中定膏火二十分，将来公项充裕，亦止于二十名。
燕山书院	河北遵化	州级书院	30	P55：取内课生员二十二名，童生八名，外课生童无定额。
海阳书院	河北滦县	州级书院	60	P58：录取生超、特、一等共三十名，备补二十名，录取童上、中、次取三十名，备补二十名。
观津书院	河北东光	县级书院	100	P63：生员取定肄业五十名，童生以县试前五十名送入书院肄业。

续表

院名	院址	级别	员额	文献出处
文瑞书院	河北深州	州级书院	20	P69：旧例设内外课生童二十名。
			40	P69：道光六年，内课生童四十名。
令德书院	山西太原	省级书院	50	P74：首次招生五十人，后陆续增至七十人。
			70	
梗阳书院	山西徐沟	县级书院	32	P80：生员超等八名，特等十名；童生上取六名，中取八名。
上党书院	山西潞安	府级书院	56	P81：生员超等十六名，特等十二名；童生上取十六名，中取十二名。
望洛书院	山西陵川	县级书院	40	P83：旧例内肄业生员二十名为率，外肄业生员亦定以二十名。
			45	P83：乾隆十四年，内肄业生童二十五名为准；外肄业生员二十名一体校课。
超山书院	山西平遥	县级书院	24	P91：生员取超等六名，特等六名；童生上取六名，中取六名。
霍山书院	山西霍州	州级书院	32	P99：咸丰元年，生员超等六名，特等六名；童生上取十名，中取十名。
			36	P99：光绪六年，生员加超等一名，特等一名；童生加上取一名，中取一名。
敬敷书院	山西永济	县级书院	24	P103：生童各定正课四名，副课八名。
聚星书院	辽宁义州	县级书院	18	P107：生员超等三名，特等四名；童生上取五名，中取六名。
养正书院	吉林长春	府级书院	70	P113：生取二十六名，童取四十四名。
龙门书院	上海黄浦	省级书院	30	P117：定额三十余人。
文正书院	南京江宁	府级书院	60	P200：住院者为内院生，不住院者为外院生，名额各三十人。
学山书院	江苏高淳	县级书院	60	P208：生童内课各十五名，外课各十五名。
尊经书院	江苏高淳	县级书院	110	P210：肄业内课十人，外课一百人。

院名	院址	级别	员额	文献出处
敦善书院	江苏海州	州级书院	60	P215：商籍生童膏火二十名，正课二十名，副课二十名。
安定书院	江苏扬州	府级书院	160	P217：生监正课各五十名，附课各五十名；童生正课各二十名，附课各四十名，随课无定额。
梅花书院	江苏扬州	府级书院	200	P217：府举试人正课二十名，附课二十名；生监正课五十名，附课五十名；童生正课二十名，附课四十名，随课无定额。
广陵书院	江苏扬州	府级书院	65	P217：生监正课三十名；童生正课二十名；附课随课无定额。小课生监录取十名，童生录取五名。
画川书院	江苏宝应	县级书院	140	P220：生员正课六十名；童生正课八十名。
珠湖书院	江苏高邮	州级书院	210	P222：生额一百十名，内超等三十六，特等三十；童额一百名，内上取三十一，中取二十六。
宝晋书院	江苏丹徒	县级书院	40	P223：向例，生员二十名，童生二十名。
			80	P223：乾隆五十年，生员五十名，童生三十名。
			320	P223：嗣后，生员额数百六十名，童生额数百六十名。
东林书院	江苏无锡	县级书院	150	P249：原设，正额内课生十名，广额内课生十名；正额外课生二十名，广额外课生十五名；附课生二十名；正额内课童十名，广额内课童十名，正额外课童二十名，广额外课童十五名，附课童二十名。
			220	P249：道光二十六年，广内课生十名，广外课生二十五名；广内课童十名，广外课童二十五名。

续表

院名	院址	级别	员额	文献出处
紫阳书院	江苏苏州	府级书院	120	P255：旧例，内课四十名，外课八十名。
			150	P255：道光年间，加内课十名，外课二十名。
正谊书院	江苏苏州	府级书院	75	P255：旧例，内课二十五名，外课五十名。
			120	P255：道光年间，加内课十五名，外课三十名。
南菁书院	江苏江阴	省级书院	80	P277：专斋四十人，正斋四十人。
钟吾书院	江苏宿迁	民办书院	160	P296：生童正附随课各八十名，共一百六十名。
敷文书院	浙江杭州	省级书院	56	P308：内课十八名，外课十八名，附课二十名。
诂经精舍	浙江杭州	省级书院	32	P312：肄业生徒初定三十二名。
求是书院	浙江杭州	省级书院	90	P319：内院学生三十名，外院学生六十名。
鄮山书院	浙江鄞州	民办书院	110	P355：生员六十名，童生五十名。
龙湖书院	浙江平阳	县级书院	30	P358：乾隆三十一年，取内肄业三十名。
			80	P361：同治二年，定甄别取额，诸生三十名，童生五十名。
当湖书院	浙江平湖	县级书院	50	P373：原例，肄业生员二十人，童生三十人。
			80	P373：道光时，增生员正课十人，附课生童各十人。
安定书院	浙江湖州	府级书院	16	P375：同治八年，上卷八名，中卷八名。
			20	P377：光绪元年，内课十名，外课十名。

续表

院名	院址	级别	员额	文献出处
爱山书院	浙江湖州	府级书院	30	P378：乾隆年间，肄业者额定三十名。
			130	P378：同治十年，生员超等二十名，特等六十名；童生上取二十名，中取三十名。
龙湖书院	浙江湖州	民办书院	80	P385：额定生员童生各三十五名，后酌加五名。
东白书院	浙江东阳	县级书院	60	P444：生员超等十名，一等二十名；童生上取十名，中取二十名。
正学书院	浙江台州	府级书院	90	P446：同治六年，乡试之年，生员正课三十名，副课三十名；童生正课十五名，副课十五名。无乡试之年：生员正课二十五名，副课二十五名；童生正课二十名，副课二十名。
			160	P447：同治七年，额取生员正课四十名，副课四十名，童生正课四十名，副课四十名，应试之年酌量增加。
紫阳书院	安徽歙县	府级书院	60	P480：学额向为内外课生童六十名，乾隆后正额生监八十名，童生附课四十名。
			120	
东山书院	安徽祁门	县级书院	30	P487：生童膏火三十名。
泾川书院	安徽泾县	县级书院	120	P505：内课生监二十名，外课生监二十名，附课生监二十名；内课童生二十名，外课童生二十名，附课童生二十名。
毓文书院	安徽旌德	民办书院	30	P509：正式定内外课额各十五名。
鳌峰书院	福建福州	省级书院	280	P535：旧例，内课生监六十名，外课生监六十名，附课六十名；童生正课二十名，附课八十名。
			170	P536：嘉庆十年，官课定员额，一等生员七十名，二等生员七十名；上卷童生三十名。

续表

院名	院址	级别	员额	文献出处
鳌峰书院	福建福州	省级书院	210	P536：嘉庆十一年，官课一等生员八十名，二等生员七十名，上卷童生六十名。
			220/260	P539：道光二年，生监内外课各六十名，附课准之，童生内外课六十名，附课四十名。书院遇乡试之年，加外府属生员内课四十名。
致用书院	福建福州	府级书院	30	P550：内课十名，外课二十名，附课无定额。
舫山书院	福建同安	县级书院	36	P576：同治年间，生员超等八名，特等八名；童生上取十名，中取十名。
开山书院	福建尤溪	县级书院	60	P582：生童正课二十名，附课四十名。
诗山书院	福建南安	民办书院	30	P599：生员超等定十名，童生上取定二十名。
云霄书院	福建云霄	民办书院	80	P606：嘉庆年间曾达八十名。
友教书院	江西南昌	府级书院	80	P624：内课三十名，生监二十名，童生十名；外课二十名，皆生监无童生；附课生童无定额。
东湖书院	江西南昌	县级书院	273	P628：生监正课原额并捐添五十六名，内附课亦五十六名，外附课亦五十六名；童生正课原额并捐添三十五名，内附课亦三十五名，外附课亦三十五名。
梯云书院	江西修水	民办书院	88	P682：生监正课二十四名，其余俱置附课；童生正课二十四名，附课四十名。
凤巘书院	江西修水	州级书院	150	P691：内正课生监十五名；童生内正课三十名。外正课生监十五名；童生外正课三十名，附课六十名。
象山书院	江西贵溪	县级书院	60	P695：超等十名，特等二十名；上取十名，中取二十名。

续表

院名	院址	级别	员额	文献出处
信江书院	江西上饶	府级书院	30	P698：旧额，生童各十五名。
			50	P698：嘉庆十五年，增额二十名，共五十名。
			120	P701：同治年间，正课生监三十名，正课童生三十名；附课生监三十名，附课童生三十名；外课生童无定额。
鹅湖书院	江西铅山	省级书院	45	P720：正课生员三十名，正课童生十五名。
东山书院	江西余干	县级书院	46	P722：正课生员八名，童生十二名；附课生员十名，童生十六名。
龙河书院	江西万载	县级书院	36	P727：生童以三十六名为限。
黎川书院	江西黎川	县级书院	80	P728：正课生童各二十名；附课生童各二十名。
崇正书院	江西黎川	县级书院	30	P730：生十八名，童十二名。
白鹭洲书院	江西吉安	府级书院	30	P740：乾隆二十年，正课以三十人为限。
			120	P740：同治二年，正课生员二十四名，副课生员二十四名；正课童生十六名，副课童生十六名。生童附课四十名。
龙江书院	江西宁冈	县级书院	54	P749：生员正取五名，副取五名，余列附课；童生正取八名，副取十二名，附取二十四名。
营陵书院	山东昌乐	县级书院	70	P789：文武生童各十五名；廪膳生、增广生各二十名。
土乡书院	山东龙口	县级书院	100	P812：生员正课三十名，童生正课四十名；生员附课十名，童生附课二十名。
临津书院	山东宁津	民办书院	130	P815：取生员五十名，童生八十名肄业。

续表

院名	院址	级别	员额	文献出处
弦歌书院	山东武城	县级书院	47	P820：生取正课十五名，童取正课三十二名。
先觉书院	山东莘县	县级书院	35	P828：取定生童三十五名。
明道书院	河南开封	府级书院	30	P846：孝廉四名，生员十六名。有实心慕道，甘愿来院读书之士，由斋长查访，率领拜谒师长受业，以十名为定额。 P880：二十名正额外，调二十名作为备额。
彝山书院	河南开封	省级书院	40	P881：道光八年，童生内正课十名，童生外正课十名，童生副课二十名。
			44	P882：道光十年，童生内正课十二名，童生外正课十二名，童生副课二十名。
			100	P886：道光二十三年，童生正课四十名，童生副课六十名。
桧阳书院	河南密县	县级书院	32	P892：正课生员八名，正课童生八名；外课生员八名，外课童生八名。
紫逻书院	河南伊阳	县级书院	36	P907：生员膏火增作十二名；童生膏火增作二十四名。
河朔书院	河南武陟	道级书院	120	P909：肄业诸生正课六十名，副课六十名。
洛学书院	河南睢县	州级书院	20	P941：拔、优、副、岁贡四名，生员十名，童生六名。
文峰书院	河南商城	县级书院	20	P956：肄业生员二十名。
豫南书院	河南信阳	道级书院	60	P959：正课二十名，副课二十名，随课二十名。
两湖书院	湖北武昌	省级书院	240	P984：书院共二百四十人，湖南湖北各一百名，商籍四十名。

续表

院名	院址	级别	员额	文献出处
紫峰书院	湖北宜城	县级书院	15	P991：旧章，每课正取生员五名，童生十名。
			20	P991：同治年间，正取生员八名，童生十二名。附课生童无定额。
墨池书院	湖北宜昌	府级书院	180	P993：正课额取生监四十名、文童十五名；附课额取生监三十名，文童十五名；再取又附课八十名。
西湖书院	湖北孝感	县级书院	50	P999：正课生童十名，附课生员十名，附课童生三十名。
辅文书院	湖北江陵	府级书院	32	P1023：额取生童各十六人。
丹阳书院	湖北归州	县级书院	48	P1027：额取内课生员十名，童生六名；外课生员二十名，童生十二名。
岳麓书院	湖南长沙	省级书院	70/100	P1045：乾隆二十八年，正课五十名，附课二十名。乡试之年增正课二十，附课十名。
			138/168	P1051：嘉庆年间，正课生监六十八名，附课生监七十名。乡试之年额广正课二十名，附课十名。
城南书院	湖南长沙	省级书院	40	P1045：乾隆二十八年，正课生员二十名，童生二十名。
			108	P1069：原例，正课生监二十八名，附课生监四十名；童生正课三十名，童生附课十名，生监童生共一百八名。
			138/158	P1069：道光三年，正课生监四十八名，附课生监五十名；童生正课三十名，童生附课十名，共一百三十八名。遇乡试之年，广额正课十五名，附课五名。

续表

院名	院址	级别	员额	文献出处
校经书院	湖南长沙	省级书院	24	P1076：光绪五年，招本省及商籍生徒二十四名。
			44	P1080：光绪十七年，肄业生四十四名，内有商籍六名。
玉潭书院	湖南宁乡	县级书院	50~60	P1116：乾隆三十二年，招生生童五十至六十名。
			70~80	P1130：道光二十九年，推广正课生童二十名。
			80	P1130：同治年间，生监正课五名，附课五名；童生正课三十名；推广正课十名，附课三十名。
云山书院	湖南宁乡	民办书院	80	P1138：生监正课五名，生监附课五名；生童正课三十名，附课三十名；推广正课十名。
狮山书院	湖南浏阳	县级书院	60	P1142：生监正课十名，生监副课十名；童生正课二十名，童生附课二十名。
洞溪书院	湖南浏阳	民办书院	40	P1146：生监正课五名，生监副课五名；童生正课十名，童生副课二十名。
浏阳算学馆	湖南浏阳	省级书院	10	P1153：光绪二十一年，生徒十人入馆肄业。
			至多120	P1156：光绪二十二年，考取生童三十余人或四十人入馆肄业，为正课；择资禀尤异者，五六十人或七八十人为附课，一体入馆肄业。
渌江书院	湖南醴陵	县级书院	80	P1163：生监正取十名，附取十名；童生本额正、附取各三十名。
昭潭书院	湖南湘潭	县级书院	30	P1169：乾隆年间，生员正课十名；童生正课二十名。
			36	P1169：嘉庆十七年，生员正课十六名，童生正课二十名。

续表

院名	院址	级别	员额	文献出处
东山精舍	湖南湘乡	民办书院	20	P1172：肄业生暂以二十名为限。
石鼓书院	湖南衡阳	府级书院	80	P1180：生员正课二十名，副课二十名；童生正课二十名，副课二十名，额外附课生童均无定额。
岳阳书院	湖南岳阳	府级书院	60	P1189：生童六十名。
慎修书院	湖南岳阳	府级书院	40	P1189：生童四十名。
金鹗书院	湖南巴陵	县级书院	90～100	P1191：遇乡试之年，取准生员正课十二名，副课十二名；童生正课八名，副课八名，附课五六十名。小试之年，生员正课八名，副课八名；童生正课十二名，附课十二名，附课五六十名。
莼湖书院	湖南临湘	县级书院	40	P1199：道光四年，生员正课四名，附课六名；童生正课十名，附课二十名。
			40	P1200：同治十一年，正课生员四名，附课生员六名；正课童生十名，附课童生二十名。
宜溪书院	湖南安仁	县级书院	32	P1207：童生正课十二名，附课二十名。
群玉书院	湖南永州	县级书院	32	P1215：每年招生童三十二名肄业。
秀水书院	湖南芷江	县级书院	50	P1225：生员正课十名，备取十五名；童生正课十名，备取十五名。
箴言书院	湖南益阳	民办书院	50	P1231：正课生监十五名，童生十五名；附课生童各十名。
立诚书院	湖南吉首	州级书院	25	P1235：生员正课六名，附课五名；童生正课四名，附课十名，额外附课不限。
敬修书院	湖南凤凰	州级书院	72	P1236：生员正附课各十六名；童生正附课各二十名；额外附课不限。

续表

院名	院址	级别	员额	文献出处
粤秀书院	广东广州	省级书院	100	P1241：乾隆年间，全省招生一百人。
			150	P1249：嘉庆十四年后，正课生监八十名，童生二十名；外课生监四十名，外课童生十名。
			100/115	P1255：乾隆二十七年，生员定额八十名，科年广额十五名；童生额二十名，附课考录每视卷之多寡，均无定额。
			105/135	P1258：道光九年，正课生监八十名，童生二十名，旗籍生童五名。乡试之年增取正课生监二十名，外课生监十名。
越华书院	广东广州	省级书院	30	P1270：初三十名，皆给商籍弟子。
			169	P1270：道光八年，内课生监八十九名，童生二十名；外课生监三十六名，童生二十四名。
学海堂	广东广州	省级书院	10	P1294：道光十四年，新设专课肄业生十名。
			18	P1295：同治五年，设专课生十名，议定将来增设八名，共十八名。
			40	P1289：同治八年，公举专课二十人，兼举附课二十人。
			50	P1289：光绪十三年，增设专课童生十名。
应元书院	广东广州	省级书院	100	P1307：内课三十名，外课二十名，附课五十名。
相江书院	广东韶关	府级书院	80	P1337：同治元年，内课生童各二十名，外课生童各二十名。
			100	P1337：同治十三年，内课生童各三十名；外课生童各二十名。

院名	院址	级别	员额	文献出处
道南书院	广东南雄	府级书院	58	P1344：原例，正课生员三十二名，正课童生二十六名。
			120	P1344：嘉庆二十四年，正课生员正课取三十二名，附课取三十二名；童生正课二十六名，童生附课取三十名。
墨池书院	广东兴宁	县级书院	24	P1346：内课生员十二名，内课童生十二名。
丰湖书院	广东惠州	府级书院	130	P1348：正课生监四十名，附课生监二十名；正课童生四十名，附课童生三十名。
端溪书院	广东肇庆	省级书院	320	P1368：正课生童八十名；正课附课共三百二十名。
韩山书院	广东潮州	府级书院	50/60	P1382：光绪十八年，正课生童各二十五名，加额各五名，附课无定额。
富江书院	广西富川	县级书院	30	P1401：生员十六人，童生十四人。
琼台书院	海南琼山	府级书院	80	P1405：录取内课生监、童生各三十名；外课生监、童生各十名。
锦云书院	重庆永州	县级书院	50	P1428：乾隆二十七年，内庠生十名，外庠生四十名。
			50/58	P1428：光绪十二年，文生取正课八名，附课八名，文童正课十八名，附课十六名。乡试年，拨文童正附课各四名，添入文生正附课，乡试后仍复文童原额。
瀛山书院	重庆綦江	县级书院	20	P1433：嘉庆四年，生员正课十名，附课十名。
			50	P1434：道光元年，文生正课十名，副课十名；童生正课十五名，副课十五名。
白鹿书院	重庆忠州	州级书院	36	P1436：正课生童十八名，附课生童十八名。

续表

院名	院址	级别	员额	文献出处
莲峰书院	重庆夔州	府级书院	40	P1438：乾隆三十六年，生员三十名，童生十名。
			40/60	P1439：道光四年，逢科场年分生员三十人外，多取二十余名；小考年分，童生十人之外，多取二十名，谓之内课。
锦江书院	四川成都	省级书院	100	P1445：康熙四十三年，招生员一百人。
			120	P1451：道光二十八年，正课六十名，附课六十名，外课无额。
			148	P1454：咸丰年间，正课六十名，谷课二十八名，附课六十名，再酌取外课若干名。
潜溪书院	四川双流	县级书院	80	P1496：正课十六名，附课二十四名，外课四十名。
龙门书院	四川新都	县级书院	48	P1500：道光十九年，生员正课四名，童生正课十名；生员附课四名，童生附课三十名。
			68	P1502：光绪十八年，生员正课八名，附课八名；童生正课十六名；附课三十六名。
绣川书院	四川金堂	县级书院	42	P1504：文生正课八名，副课八名；童生正课十二名，副课十四名。
讲道书院	四川汉州	州级书院	72	P1510：生监正课八名，附课十六名；童生正课十六名，附课三十二名。
匡山书院	四川江油	府级书院	20	P1517：暂定生员院额二十名。
莲峰书院	四川隆昌	县级书院	10	P1525：生员正课二名，附课二名；童生正课三名，附课三名。
九峰书院	四川乐山	府级书院	30	P1528：书院正课生员额设十名，正课童生额设二十名。

院名	院址	级别	员额	文献出处
来鹿书院	四川东乡	民办书院	56	P1573：文生正课十四名，附课十四名；文童正课十四名，附课十四名。
龙泉书院	四川安岳	县级书院	52/44	P1577：文生超等十名，特等十四名（后改为六名）；童生上取十二名，次取十六名。
柏香书院	四川盐源	县级书院	36	P1581：正课诸生四名，附课八名；文童正课八名，附课十六名。
凤池书院	贵州水城	州级书院	24	P1595：内庠超等为正课，特等为副课；外庠以上取为正课，次取为副课。正副俱取六名。
敷文书院	贵州务川	县级书院	40	P1597：肄业内课生童各十名，外课生童各十名，共四十名。
崧高书院	贵州松桃	府级书院	36	P1598：正课生员八名，附课生员八名；正课童生十名，附课童生十名。
凤城书院	贵州镇远	县级书院	30	P1608：道光二十二年，生员正课五名，生员副课十名；童生正课五名，童生附课十名。
			20	P1609：光绪二十一年，生员正课六名，副课六名；童生正课四名，副课四名。
黎阳书院	贵州黎平	府级书院	25	P1611：道光二十二年，生员正课五名，副课五名；童生五名，副课十名。
经正书院	云南昆明	省级书院	204	P1619：高材生二十四名，为内课。外课八十名，准随时报名应试。省城内外，各府厅州县亦增设经古课额，共一百名。
桂香书院	云南新平	县级书院	20	P1628：内学正课四名，副课八名；外学正课四名，副课四名。
狮山书院	云南武定	府级书院	35	P1629：生童三十五人入院肄业。

续表

院名	院址	级别	员额	文献出处
西云书院	云南大理	府级书院	95	P1634：迤西二十五厅州县每属调取三名入院肄业，机动名额二十名。
玉山书院	陕西蓝田	县级书院	40/50	P1655：生员、童生正课各八名；生员、童生附课各十二名。乡试年分，外加附课生员十名。
翠屏书院	陕西永寿	县级书院	14	P1687：膏火生六名，膏火童八名。
丰登书院	陕西大荔	府级书院	50	P1697：内肄业者以五十名为额，其余暂肄业于外。
安业书院	陕西镇安	县级书院	30	P1701：生员膏火正额十名，副额五名；童生膏火正额十名，副额五名。
汉南书院	陕西汉中	府级书院	50	P1705：生员官课在优等前十名，次取前十五名；童生官课上卷十名，次卷前十五名。
兰山书院	甘肃兰州	省级书院	60	P1716：正课二十名，副课四十名。其余不取者俱准按课附考。
五泉书院	甘肃兰州	府级书院	60	P1718：贡、监、廪、增、附生正课十五名，附课十名；童生正课十五名，附课二十名。

这里，书院生徒员额最多的是江苏丹徒的宝晋书院、广东肇庆的端溪书院，都是320名，在155所书院中，不到1.3％。此外，员额超过200名的，也只有江苏扬州的梅花书院（200名）、江苏高邮的珠湖书院（210名）、江苏无锡的东林书院（220名）、福建福州的鳌峰书院（200名）、江西南昌的东湖书院（273名）、湖北武昌的两湖书院（240名）、云南昆明的经正书院（204名）7所，占比不到5％。员额超过100名的，则有河北东光的观津书院（100名）、江苏高淳的尊经书院（110名）、江苏扬州的安定书院（160名）、江苏宝应的画川书院（140名）、江苏苏州的紫阳书院（150名）、江苏苏州的正谊书院（120名）、江苏宿迁的钟吾书院（160名）、浙江鄞州的鄮山书院（110名）、浙江湖州的爱山书院（130名）、浙江台州的正学书院（160名）、安徽歙县的紫阳书院（120

名)、安徽泾县的泾川书院(120名)、江西修水的凤巚书院(150名)、江西上饶的信江书院(120名)、江西吉安的白鹭洲书院(120名)、山东龙口的土乡书院(100名)、山东宁津的临津书院(130名)、河南开封的彝山书院(100名)、河南武陟的河朔书院(120名)、湖北宜昌的墨池书院(180名)、湖南长沙的岳麓书院(168名)、湖南长沙的城南书院(158名)、湖南浏阳的浏阳算学馆(120名)、湖南巴陵的金鹗书院(100名)、广东广州的粤秀书院(150名)、广东广州的越华书院(169名)、广东广州的应元书院(100名)、广东韶关的相江书院(100名)、广东南雄的道南书院(120名)、广东惠州的丰湖书院(130名)、四川成都的锦江书院(148名),共31所,占比刚刚达到20%。这也就是说,只有40所、占统计总数25%的书院人数在100人以上,而75%的书院都不足百人,有的甚至只有可怜的一二十人。如果将总员额,由155所书院平均分配的话,每所书院约75人。这个数值,还是我们取最高值计算的结果。

从五代时开始有教学性质、名副其实的书院算起,历经宋元明迄清,总的发展趋势是特定书院的人数越来越多,规模越来越大。这显然与支撑书院发展的经济越来越发达、家底越来越厚实有关。在清代,这样的发展趋势依然十分明显。比如,无锡的东林书院,旧有员额是150名,道光二十六年规定为220名,增加了70名;台州的正学书院,同治六年是90名,次年达到了160名;福州的鳌峰书院,嘉庆十年是170名,次年为210名,道光二年达到了220名,如果遇到乡试之年,更是多达260名。上饶的信江书院,旧有员额只有30名,嘉庆十五年达到了50名,同治年间更是达到了120名。吉安的白鹭洲书院,乾隆二十年只有30名,同治二年猛增至120名。河南开封的彝山书院,道光年间员额有多次变化,而且都是呈现出增加的态势:八年是40名,十年增至64名,二十三年更是多达100名。长沙的城南书院,乾隆二十八年为40名,后来增加到108名,道光三年则增至138名,如遇乡试之年,则可达158名。广州的粤秀书院,乾隆年间是100名,嘉庆十四年后增至150名,乾隆二十七年虽然降至100名,但存在没有计入的附课员额,即"附课考录,每视卷之多寡,均无定额"。广州学海堂的员额一直很少,道光十四年,"新设专课肄业生十名",同治五年,"设专课生十名，议定将来增设八名，共十八名"，时隔三年又"公举专课二十名，兼具附课二十名"，光绪十三年又"增设专课童生十名"。虽然个别书院员额随着历史的发展有起伏，但减少的仍然只是个例，就总的趋势来说，员额是在不断增加，而且幅度还不小。这也就是说，我们以清代书院的员额为指标，实际上是传统书院员额的最高值。换言之，在宋元明时期，书院平均员额要远远低于75名。

这个统计，在有关书院的员额方面，给了我们众多的信息。我们据此可以得出一个结论，即传统的书院普遍人数少、规模小。

三、 传统书院人数少、 规模小的原因

书院人数少、规模小，它的原因何在？又有怎样的意义呢？

与书院员额性质类似的官学学额，在科举时代一直受到中央政府的严格控制。以清代为例，政府对于各府州县学学额的确定，依据的是人文盛衰、赋税高下和人口多少三项指标。学额多少成为一地文教兴盛与否的标志，也是该地区文教能否可持续发展的风向标。正如梁志平、张伟然所指出的，"中国古代学额制度是政治资源空间配置的重要载体，学额的分配实质上是国家资源和权力在基层的分配"，由此导致学额"成为稀缺资源，为各地、各方争夺的目标"也就不足为奇。在政府的严苛管控之下，地方要提高取额等级十分困难。整个清代，除制度性的普调外，极少地方能提高取额等级。即便不提高等级，只是增加学额少许也绝非易事。然而增广学额是各地的普遍愿望，只要有机会，如辖境调整、户籍变更、战争捐广之类，各地都会允分利用，务求增广。

值得注意的是，对于书院员额，国家没有统一、硬性的规定，各地完全可以各行其是。书院作为科举的预备场所、童试和乡试的养成基地，完全可以把冲击童试、乡试的所有士子收纳其中，为什么还要多重设限、在生源中有所选择并控制员额呢？显然，这与书院的条件尤其是经费有关，即书院的经济条件满足不了所有士子的愿望，只能接收有限的人员。

一所书院的创办和兴盛，关键在两个条件：一是有大儒名宿主持书院的教学。元代的嵇厚在《长芗书院记》中曾说："且天下学宫，著在成宪。若书院，惟大贤得以建置，惟名儒得以主持。非其人不能创，创亦不能久焉。"如果创建书院的不是大贤，主持书院教学的不是名儒，书院的学术开展不起来，吸引不了生徒，废弛解散，就不过是迟早的事情。

二是有颇为充裕的经费，有较好的经济基础。正所谓"经费不敷，亦不足以经久而垂远"。根据经费的不同用途，我们可以将书院的经费，分为基建经费和常年经费两部分。这其中，又以常年经费中的养士经费最不可少，如若短缺，书院便难以维持基本的教学功能。"维时虽设经费，……而士子之供膳阙如，以故诸生聚散无常，不能萃处一堂，朝夕亲炙共砥砺，夫身心性命之学而发为文章，亦鲜有根柢。"（单燽《续捐凤山书院膏火碑记》）在农业社会，学田被认为是书院养士的"命脉"。明朝娄性曾说："养士不可无田，无田是无院也。""院有田则士集，而讲道者千载一时；院无田则士难久集，院随以废，如讲道何哉？"元朝人邹明则也说："教与养不可偏废，田与学相与悠久。""田增愈多，则学久而愈盛。"这些说法，都将书院的集士、养士与学田相关联，凸显了学田对书院的重要性。

书院养士，最直接的手段是向生徒支付"膏火"。广义上的膏火，包括书院每月定额定员发放，用以支付生徒生活的银两；定额不定员发放，用以作为生徒考课奖励的花红；提供给生徒赴乡试、会试盘费的宾兴费；还有笔资、年节福利等资助、奖励经费。书院生徒的膏火，多仰仗学田。一旦书院没有学田或是经费贫乏，则会使得书院因没有能力养士，存在于一时，而不能传之久远。

书院的经济基础与生徒多少密切相关：一方面，生徒在择院肄业时，会将膏火丰厚与否作为考量指标。另一方面，书院员额与生徒膏火相连，一并受制于书院经费，这导致书院在招生环节，对生徒数量的确定尤为审慎。

实际上，生徒之有员额限定，自宋已然。光绪《湖南通志》记载："乾道初，师臣刘琪重建（岳麓书院），为四斋，定养士额二十人。淳熙末，师臣潘时，广两斋，益额十人。"至清代，经济基础影响员额的情况更加凸显。"肄业诸生徒有膏火，故其生徒愈聚，其所需之膏火亦愈矩。膏火以经费为基础，而经费有定数，非可取之无尽也。……故则不能不视经费之多寡，而定肄业诸生之额数焉。"

正因为受制于经费，所以各个书院只好限定生徒，规定有限的员额。在说及这个问题时，几乎所有的书院都众口一词，把书院的员额限定，说成是由于经费不足而无可奈何的事情。光绪八年，陈寅恪的父亲陈宝箴在为河南致用精舍制定的学规中指出："师道有教无类，人才愈多，则成就愈众，他日之敷施愈宏。精舍本不为一州一县起见，自应来者不拒，然绌于经费，不得不限以定数。"道理说得很明白，书院之所以不能来者不拒，有所选择，就在于经费有限。广东道南书院，在嘉庆二十年订立章程，"罗升州原订取正课生员三十二名，童生二十六名，附课生童各二十名"，并强调"此（员额）皆经费所关，学舍所限，不能再为增减"。

当然，一旦书院经费能够或者可能解决，这种对员额的谨慎控制，就变得不再重要了，增加员额就势在必行。如江苏宝晋书院，"书院向例，肄业生员定数二十名，童生二十名。至乾隆五十年，增为生员五十名，童生三十名。嗣后经费渐充，逐次加增生员额数百六十名，童生额数百六十名"。宝晋书院不过一县级书院，员额由四十名增至三百二十名，扩充八倍，皆因"经费渐充"之故。即使一些书院不能立即改善经济条件，也是在最大限度地利用现有的资源，尽可能多地接纳生徒，并时刻准备着，一旦经济条件有所改善，即刻增加员额。如河北定武书院，向来"经费甚少，每年地租，尚不敷生童膏火之用"。咸丰七年拟订《新议经理章程》时，除了表明"此后须公议捐补，以期经久"之外，鉴于"经费不敷"，"生员先行酌取超等十名，特等十五名，童生先行酌取上卷五名，中卷十名。俟经费宽余，再行增加"。规模大、名声响的省级书院，对于员额扩充一事更是积极，希望有与自身级别相符的生徒数量。浙江杭州敷文书院是一所省级书院，规定从每年报名参加考试的杭州府属举人中，"录取内课十八名，外课十八名，附课二十名"。员额相对其他省级书院来说较少，招生范围也限制在省城以内，与其省级书院地位并不相符。不过它的章程强调："俟将来经费充裕，再请于外府属广收考。"

而规模小、级别低的州县级书院，也承诺一旦经费充足，即行扩充员额。山西永济的敬敷书院，道光年间拟订的章程规定"每月官师两课，生童各定正课四名，副课八名"，总额只有可怜的 24 名。随后还有这样的说法："倘来课人少，则酌量裁剪；纵来课人多，亦不得逾额，俟将来经费充足，再增额数。"章程篇末，还特别强调："惟岁脩现在不敷，并生童正课名数，以俟后之君子，续捐有项，再行加额。"由此可见，书院员额厘定的重要指标，是书院能发给生徒多少膏火，而膏火又受制于书院经费的盈绌。归结到一点，传统书院之所以规模小、人数少，是书院的经济基础决定的。尽管各个书院最大限度地利用了自身的资源，但为经费所限，还是不得不把相当一部分学子摒除在书院之外。

四、 传统书院人数少、 规模小的意义

经费有限，资源有限，一方面制约了书院的发展，另一方面也成就了书院。这使得书院能够精耕细作，在有限的人员之间，形成人文教育所必需的亲密氛围，锻造出书院特有的性格和气质。

住宿制是现代大学学生管理的特有形式，其所能提供的特殊品质在于"课程之外的人文教育魅力"，即"'边生活边学习''同侪教育'，或是'横向教育'"。哈佛大学的历史学家塞缪尔·艾略特·莫里森是这样描述大学住宿制的独特魅力的："仅仅是书本学习，演讲和阅读也许足够。但只有学习、论辩、饮食、祈祷、游戏都在同一个学院的小圈子里，大家经常性地近距离接触，才能获得个性这种无价之宝。"住宿制使师生生活在一个共同体中，朝夕相处，不仅相互了解，老师的施教具有针对性，学生的请教和受教具有选择性。师生之间、同窗之间，相互切磋，你我彼此砥砺，具有相得益彰之效。而且能够培育和形成人文教育所必需的亲密氛围，使得浸馈于其间的成员，能够得益于这一氛围的熏染，从而变化性格，提高涵养，开阔眼界，优化素质。

传统书院采用的，正是对人文教育而言极其珍贵的住宿制。实际上，书院之所以限定员额，除了基于经费的考虑，在很大程度上也是因

为有限的斋舍容纳不了更多的人。为了保障住宿制，不得不限定员额。由此造成书院人数少，无论老师还是生徒，都可以同住院中。清代不少书院在选聘山长时，都会明确表示要求山长住院，保证师生共处的时间。同治年间，上海龙门书院规定："主讲尤必请住院中，与诸生旦夕讲论，日课、日记，均获面命，庶几授受有源。若但遥课所业，则诸生观感无由，渐致荒怠，甚非创立书院之本心也。"其他州县级书院，如江苏敦善书院、浙江凤梧书院等，章程中皆有"院长须住院，朝夕指授""住院主讲"等要求。有的书院倾向于选聘本籍山长，目的也是为了能让山长久住院，减少流动的可能。"山长生长本籍，可以常行在院，与诸生讲贯，情谊较外至者更洽。譬如父兄教子弟，亲切易入。其年未至五旬，及新入籍与虽系本籍而素无闻名或有遗行者，不得请。"乾隆年间，白鹭洲书院山长孔兴浙对书院住宿制的好处，有这么一段精当的概括："学必有师友，乐群所以敬业也。使师友相处晨夕，晨夕不闻认真劝善规过，则与素居之感何异？学者群居一堂，务以崇德辨惑为大，而藏修息游，各领其意趣之所在，日计不足，月计有余，自觉相观而善。"可见，书院的创立者对住宿制的好处有清醒的认识，本意就是为了让师生同处院中，观感有由，授受有源，收旦夕讲论、耳提面命之效。这既是创建书院的"本心"，也是书院的意义和价值所在。

不少书院尽可能优化住宿环境，让山长安心住院，长留院中，于"阅文偶暇，亦可进诸生谈论，各抒心得"，收教学相长之效。如浙江崇实书院，就于"书院后堂之左"，设置"讲堂三间，山长居之，诸生可以随时请业"。江苏尊经书院由于是省级书院，山长所住"系新筑之屋"，"可住家眷，并有花木山林之胜"，可谓住宿条件极佳。薛时雨主惜阴书院时，住所"薛庐"门对盋山麓，"入之，修竹被径，植杂卉其下，入之曰永今堂，轩楹靓旷，阶梅时花，四座为馨逸"，俨然是一处美景所在。当时，惜阴诸子常聚薛庐，"有时高会联巾裾，满座清言霏玉屑"（顾云《盋山志》）。

为了最大限度地保证师生共处的时间，有些书院还要求山长不得"遥领"其他书院讲席，即使鸿儒硕士也不得违例。光绪十七年，缪荃孙主讲济南沥源书院时，获知江阴南菁书院正在考选山长，于是写信向江苏学政杨颐提出有意遥领是席。杨颐以"南菁并未开此例"之由拒绝，并站在生徒的角度，认为山长不住院，则"肄业者无所请益问难，愈裹足不前"，"讲舍鞠为茂草，殊足寒心"。无论是从制度层面要求山长住院，还是从源头上限制山长"遥领"，皆是通过对师道的整肃，确保师生有共处的空间和时间。旧时负有盛名的山长，往往有较长一段时间常驻某所书院的经历，如钱大昕之于紫阳书院、薛时雨之于惜阴书院、俞樾之于诂经精舍、吴汝纶之于莲池书院等。在这短则五年、长则二十年以上的时间里，他们以一己的博学远识、行为方式和人生态度，影响着的书院生徒，乃至特定地区的学风和士风。

生徒住院肄业，自宋已然，但当时书院管理还谈不上制度化，生徒住院全凭自觉，以至于号舍时常空废。据《白鹿洞书院志》记载："本洞号舍六十余间，比见塾师学究于中，聚徒说帐，甚至挂名本洞者，终年绝迹，空室尘封，白占有用之房，预阻有志之辙。"

至清代，随着生徒管理的制度化，不少书院通过建立请销假制度、奖惩制度，以保证生徒住院肄业的时间。一方面，不少书院在录取环节，明确规定生徒须住院肄业。如光绪十六年，张之洞建两湖书院，规定"住院生定额两省各一百名"，"在院诸生均需住院，不准应各书院课，以免分心"。与两湖书院源自一脉的经心书院，同样要求生徒住院。经心生徒权量回忆："尔时吾省有经心、两湖两书院，皆选士之优秀者肄业其中，待以高材生饩廪极优，鄂中知名之士及后来又所建树者，强半出此两书院之门。"权量于光绪二十二年入经心书院肄业，"认格致斋，常川住院不再就聘馆地"。另一方面，大部分书院要求生徒在肄业期间，严格履行请销假制度，对违反制度的生徒有相应的惩罚措施，而对住院肄业生徒，则在膏火发放上予以倾斜，以示鼓励。浙江正学书院规定：正课住院生徒，每月给米三斗，膏火钱三百文；副课住院生徒，每月米一斗五升，膏火一百五十文。不住院者，无论正课副课，只有膏火钱。江西豫章书院规定："每日书院大门时常关闭，诸生不许出入，外间亲友等不得入院看拜，以滋往来应酬。置簿二扇，诸生有事告假，通知教官，并于簿内亲填事由，回日销假亦复如是。亦不得频频告假，以妨清课。"岳麓书院因坐落于湘江西岸，鉴于生徒往来过江耗费时日，故规定

"诸生告假，登记簿籍。每月准假二日，余日不许出院""诸生亲友尤禁往还，门役不许转传，过江拜望亲友，尤应禁绝"。很多书院，对缺勤较多的生徒往往施以惩罚。如"饬监院逐月造册，详报某生请假，某生常住，以察其勤惰而定去取""用功怠惰，无事串房往来者，闲谈费事，无故出书院行走均有戒饬"。这些在今日看似不近人情的规定，在当时无疑是杜绝生徒"不谒见山长者""来去自由，并不通知监院，日多在外游荡，夜深方归，甚至招留有朋往来住宿，视作旅寓"之弊的良策。无怪乎生徒钮泽晟在离开书院多年后，于课吏馆肄业时，仍对住院生活无限怀念："每日早出晚归，与住书院风味略同，添一种势利习气。"

那么，书院苦心孤诣地要求老师、生徒常住院中，效果如何呢？

首先，师生朝夕相处，建立了超越师生、堪比亲人的和谐融洽的关系。中国传统社会奉行"师道尊严"，不少书院甚至规定生徒对老师应恭敬有礼，"诸生谒见山长，朝晚必揖。如有质疑，必肃立听教。即在盛暑，见师长亦必长衣"。但师生朝夕相对的时光，却给冰冷的规制注入了脉脉温情。清代龙门书院山长刘熙载，任院主讲凡十四年，"每五日必一一问其所读何书，所学何事，黜华崇实，祛惑存真。尝午夜周览诸生寝室，其严密如是"。十四年间，与生徒感情深厚。生徒费崇朱，为熙载"大器之"，费氏"后病殁于龙门书院，融斋（刘熙载）哭之恸"。刘熙载去世的噩耗传来，他的学生"设位于后廊，素服哭，临有失声者。……设栗主，朔望于朱子位前拈香毕，至刘师位前行礼，后建祠于院西"。继任山长鲍源深"不驻院"，龙门学风多有废弛，"出入可以自由，……龙门诸同学以鲍师不到院，有在外就馆稍资津贴者"。暨阳书院"弟子散处四屋"，山长李兆洛在其执教的十八年间，"每日辰午三时亲巡督查，夕食后则咸会辈学轩庭中"，风雨无改。生徒有好学向上的，李兆洛就像父兄一样，为他们购置"载籍器具"，将藏书与之分享。有课艺不当者，他就"席前枕上，口授书之"。优美的院舍环境，丰足的物质保障，志同道合的精神世界，让师生间彼此情感依偎，互相信任。这种深厚的情谊，正如执掌莲池书院六年的张裕钊在离任前，无限深情地寄语莲池诸生所形容的那样："顾惟颠木蘗，谬当莳菲采。我诚惭朽株，君等竞蓓蕾。枝蔓相萦结，恋嫿不可改。"

其次，师生一起住院生活，老师对生徒学术、品行有相当了解，能够有针对性地教学，做到春风化雨，循循善诱。黄以周领南菁讲席十五年，日夕在院，对每位生徒的学问根底都了如指掌。生徒唐文治来院前，对朱子之学多有发明，于小学则未得门径，黄以周教其"训诂义理合一之旨"。唐文治在其《南菁书院日记》中，记录了某日黄以周指导其文字、音韵并为人之道的生动片段："十四日，……适夫子传见，教以须学字母，并喉音、唇音、牙音、齿音、舌腹音、舌头音之分。又谕：'嗟也可去，谢也可食，并无可疑。凡事须容人悔过，若矫情不食，即非中庸之道。'退出默思，觉权衡至当，敬谨录出。"有针对性地施教，细致入微的教学方式，让生徒入心入脑，记忆深刻，多年后回忆起来，依然亲切有味。

考课及课作批改，是老师指导生徒的方式之一。书院考课，始见于宋代，宋《明道书院规程》规定："每月三课，上旬经疑，中旬史疑，下旬举业。文理优者，传斋书德业簿。"由于生徒人数有限，老师的指导就能颇为具体。"山长校阅课卷，有能于逐卷纰漏之处，或一对，或一段，或一篇，改抹精当，不遗余力，固为可贵。即或力有不能，亦必将优劣之所以然，分别细批，使阅者了然，方有裨益。"（《中国书院学规集成》）如果人数众多，即便老师认真用心，但精力有限，也势必不得不"泛用套语，同于张冠李戴"。光绪十八年至二十三年间，皮锡瑞主江西经训书院讲席。根据皮氏年谱记载，五年间，他每年正月由长沙出发，经水路至南昌，住经训书院至九月再返回长沙。在其《师伏堂日记》中，多次出现批改生徒课作的记录。如批改生徒胡其敬课作《严助诘田蚡不救东瓯论》，赞其"按切时势，通达古今，暗斥今日不救琉球、越南、朝鲜之非，不作迂阔之论"。当然，对于课作不佳者，皮锡瑞也是毫不留情地指出。某次，皮锡瑞阅书院师课卷，"初次以萧毓蘅为冠，以其考公子诸裳尚明晰"，但由于萧生在课作《燕昭王师郭隗论》中"痛斥燕昭、郭隗"，皮锡瑞以其重蹈"宋明以来论者工诃古人而不审时度势"的陋习，遂"拟批深斥之"。

明清时期，书院考课蔚然成风，多所书院汇编、刊刻生徒课作集以流传后世。在存世的书院课艺文献中，我们不难发现书院师生朝夕相处研究学问的点滴。光绪二十一年刻印的《钟山书院乙未课艺》中，傅良弼、石凌汉、陈莹三位生徒，都有题为《祭顾亭林先生文》课作，而山长梁鼎芬在每篇之后，都有不同的评语。傅作评语为："吸髓群籍，散为光华，气王才隽，可副大雅之选，欣赏久之。能读古书，又有才笔，乃能如此。"石作评语为："知先生为学，用世之本，旨说名教风俗，均有关系，真能读《日知录》者，喜不能寐。通体文亦雅整。"陈作评语为："实能窥见先生立身居心大旨，论学论事，无一字一句不能谛。……可与论昆山之学矣。"寥寥数语，梁鼎芬之用心跃然纸上。其中"与论昆山之学""知先生为学"等语，可知梁氏对生徒行文风格熟稔，当是得益于日夕相处建立的默契。除了有对生徒的学术指导，还能见到老师对生徒家世、性情的评价。在《崇川紫琅书院课艺》生徒王嶒文课作篇末，有这样的评语："生孤寒力学，早岁能文，决为远到之器。乃食饩未果，修文遽召。岂真有才无命耶？览遗篇，为之出涕。"若不是与王嶒文朝夕相处，了解深切，关系亲切，难有如此肺腑之言。

当然，并不是所有的书院都能做到师生共住院中，其直接后果就是书院学风的颓废。河南大梁书院，自明代创建以来，一直在中原名声遐迩。晚清大梁书院的山长皆不住院，致生徒颇有怨言。"尔时大梁书院已远不如前，主讲山长以大老官之归田者为之，视脩脯为祠禄，终年不一到院。阅文则出其脩脯之一小数，觅人代之。高材生例应执赞而见，为主讲者之额外收入，而诸生之荡佚礼法者，听之；伏案苦读者，亦听之。"这位生徒甚至以"负气不谒山长"的方式表示不满。书院学风颓废，受到影响最大的自然是教学效果。"余逐队其中，当然无进益可言也。"大梁书院的事例，从反面说明了师生同处一院、朝夕相处对于教学的意义。

又次，生徒之间的切磋琢磨，相互砥砺，形成了在院时学业共进，离院后互为奥援的友谊。法国学者布尔迪厄认为："同窗好友之间的一见如故，比简单的共同利害具有更深层的意义。"清代人王舟瑶年少时肄业九峰书院，极一时友朋之盛，及至成长，旧时情景仍难以忘怀："余与黄方庆、江青、喻长霖、陈瑞畴、孙洞、喻长琦馆其中，尽发阁中之书而读之，私相订及于许、郑之训诂，韩、欧之文章，以为游艺之资。

每当夕阳西落，山月初上，则相与散步诸处，藉草列坐，各论日间所读书与夫身心之过。訾时事之得失，古今之乱，每析一疑义，群证心得，则不觉心喜欢。其有不合各举所闻，反复论难，往往历数时而不息。如是者，率以为常。"由于同住院中，生徒们还可以利用夜间时间讨论课上问题。胡适之父胡传肄业上海龙门书院时，与同舍钱炳煜共研《四书大全》。"每夜二更后，必至钝夫（胡传）斋中，问今日所阅'四书'何章，诸家之说谁最精确。必详与辩论，或彼此意见不合，互相诘难，恒至四更而后罢。"甚至，书院课余的闲聚时光，也因有良朋在侧而添诗情画意："无锡诸人，每日夕，必聚市间茶舍名春源者，据其一隅之晚红晴翠楼，对九龙山暮霭，杂谈训诂词章至嚣，辄引邻座惊怪。"当然，生徒间的砥砺，也包括看似"不和谐"的学术争鸣。生徒冯煦就曾对惜阴书院的"学术派系"颇有怨言："时书院翘材生有三党：宁党秦际唐伯虞为之魁，浙党唐仁寿端甫为之魁，扬党刘寿曾恭甫为之魁。各党数十生，意气张甚，不附之者辄遭摈落。"冯煦自诩高才，未尝加入三党，但与刘寿曾、唐仁寿等人常有往来唱和，联席雅集，并未因各自的学术喜好不同而生嫌隙。

年少时书院同窗之谊，经岁月滋养，历久弥深。刘蓉于道光十三年在岳麓书院读书时，喜交友结伴。"余昔读书岳麓，取友四方，岁晏而返。"当时，他结识了曾国藩、郭嵩焘等人，"欣然联为昆弟交，以问学相切劘"。刘蓉曾有诗赠予曾国藩："忆昔识面初，维时岁癸巳。明岁鹿鸣秋，捷足先群辈。"郭嵩焘也曾说："初游岳麓，与刘孟容中丞交莫逆。"曾国藩两次会试不第，回到湖南，经刘蓉而与郭嵩焘相识，三人一见如故，结为至交。在之后的岁月里，曾、郭二人功名加身，仕途通畅，刘蓉沉潜学术，仍一介诸生。三人显晦有别，却情谊不改初年，闲时书信砥砺。后来三人共创湘军，由同窗成为并肩作战的同袍。

最后，在书院这个相对封闭的环境中，师生关系和谐，气氛融洽。在这种情势下，师生携手，共同致力于良好教学效果的实现。传统书院的教学效果，主要体现在两个方面：生徒的应举能力和治学能力。科名是生徒应举能力提升与否的最直接表征。王锡彤十五岁时，入读淇泉书院。山长潘梅轩"善改文不大涂抹，而巧于点窜，从不以冷面向人"，

"善启迪，每课文辄择其平易近人者，使得骋才力，而后范之以理法"。经过一段时间学习，王锡彤后来在童试、乡试中以诗赋蒙特拔，自谓"得之于潘先生也"。张之汉进入以科举闻名的萃升书院时，目的非常明确："烟台熊氏延汉教读，冬前已有成言，届时竟反初约，因此遂失馆地。家中食指甚繁，生计无可维持。不得已，乃与先兄分爨，各奔生活。……因入萃升书院，藉考膏奖自给。"经过三年萃升书院的学习，"得与省会人士相切劘，又从前铁岭教官、武清刘师昆圃就正文艺，师友之益所获为多"。此中"就正文艺"，指的就是科举时文写作能力的提高。

生徒治学能力的提高，则非依赖师友间的讨论砥砺不可。书院的主办者，对这种"良朋为他山之助"的效益看得非常清楚："掌教必须住院与诸生朝夕讲贯，庶进功易而见效速。""生童在书院肄业考课，既有所鼓励，又得互相观摩，较孤陋寡闻者，诚为得益。"（《中国书院学规集成》）我们从生徒的视角，也可以得出一样的结论。晚清士人吴稚晖，对其南菁书院肄业生活有过一段回忆："余不能诗，亦不好诗，故年二十有三，著学籍。适其时，瑞安黄体芳、长沙王先谦、茂名杨颐、长白傅良先后督吴学，建南菁书院，刻《续皇清经解》，振朴学于东南。讲学南菁者，有南汇张文虎、定海黄以周、江阴缪荃孙、慈溪林颐山。余应选入南菁治学，第一日谒定海先生，先生铭其座曰：'实事求是，莫作调人。'心窃好之。与无锡范森、许士熊等遂有志理前史、纪礼法，不暇为词人。同舍未成年而志同者，有山海钮永建。永建来南菁之前二年，以十五龄天才，为杨颐所拔。颐取永健为古文词，邀番禺梁鼎芬评定，鼎芬尤礼重焉，厥后永健弃书肄剑。"吴稚晖这段文字中，有南菁山长黄以周的循循善诱，番禺名士梁鼎芬的跨院相助，范森等同窗好友的携手共进，共同构成了这幅传统书院珍贵的人文图景。

朱熹是对书院的发展有过重大贡献的人，是我国书院制度的建立者、书院传统的开创者、书院精神的奠基者。李弘祺认为："宋代书院发展成为中国教育史上最伟大的传统，可以说完全是朱熹一个人的功劳。"我们这里即以朱熹为例，来说明书院的师生关系是怎样的和谐，共同研究学问的气氛是何等融洽。

朱熹对"师生相视，漠然如行路之人，间相与言，未尝开之以德行道艺之实"的情形很不以为然。他强调"书用你自己去读，道理用你自己去究索"，鼓励学生"事事都用你自去理会，自去体察，自去涵养"的同时，也指出了老师的作用，就在于做学生的引路人。"某只是做得个引路底人，做得个证明底人，有疑难处，同商量而已。"指引商量的前提，是要有一个融洽和谐的师生关系。只有这样，学生才敢于请疑问难，老师才能有针对性地因材施教。而这种教学方法，显然更能让学生心领神会，心悦诚服，比简单的说教要好得多。朱熹在书院讲学，"或执经于坐隅，或散策于林垌，或谈笑而春容，或切至而丁咛"。这种闲适恬静，亲切从容，正可以看作是师生关系和谐融洽的表现。所以，他的学生黄榦称其"海语谆谆，情犹父兄"，并饱含深情地评说乃师的教学认真精神和影响："从游之士，迭诵所习，以质其疑。意有未喻，则委屈告之，而未尝倦；问有未切，则反复戒之，而未尝隐。务学笃则喜见于言，进道难则忧形于色。讲论经典，商略古今，率至夜半。虽疾病支离，至诸生问辨，则脱然沉疴之去体。一日不讲学，则惕然常以为忧。抠衣而来，远自川蜀，文词之传，流及海外，至于边徼，亦知慕其道。"

薛涌在《小大学的理念》一文中，曾根据美国权威的《高等教育年鉴》的统计，做了这样的说明。在全美 2386 个私立大学中，有 439 个学校学生人数少于 200，拥有 200～499 名学生的学校有 536 所，拥有 500～999 名学生的学校有 453 所，拥有 1000～2499 名学生的学校最多，有 566 所。这些小大学，占私立大学的绝大多数。另外，拥有 2500～4999 名学生的中等大学 240 所，拥有 5000～9999 名学生的大学 95 所。万人以上的大规模私立大学，只有 57 所。不少小的私立大学，宁可放弃许多合格的申请者不招，以维持现有的规模，从而确保教育教学的质量。"这些私立的小大学，一直被视为是美国精英教育的精髓，成为美国高等教育创意的重要源泉。"

在中国传统教育发展的历史中，也有过规模小、人数少的书院存在。其最典型和生动的印记，就是师生朝夕相处、成天学习和生活在一起的场景。一所书院，就好似一个家庭，教师和学生就是这个家庭的成员。所有的成员认同同一种学说，崇奉同一个大师，他们有着共同的师承，也有着一致的生活节奏。师与师、生与生、师生之间密切往还，构成了一个具有高度凝聚力的学术和生活共同体。在这个共同体中，他们不仅相互切磋学问，交流思想，而且你我扶持，分多润寡，在经济资源匮乏的年代共克时艰。书院因此成为众多士人的温暖港湾和情感依归，这是传统书院千年历史中最为耀眼的特质。

我们的结论是，尽管传统书院教学、藏书和祭祀的三大功能，在当今时代的价值渐趋式微，但是，它人数不多的较小规模，和谐融洽的师生关系，朝夕相处地研究学问，是它最有生命力之所在，是传统书院对于现代教育最有价值的地方。特别是在教育犹如机器化大生产的今天，在大学合并成为风尚的中国，传统书院的这一价值就更加凸显。书院之所以在现代中国依然保持生机，焕发活力，之所以被新建或复修，原因就在这里。

原载《厦门大学学报》(哲学社会科学版)2018 年第 4 期，与黄漫远合撰

后　记

　　本书收录了我近年来关于传统文化教育的论文、演讲和访谈，这是我继《现代史学意识与传统教育研究》《传统蒙学与蒙书研究》之后出版的第三本文集。

　　自 2004 年 4 月从北京师范大学古籍研究所转入教育学院（2009 年合并后改名为教育学部）工作之后，面对不一样的条件，我就在考虑如何结合自己的学科背景和知识结构，利用更加丰沛的研究资源，适应新的工作节奏，以确定自己的科研方向。我本科和硕士阶段学的是历史，专业是历史文献学，博士阶段则是教育，主要研究中国传统教育。很长一个时期，我主要是研究包括帝范、官箴、蒙学、女诫、士鉴、商道、家训、乡约、劝学、劝孝、戒淫、劝善、格言、箴铭等在内的传统训诲劝诫文献。在离开古籍所之前，有人约请我主编了两册初中历史教科书，使我对基础教育发生了兴趣。进入教育学院之后，工作环境促使我将自己的科研工作与教育实践更加紧密地结合。经过一段时间的摸索，大约在 2008 年，我开始以传统文化教育作为自己新的研究方向。2013年 7 月，学校应我申请，批准成立了北京师范大学国学经典教育研究中心。此后，我们的工作主要就在这样一个平台上进行。

　　近十年来，我和学生一直在这条路上勤勉探索。由于领导的支持、众多师长的厚爱、同道们的慷慨相助，我们取得了值得自豪的成绩。2018 年 7 月，我被中华书局授予第四届中华优秀传统文化教育年度人物卓越贡献奖。颁奖词这样写道："他师从著名历史文献学家张舜徽先生，是我国改革开放以后第一个系统研究传统蒙学的学者。几十年来一直致力于传统文化教育研究。他提出要通过教材化，来实现传统文化内容的现代转变。担任中国教育学会传统文化教育分会理事长、中华炎黄文化研究会童蒙文化专业委员会会长，对于匡正传统文化教育中的问题，引领传统文化教育的方向，做出了突出贡献。"和其他获奖者一样，我根据组委会的安排，在会上做了《我与传统文化教育》的报告，介绍了我们所做的工作及主要观点。我们围绕传统文化教育所做的工作，主要包括：

在教学上，我在北京师范大学除了面向教育学部本科生开设"中国教育史"之外，还面向全校本科生开设了"传统蒙学与传统文化""传统家训与传统文化"两门通识教育的公共选修课，面向研究生则开设了"传统教育文献学"，和同事合作开设了"教育的历史发展"。由于教学效果好，"教育的历史发展"多次被评为学校研究生优质课程，"传统蒙学与传统文化"（后改名为"中国传统启蒙教育"）则被教育部评为国家视频精品课。我自己在 2017 年也被学校评为第十三届北京师范大学教学名师。

在科研上，我带领团队成员，承担了国务院参事室中国国学中心教育馆文本的写作，完成了北京市东城区委宣传部"东四社区家训研究"的课题并编辑出版了《家训》一书，参与了教育部《完善中华优秀传统文化教育指导纲要》的制定，主持了中国教育学会委托课题"《中小学传统文化教育指导标准》研制"，申请到了我国现阶段社科领域层次最高、资助力度最大、权威性最强的国家社科基金重大项目"中国传统文化教育资源的开发利用研究"。特别要说明的是，我们还获批了北京市教育科学"十二五"规划 2012 年度重点课题（优先关注）"传统文化教育活动的内容及实施途径研究"。这个课题，可以看作是我们在传统文化教育探索之路上的一个重要路标。其后的很多研究，都是在这一课题的基础上进行的。本书收录的，主要就是这一课题的成果。

这段时期，除了编辑文集、校订旧著之外，我还应劳凯声老师的邀请，为《中国教师》开设了"史海钩沉"专栏，并先后写了 40 篇文章，向广大教师介绍中国传统教育和文化。我们还应大象出版社的约请，编写了"名人家风丛书"，其中第一辑 10 种于 2016 年 1 月出版，2016 年 7 月入选国家新闻出版广电总局"2016 年向全国青少年推荐百种优秀出版物"，2018 年 1 月入选国家新闻出版广电总局"第二届向全国推荐中华优秀传统文化普及图书"。第二辑 9 种于今年 6 月出版，第三辑 11 种正在撰写中。

教材建设是我们工作的一个重点。从 2008 年起，我应邀担任育灵童公司的教育研究院院长，两年间，带领育灵童教育研究院的研究人员，先后主编了在中小学应用较广的《育灵童国学课堂》套装软件和《小学国学经典教材》12 册。当山东省在 2008 年率先将传统文化教育纳入中小学必修课时，我应齐鲁书社之请，带领山东各地的教师，编写了《传统文化》教材 8 册。2014 年以来，则应北京师范大学出版社的约请，编写了一套最能体现我们传统文化教育研究成果的《中华传统文化》教材 24 册，并在此基础上开发出多个版本的地方教材，全国版教材的整个编写出版工作历时四年，刚刚完成。

在社会服务上，除了担任民盟北京师范大学委员会副主任委员、北京市人民政府特约教育督导员等社会职务之外，我还受中国教育学会的委托，筹组了传统文化教育中心（2018 年 7 月更名为中国教育学会传统文化教育分会），又受中华炎黄文化研究会的委托，筹组了童蒙文化专业委员会，成为这两个学会的创会会长（理事长），并和其他负责人一道，领导了这两个学会最初五年的学术活动。其他的学术职务，还包括中国书院学会副会长、中国教育学会教育史分会秘书长等。

至于我们有关传统文化教育的基本观点，则主要体现在本书之中。细心的读者不难看出，我们的观点有一个逐渐具体、清晰和深化的过程。比如，我们起初经常用"国学经典教育"这个概念，甚至连我们研究中心的名字也是如此，后来，我们改用内容更加宽厚的"传统文化教育"，并将"国学经典"视为其内容之一。再如，我们起初经常用"文化知识"这个词，但在"《中小学传统文化教育指导标准》研制"的课题开题会上，经石中英教授指出"知识"这个概念过于宽泛之后，我们经过反复斟酌，改用"常识"一词。由于相关的论文、演讲、访谈已经刊布，改动起来有一定的难度，所以将它们收入本书时保留了原文。

需要指出的是，本书中既有论文，也有演讲，还有访谈，由于时间集中，在谈到同一个问题时，不仅观点相同，而且表述相似。当时发表，分散在各处，还看不出问题，如今汇为一编，集为一书，难免出现一定的重复。如果将重复之处一概删落，一些地方不只是论说不充分，而且逻辑上会出现断裂。虽然我们做了一些技术处理，但还是基本保留了原文，这是需要特别予以说明的。

一如既往，我的众多学生为此书的出版出力甚多。刘一作为此书的策划、责任编辑，最早提出将其纳入"中华优秀传统文化教育丛书"出版的建议，并擘画了整本书的选编框架，就连书名也是他起的；进入编辑出版环节之后，更是每个细节都受到他的关注，尽管他也在为我们《中华传统文化》教材的修订和地方化建设，忙得不可开交。中国水利水电出版社的丛艳姿副编审应我之请，很认真地校读了书稿，做了不少工作。《光明日报》副编审罗容海，为其中一些文章的发表提供了平台或引介。其他学生如王立刚、潘帅、黄漫远、杨阳、翟力等，在研究过程中与我通力合作，其中不少文章，就是和他们共同完成的。在此，我要向他们表示诚挚的谢意！

徐梓
2018 年 12 月